前 進 吧！此 生 必 走 的

世界十大徒步健行步道

前進吧！

超詳解路線指南×
行前準備攻略×
曲線高度表×
里程與進度率表

此 生 必 走 的

世 界 十 大

徒 步 健 行 步 道

李英哲 LEE YOUNG CHUL —————— 著　　高毓婷 ————————————— 譯

CONTENTS

PROLOGUE

　　在開始行走安納普爾納環線的第九天，我爬上了這條路線的頂峰：海拔5,416公尺的駝龍埡口。回想起那個時候，我就覺得非常可惜。照理說，回首艱辛險峻的旅途時，應該要感到心情澎湃激動的，但我卻無法。因為我那時體力耗竭以及高山症發作，有兩天都受頭痛所折磨。也沒有像最高點上有幾個人一樣邊流著淚並心情激動。我完全只感到擔心害怕，憂慮自己究竟是否能安全地下山回到下方那遙遠的穆克迪納特（Muktinath）。

　　渾渾噩噩地走下陡峭的雪路，與往上爬時完全不同的緊張感持續著。摸索著向下爬，好不容易抵達了山腰的安全地帶。回頭往上眺望最高點，眼淚這才湧了出來。應該要在最高點就浸染的情緒姍姍來遲，與「我的人生現在也過了頂峰在走下坡了啊」的悔恨交織著。

　　說到爬高山，過去最多就是搭乘吉普車到中國長白山天池2,750公尺處而已。生平第一次挑戰自己一個人的海外徒步健行，改變了我的人生下半場。人生中發生的事，在遭遇的當下是不知其意義為何的。七年前那時在走安納普爾納環線時的我也是這樣。旅行帶給我的變化，我似乎是後知後覺地才感知到。

　　就此開始的海外徒步健行地點都不一樣，每年都反覆著。在結束我訂定的最後一條路線回來時，韓國《月刊山》刊物的申俊範（音譯）記者問了我的感想。他問我，走完了長久以來夢想的十條步道，感覺是否很不一樣呢。

我的回答是：「跟以前一模一樣」。因為在過去的每個瞬間都有體驗到喜悅，所以就算超越了終點線，也沒有什麼不同。比起達成目標後的成就感，向著「某個事物」前進的過程中感受到的幸福感，更讓我體驗到滿滿珍惜。

要說小小遺憾的部分，那就是放棄了北美大陸的「約翰‧繆爾步道」（John Muir Trail）。那時已經組成了四人小組，但在準備到一半時放棄了。因為判斷在完全野生的野外，要以背包旅行度過半個月以上是難以負荷的。雖然進行挑戰也很好，但結論是我們已經到了一個得避開無謀舉動的年紀了。從人生的某個時期開始，順應自己的力量及界限也是種必要的品德吧。

偶爾有人會問我，在準備海外健行時要特別注意哪些地方呢。我的回答是，最親近的人的欣然同意及支持。這是從出發旅行很久之前就得要細心關注及努力的部分。對象可能是夥伴，也可能是父母或子女。如果有人對於動身在外的自己感到不滿或不安，那麼在長時間行走於陌生土地上的旅途中，是無法盡情感受到幸福的。

「世界十大徒步健行路線」並沒有既定的答案。任何人都可以從世上各種美好的路線中，根據自己喜好選出相對應的路。找出美好的路線去行走，還有什麼比這對我們的身體與心靈更低成本、高效率的投資呢。

有句話這麼說：「愚者遊蕩，智者遊歷」（The fool wanders, A wise man Travels），在容易徬徨的時期，我選擇了去旅行，所以才能免於當個笨蛋，而選擇了「徒步旅行」，就更加地幸運了。

——李英哲

開始之前

尼采曾說過「所有偉大的思想均源自於漫步。」盧梭也說過相似的話，「我只有在走路時才能夠思考，一旦停下腳步，我便停止思考。」

看來過去的賢者們都是如此。他們似乎總是在清晨的霧氣中散步，琢磨宇宙的法則，走在樹林中的小徑上，然後悟出人生萬事的奧妙真理。賢者的胸口灼熱起來，偉大的宇宙在他們腦中展開，他們不是在桌前，而是在移動雙腳及雙腿時得以思考。

「最好的藥是笑聲，最好的運動是走路。」

對於飽受日常壓力，將全身托付給文明利器的現代人來說，這似乎是喚醒我們的一句話。驚人的是，這是活在兩千五百年前的醫學家說的話。如果連過去古代希臘的希波克拉底都曾說過這種話，那麼對於肉體及精神兩者的健康來說，就應證了「走路」正是最佳的權宜之計，自古至今都沒有變。

近來我們的周遭充斥著許多「走路的人」，似乎也反映出這點。大概是在韓國濟洲偶來小路開放的十幾年前開始的，如疾風颳過般，走路的人口似乎急遽地增加了。最近幾年間，開始經常看到準備就業或苦思人生出路的年輕人們前往海外徒步健行。這可以是累積經歷的一環，也可能是為了治癒身體及心靈健康。我想原因可能在於，近來我們的社會將各種壓力加諸在個人的身上了。不論是從哪種理由中脫離出來，在走了遠遠的路後，也能感受到自己的樣子與之前稍微有些不同吧。

沒有必要優先進行海外遠征，踏著晨露，漫步於鄰里後山就很棒，晚餐後在公寓附近轉個幾圈也很幸福。可以利用週末進行兩天一夜的登山，條件許可的話，也可以花一個月的時間行走韓國東海岸Haeparang-gil（海岸散步路）。

首爾環狀路線、漢江畔、良才川、北漢山環狀路線、首爾城郭路、冠岳山、 溪山或道峰山……光是首爾就有這麼多，全韓國各地該有多少環狀路線及名山在靜靜地等著我們呀。步行基礎設施像韓國一樣完善的國家似乎並不多見。

「我週末去爬了峨嵯山（譯按：海拔287公尺）。」

「是喔？我去良才川健行了。」

週一午餐時間上班族之間可能會有這樣的對話。爬上海拔連300公尺都不到的低矮小山是登山，在河畔小路等平地走走就是健行，有許多人是如此認知的。

以坐擁喜馬拉雅山的尼泊爾標準來看，「登山Climbing」指的是爬上海拔6,000公尺以上的雪山。海拔6,000公尺以下的，不論爬上哪裡，都統稱為「健行Trekking」。而南韓的最高峰是海拔1,950公尺的漢拏山白鹿潭，韓半島的最高峰是海拔2,750公尺的白頭山（長白山）天池，從我們的立場來看，這個標準多少有些讓人不是滋味。雖然尼泊爾是尼泊爾、韓國是韓國，不過「健行」這個詞，似乎沒有必要像現在一樣只侷限於「徒步旅行」的意義。在韓國，將其領域稍微擴大至「登山」的範圍來混用應該也無妨。那麼，就可以說「我上週末去漢拏山白鹿潭健行一趟了」。

世界十大徒步健行步道是誰選定的，

這些又是怎樣的步道呢？

「步道」（Trail）這個單字，比起本來字典上的意義，更以意指「用來走的路」的慣用語為我們所熟知，與「步道之旅」（Trekking Course）幾乎是被當作相同的概念。至今韓國國內仍沒有如「世界十大步道」或「世界十條美麗之路」等路線被選出並發表過，不論是個人還是機構都沒有，只有引用外國人或外國機構網站內容的資料在網路上流通而已。讓我們舉其中最有力的四個案例來看看吧。

二○一二年三月刊載在美國《史密森尼雜誌》（Smithsonian）上的資料在韓國國內最為人所知。以世界上最美麗的十條路「Great Walks of the World」為題，五條為一期，分成兩次刊載。

[表1] 《史密森尼雜誌》精選十大徒步健行路線

史密森尼雜誌精選十大徒步健行路線	距離(km)	所在國家
阿帕拉契小徑 Applachian Trail（AT）	3,500	美國
約翰・繆爾步道 John Muir Trail（JMT）	358	美國
英國橫越東西岸徒步路線 Coast to Coast Walk（CTC）	315	英國
萬里長城 The Great Wall	2,700	中國
西班牙朝聖之路 Camino de Santiago	782	西班牙
大陸分水嶺路徑 Continental Divide Trail（CDT）	5,000	美國
蒂阿羅阿步道 Te Araroa Trail	3,000	紐西蘭
利西亞路 Lycian Way	509	土耳其
安納普爾納環線 Annapruna Circuit	211	尼泊爾
兩百週年國家紀念路徑 Bicentennial National Trail（BNT）	5,330	澳洲
距離總計	21,705	

可能因為這是本美國色彩濃厚的雜誌，所以包含前兩名在內，總共有三條美國的步道上榜。美國步道長度也佔了超過全部總距離的40%，這部分可能有些讀者多少會覺得偏頗。

再加上全部十條步道中，有五條是距離從兩千公里到超過五千公里的超長距離步道，如果是職業愛好者就算了，對於擠出日常的時間去行走的一般健行者來說，會感到相當有負擔。

包含中國萬里長城在這點也相當特別。在特定區間內走上半天一天可能會是個獨特的經驗，但長時間走在城郭上，不知為何讓人覺得可能會是件陌生的苦差事。當然，這只是尚未走過萬里長城者先入為主的想法罷了。

而在同一時期的二〇一二年三月，《孤獨星球》網站上也刊載了同樣主題的報導。標題是「世上最棒的的十大徒步健行路線」（The 10 Best Treks in the World）。

[表2] 《孤獨星球》精選十大徒步健行路線

孤獨星球精選十大徒步健行路線	距離(km)	G20
G20 健行步道 Grande Randonnée 20（GR20）	168	法國
印加古道 Inca Trail	45	秘魯
多貢徒步路線 Pays Dogon	150	馬利
珠穆朗瑪峰基地營登山路線 Everest Base Camp（EBC）	112	尼泊爾
印度喜馬拉雅山脈 Indian Himalayas	553	印度
塔斯馬尼亞陸上通道 Tasmania Overland Track	80	澳洲
魯特本步道 Routeburn Track	32	紐西蘭
納羅斯步道 The Narrows Trail	26	美國
高級路線 Haute Route	171	法國、瑞士
巴托羅冰河 & K2 峰 Baltoro Glacier & K2	63	巴基斯坦
距離總計	1,400	

明顯地，這份名單均勻搜羅了世界六大洲的步道，特點是，從一般健行者的觀點來看，裡面含許多看起來莫名覺得陌生或感到意外的步道在內。感覺是在寫給大致上已涉獵過許多知名步道的人看，推薦他們去走這些與眾不同路線試試。紐西蘭就是一個例子。

捨棄聞名全球的米佛峽灣步道，而選擇魯特本步道這點就很特別。兩條步道同樣位在紐西蘭的南島，同樣位於峽灣國家公園內，相互鄰近。已走過米佛峽灣步道的人可以選擇走魯特本步道。

二〇〇〇年初期，日本旅行作家斉藤政喜在十多年間走過的

[表3] 作家斉藤政喜的十大徒步健行路線

斉藤政喜精選十大徒步健行路線	距離(km)	所在國家
安納普納爾環線 Annapruna Circuit	127	尼泊爾
高級路線 Haute Route	171	法國
印加古道 Inca Trail	34	秘魯
米佛峽灣步道 Milford Track	54	紐西蘭
百內塔 Torres del Paine	76	智利
賽米恩步道 Simien Trail	144	衣索比亞
阿帕拉契小徑 Applachian Trail（AT）	160	美國
庫斯萊登小徑 Kungseden	110	瑞典
西高地徒步路線 West Highland Way	152	蘇格蘭
大洋路步道 Great Ocean Walk	91	澳洲
距離總計	1,119	

路線於韓國變得廣為人知。他的書在二〇一三年二月以《世界十大健行路線徒步旅行》的標題在韓國出版譯作（書名原文：シェルパ齊藤の世界10大トレイル紀行／齊藤政喜）。以「世界十大健行路線」為素材發行的單行本至今仍是獨一無二的。書中僅有極基本的旅遊資訊介紹，是本介紹健行過程中各種個人所見趣聞的旅行隨筆。

書中介紹的是忙於日常生活的人們只要能夠擠出一週左右的時間，不論是誰都能輕鬆行走的路線。另方面較可惜的是，雖然冠上了「世界十大健行路線」的標題，但收錄的卻都是短距離的路線。

在《讀者文摘》網頁上，也在「世界旅行」部分以「Top 10 Hikes in the World」的標題刊載了同樣主題的內容。

與前面三份名單相比，從距離層面上來看，選出的步道相對來說較為均衡。雖然六大洲每一洲都有一條以上的步道被選入，但有

[表4] 《讀者文摘》 精選 十大徒步健行路線

讀者文摘精選十大徒步健行路線	距離(km)	所在國家
百內塔 Torres del Paine	83	智利
阿帕拉契小徑 Applachian Trail（AT）	3,500	美國
吉力馬札羅馬蘭谷步道 Kilimanjaro to Marangu	83	坦尚尼亞
安納普爾納環線 Annapruna Circuit	211	尼泊爾
印加古道 Inca Trail	45	秘魯
加拿大西海岸步道 West Coast Trail	75	加拿大
白朗峰環線 Tour du Mont Blanc	170	歐洲三大國
湯加里羅北環線 Tongariro Northern Circuit	48	紐西蘭
約翰·繆爾步道 John Muir Trail（JMT）	385	美國
冰川國家公園 Glacier National Park	104	美國
距離總計	4,677	

四條集中在北美洲，多少有些偏頗感。寬廣的歐洲地區只有一條步道被選入，這點也十分可惜。

本書的「十大步道」是怎樣的路線呢？

這些路線並不是從最初就帶著特定目的、深思熟慮後嚴選出的。從開始對徒步健行產生興趣的十五年前起，我就開始關注海外的美麗路線了。透過新聞雜誌及網路，我反覆閱讀其他人撰寫的遊記，夢想著自己退休後也要獨自去走這些路線。有將近十年的時間都只在想像中去行走這些世界上的美好路線，而到了即將從職場上退休時，腦中已經有十二條路線自然而然地被我選入後半輩子的人生目標清單（Bucket list，指死前想完成的事和夢想清單）中了。

雖然我並沒有設定某個標準來選擇步道，但回過頭來看，可以發現三個大方向。

[表5] 作者挑選的十大徒步健行步道

作者挑選的十大徒步健行步道	距離(km)	所在國家
安納普爾納環線 Annapruna Circuit	140	尼泊爾
聖地牙哥朝聖之路 Camino de Santiago	782	西班牙
米佛峽灣步道 Milford Track	59	紐西蘭
九州偶來小路 九州 オルレ	235	日本
英國橫越東西岸徒步路線 Coast to Coast Walk（CTC）	315	英國
巴塔哥尼亞三大步道 Patagonia 3 Trail	124	智利、阿根廷
印加古道 Inca Trail	45	秘魯
白朗峰環線 Tour du Mont Blanc	176	歐洲三大國
威克洛步道 Wicklow Way	132	愛爾蘭
茶馬古道 虎跳峽	24	中國
距離總計	2,032	

第一，世人們認定的美麗步道。

第二，在韓國特別有人氣、韓國人想去走的步道。

第三，個人有興趣或符合個人喜好的路。

　　此書中選擇的十條步道中，有八條都符合第一或第二點考慮事項。安納普爾納環線及聖地牙哥朝聖之路都具有世界級的名聲，也是韓國人們最偏好的健行路線。

　　英國橫越東西岸CTC、環白朗峰路線以及巴塔哥尼亞三大步道，也在前面引用的幾份世界十大路線名單中出現過一兩次，是眾所認定的知名路線。印加古道、米佛峽灣步道以及茶馬古道虎跳峽皆為短距離徒步路線組合成的步道，合稱為「世界BEST 3」。而日本九州的偶來小路及愛爾蘭威克洛步道，則是根據我自身的興趣及喜好所選擇的。

各自相異的「十大健行步道」比較

　　如同前面所提到的，《史密森尼雜誌》選出的十大健行步道，光是距離為數千公里的路線就有五條。站在一般健行者的立場來看，可能會感到較有負擔且不實際。

　　日本作家選出的路線，太過清一色為短距離路線。整體的總長度也沒有超過1,100多公里，多少有些平淡的感覺。從選出的十大步道所在的六大洲分佈來看，日本作家的名單最為剛好，《史密森尼雜誌》及《讀者文摘》過度偏重於美洲大陸。

　　從六大洲總計來看，我想對一般人來說，長距離徒步健行最安全也最恰當的地方是歐洲。與土地面積相比，其中匯聚了相當多的

[表6] 十大徒步健行路線之距離及六大洲分佈比較表

十大徒步健行路線之距離及六大洲分佈比較表					
距離(km)	史密森尼雜誌	讀者文摘	本書	孤獨星球	斉藤政喜
按區間分類 3,500～5,500	3	1			
2,500～3,000	2				
500～800	2		1	1	
200～400	3		2	2	
100～200		2	4	4	6
100		5	3	5	4
總長度(km)	21,705	4,677	2,032	1,400	1,119
按洲別分類 北美洲	3	4		1	1
南美洲		2	2	1	2
歐洲	2	1	4	2	3
亞洲	3	1	3	3	1
非洲		1		1	
大洋洲	2	1	1	2	2

國家及多元的文化，從歷史及藝術等人文學方面來看，也可以遇見各式各樣的故事。許多美麗的路線在長久歲月的文化薰陶下愈發鞏固堅實，食宿或路線指引等基礎建設也做得相當好。因此在本書選擇的十大路線中，也納入了更多這類的歐洲路線。

海外徒步健行需要做什麼準備呢？

徒步健行，並不是要與冰壁或冰隙進行生死絕鬥、攀登上7,000～8,000公尺高山。不需要隆重準備、高價裝備或熟練的技術。健行者只要有可以縱走韓國智異山三天兩夜的體力及準備*，後面要介紹的十條步道，不論哪條都可以走完沒有太大問題。也不需要特別的裝備，只要準備符合季節、在離家一週或一個多月的期間能穿好活動的服裝及物品即可。重要的是，背包的重量要盡可能減到最低，因此優先選擇輕盈、性能高的物件。

雖然您可能會覺得平淡無趣，但此書嘔心瀝血為讀者所做的就是「預習」。先閱讀已去過的人寫下的遊記也是一種上路訓練。在被職場綁住的狀態下，只能在腦中以想像的方式去夢想未來旅行的人們，總是會把自己想去的旅行地的各種資料都找齊。我也經歷過這樣的過程，無心之中就有了許多預習的機會。預備知識累積到某種程度時，如果可以直接與這些人碰面或以email聯絡，聽聽他們的故事，會有決定性的幫助。在腦中自然而然地描繪出從出發地點到終點為止的徒步健行全過程後，最後就到了出發的時刻了。最好能即刻著手購入廉價航空機票。

每條路線都有一兩個最需要留意的核心重點。

聖地牙哥朝聖之路要走一個月以上，徹底檢視自己的身體是否可以適應這點很重要。試走總距離幾乎相同、海拔高度等各種條件

---

* 等級約如台灣山岳中的「奇萊南華」三天兩夜的縱走行程。

也相似的韓國東海岸「海波浪縱走（Haeparang-gil）」，就可檢測出自己的能力。

英國橫斷CTC的路線指引里程碑非常少，因為英國人的心態是將人為指示減到最低、盡可能維持自然原貌。務必要攜帶GPS及詳細地圖。

相較於韓國濟州島的偶來小路是連接成一整條的路，日本九州的偶來小路則與其不同，全部的路線都是分散的，每條路線之間都必須利用公車或鐵路等大眾交通工具接駁。事先擬好每條路線走完後的動線，才能減少在當地走錯路的可能。

從阿爾卑斯山脈山勢的特性上來看，走白朗峰環線時體力特別重要。想像成每天上下來回一次韓國漢拏山白鹿潭，且要反覆走個十幾天，會比較快理解。

威克洛步道沒有什麼特別要注意的事項，大致上是容易的。

安納普爾納環線從海拔800公尺處開始，要爬到最高點5,416公尺為止。高山症從3,500公尺處開始發作的可能性很高。攜帶高山症藥物是基本的，而在當地的飲食攝取及禁酒等健康狀況管理更是重要。

為了前往巴塔哥尼亞三大步道健行：百內塔（Torres del Paine）、菲茨羅伊（Cerro Fitz Roy）及托雷峰（Cerro Torre），需要有效率的動線計畫。在南美旅行的整體行程中，只有巴塔哥尼亞地區需要再次訂定有效率的詳細計畫。

大部分的地區都可以用英文進行最低限度的溝通，但在中國，如果不懂中文的話，連吃上一頓飯都很困難。包含會中文的人在內組成四人一組，包一台計程車移動，會讓茶馬古道虎跳峽的旅行最有效率。

紐西蘭米佛峽灣步道的入山期間有限制，每日入山人數也有嚴

格的限制。因此透過網路與世界各國的健行者們競爭，獲得入山許可證並事先預約山莊等都是先決條件。

　　印加古道也有限制入山季節及一天的入山人數，不允許自由行，須申請官方的的套裝團體行程，簽約並與其會合。須攜帶護照才能被允許入山這點也很特別。最高須爬到海拔4,200公尺，因此也必須預防高山症發作。

　　沒有列入北美步道這點我自己也覺得遺憾。一開始惦記在心上的是約翰・繆爾步道，並進行了準備，但為期十五天的野外背包旅行在組隊上產生了問題，因此準備到一半就放棄了。本書中收錄的世界十大步道全都不是野外背包旅行，而是可以每天住在山莊等住宿設施的路線，在食宿上安全且沒有太大困難或風險，任何一般民眾只要稍做準備，就可以走完路線全程。

01

尼泊爾喜馬拉雅 /

安納普爾納環線
ANNAPURNA CIRCUIT

有人將喜馬拉雅高聳參天的雪山群峰稱為「眾神的住處」。安納普爾納環線的最高點駝龍埡口（Thorong La）雖然未能達到這般高度，但也有某位作家稱其為「眾神的散步路徑」，總而言之即是眾神的領域。雖然有高山症等風險在，但以熱情與誠意去接近的話，就能獲得眾神的許可，暫時涉足這塊領土。背起背包前往喜馬拉雅，在遙遠路途上留下自己長長的足跡與汗珠，在這十幾天的時間裡，可以遇見人生中實不常見的驚奇。

中國（西藏）

尼泊爾　木斯塘

博克拉

加德滿都

印度

不丹

孟加拉

走向眾神的散步之路
安納普爾納環線

　　在青藏高原與印度平原的縫隙間，擁抱著大部分喜馬拉雅山脈的國家，正是尼泊爾。尼泊爾的地貌呈現傾斜的長方形模樣，喜馬拉雅山脈從西北邊往東南邊長長延展出去。首都加德滿都位在中心，往西北方有馬納斯盧峰及安納普爾納，往東南則有聖母峰及干城章嘉峰。

　　喜馬拉雅山脈有好幾條適合健行的路線，其中韓國人似乎特別偏好安納普爾納。海拔8,091公尺的安納普爾納頂峰就交給專業登山家來爬，許多一般健行者們只會爬升到4,130公尺的安納普爾納基地營（Annapurna Base Camp）後下山，簡稱「ABC路線」。有過ABC經驗的人，通常下個目標就會是「安納普爾納環線」（Circuit）。這是一條海拔會上升到5,416公尺，更高也更危險的路線。亦被稱為「Annapurna Round」，也就是繞著安納普爾納群山行走的環狀路線。

　　安納普爾納環線須越過駝龍埡口，與其他喜馬拉雅的山路一樣，過去是山中村落間運送交易貨物的路線，現在依舊如此。高山族人們將日常物品背負在背上或以驢子駄負，越過溪谷、翻越山頭，往返走在這條連結遠方的路上。長久歲月間，這條路因驢子或騾子的排泄物，以及高山地區人們的嘆息及汗水而變得堅硬固實。對一般人來說決不是條易於行走的路，得要翻越長白山高度（2,750m）兩倍的山頭，有如高山症等各種危機四

伏，亦伴隨著從垂直聳立的峭壁上滾下落石，以及摔落陡峭溪谷底的危險。

安納普爾納環線圍繞著的安納普爾納群峰中，海拔六千公尺以上的高峰有二十餘座。其中有安納普爾納一號峰（8,091m）、二號峰（7,130m）、三號峰（7,555m）、四號峰（7,555m）、南峰（7,219m）、甘加普爾納峰（Gangapurna，7,455m）、尼爾吉里峰（Nilgiri，7,061m）等，超過7,000級的山峰有有十多座以上，剩下的則有馬查普查雷峰（又名魚尾峰，6,993m）等6,000公尺等級的山峰。

走在安納普爾納環線上會從左側看到這些雪山，越過溪流，沿著溪谷及稜線行走，翻越最高點的駝龍埡口（5,416m）。若想要完美走完全程，就必須越過駝龍埡口，從喬姆松（Jomsom）沿著甘達基河（Kali Gandaki River）走到納雅普爾（Naya pul）為止。但從喬姆松到納雅普爾的下山路

途，因汽車或塵土等原因造成惡劣的健行環境，有許多人會省略這一段。

　　安納普爾納環線大致由三個區間所構成。從路線入口處的最大村落貝西沙爾（Besisahar）到馬南（Manang）為止的90公里是第一階段，從馬南到最高點駝龍埡口的21公里是第二階段，以及從有機場的喬姆松到下山的29公里為第三階段。第二階段的距離雖短，但從馬南走到駝龍埡口須上升2,000公尺的高度差。因此大部分的健行者會在這個區間產生高山症反應，嚴重的話甚至可能翻越不了山頭。第三階段雖然是下山之路，感覺似乎較簡單，但卻並非易事。因為爬升到最高點後體力已經枯竭，加上下山路線的前6公里相當地陡峭，是會讓全身神經細胞都豎立的緊張區間。相

反地，從貝西沙爾到馬南緩緩爬升的第一區間相對來說較輕鬆好爬，可能是安納普爾納環線中最愉快的一段。

在爬升到馬南的過程中，會經過二十個大大小小的高山村莊。平均每4～5公里就會遇到一個山中村落，所以沒什麼走在層巒疊嶂深山中的感覺。越是逐漸靠近眼前的喜馬拉雅雪山威容，越讓人不斷地感動與顫慄。在每個村莊遇見的高山族人們，他們熱情的表情及溫暖的畫面會留在記憶中很久很久。

在第一階段中有幾件事需要留意。首先，飲食攝取很重要，所有食物都要均勻攝取才行。也不要勉強自己走更快或貪心想走更遠。盡可能避免飲酒較好。疏忽大意會讓吃大虧的機率變高。為了避免不知道會不會在第二階段發作的高山症，至少要採取最基本的對策。在高山上自己的身體會有什麼反應，在實際遭遇過之前是不會知道的。根據體質，在海拔達到3,000公尺前的茶麼（Chame）或婆羅當（Bhratang）村，可能就會感受到高山症的症狀了。

抵達海拔3,540公尺的馬南時，健行者們大部分隔天會休息一天，適應高度後，再隔一天再出發。如果省略這點直接出發的話，罹患高山症的機率會增高。馬南是個有登山用品店或咖啡、餐廳等基礎建設的高山村莊。從很久以前開始就是越過山下的拉姆瓊縣及駝龍埡口，連接木斯塘地區的山中貿易樞紐，因此充滿活力。

行走從貝西沙爾到馬南的一公里區間，平均高度以30公尺的幅度緩緩上升。但從馬南到亞克哈爾（Yak Kharka）為止上升幅度則是兩倍的60公尺，而隔天到高營（High Camp）為止則是每公里100公尺以上，坡度漸漸陡。最後一天早上，在四個小時內每一公里海拔高度足足上升了140公尺之多，通過這個極度傾斜的地區，才能抵達最高點駝龍埡口。

越靠近駝龍埡口，山路變得越發險惡難走。越過雷達（Ledar）橋到抵達海拔4,500公尺的駝龍非迪的區間，是事故頻傳的路段，經常可以看到

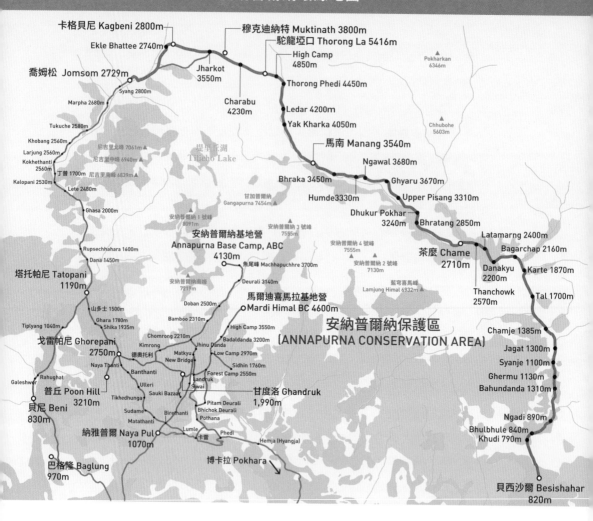

卡格貝尼 Kagbeni 2800m
Ekle Bhattee 2740m
穆克迪納特 Muktinath 3800m
駝龍埡口 Thorong La 5416m
High Camp 4850m
Pokharkan 6346m
喬姆松 Jomsom 2729m
Jharkot 3550m
Thorong Phedi 4450m
Syang 2800m
Charabu 4230m
Marpha 2680m
Ledar 4200m
Chhubohe 5603m
Tukuche 2580m
Yak Kharka 4050m
Khobang 2560m
馬南 Manang 3540m
Larjung 2560m
尼吉里北峰 7061m
尼吉里中峰 6940m
丁普 1700m 尼吉里南峰 6839m
Ngawal 3680m
Kokhethanti 2560m
堤里丘湖 Tilicho Lake
Ghyaru 3670m
Kalopani 2530m
Bhraka 3450m
Lete 2480m
Humde 3330m
Upper Pisang 3310m
Ghasa 2000m
甘加普爾納 Gangapurna 7454m
Dhukur Pokhar 3240m
Bhratang 2850m
安納普爾納 1 號峰 8091m
安納普爾納 3 號峰 7555m
Latamarng 2400m
Rupsechhahara 1600m
安納普爾納基地營 Annapurna Base Camp, ABC 4130m
安納普爾納 4 號峰 7555m
茶麼 Chame 2710m
Bagarchap 2160m
Dana 1450m
魚尾峰 Machhapuchhre 3700m
安納普爾納 2 號峰 7130m
Danakyu 2200m
Karte 1870m
塔托帕尼 Tatopani 1190m
安納普爾納南峰 7219m
Deurali 3140m
藍寧喜馬拉 Lamjung Himal 6932m
Thanchowk 2570m
Tal 1700m
山多士 1500m
馬爾迪喜馬拉基地營 Mardi Himal BC 4600m
Doban 2500m
Tiplyang 1040m
Ghara 1780m
Shika 1935m
Bamboo 2310m
安納普爾納保護區 (ANNAPURNA CONSERVATION AREA)
Chamje 1385m
戈雷帕尼 Ghorepani 2750m
Chhomrong 2210m
Kimrong
High Camp 3550m
Jagat 1300m
德奧托利
Badaldanda 3200m
Syanje 1100m
Naya Thanti
Jhinu Danda
Low Camp 2970m
Matkyu New Bridge
Sidhin 1760m
Ghermu 1130m
Galeshwar
Rahughat
Banthanti
Landruk
Forest Camp 2550m
Bahundanda 1310m
普丘 Poon Hill 3210m
Ulleri
Siwai
甘度洛 Ghandruk 1,990m
Tikhedhunga
Sauki Bazaar
Pitam Deurali
貝尼 Beni 830m
Sudame
Bhichok Deurali
Ngadi 890m
Pothana
納雅普爾 Naya Pul 1070m
Matathanti
Birethanti
Lumle
Phedi
Bhulbhule 840m
Khudi 790m
卡雷
巴格隆 Baglung 970m
Hemja (Hyangja)
博卡拉 Pokhara
貝西沙爾 Besishahar 820m

叫人要小心注意的標示牌。要通過陡峭稜線上由眾人的足跡所踩踏出的狹窄小路，既有摔落右側溪谷的危險，也有可能會被左側稜線上突然掉下的落石給擊中。已經過了植物可生長的界限，只剩下石子路及雪路。行走到這個時間點身體已疲憊，精神也變得恍惚。甚至可能會陷入錯覺，以為自己走在電影中看過的某個孤單星球上一般。在這個區間伴隨著的是微妙的快感及不可名狀的悸動。這是連雲朵都無法存活的高度，因此雲全都沉到山的下方，接近地上。在高山地區看見的天空與日常中看到的天空截然不

同，總是帶著深藍色的晴朗模樣。

上到最高點前的最後一晚，不知道是因為高山症，還是興奮悸動或緊張的關係而沒有睡好覺。因寒冷而裹上的層層衣服以及氧氣不足，使呼吸都覺得悶。身在最高點上，天空變得近了許多，夜空中的星星彷彿觸手可及，我試著伸出雙手揮舞抓取。

雖然每個人的情況不同，但我通常只睡得著幾個小時。然後在清晨醒來，靠著頭燈的燈光，踩在險峻的雪路上出發。爬升至最高點駝龍埡口的十餘日間耗盡的能量在瞬間補充回來，體驗到充斥全身的喜悅。在安納普爾納環線或雪山中的時間流速就像光一樣快。與周圍的人們互相擁抱，分享終於抵達最高點的快樂，在刺骨寒風中拍幾張紀念照，然後緊緊包住頭坐下，陷入忘我的境界中，一下子一個小時就過去了。再次回過神來後，開始隱隱擔心起下山的路途了。體力已經耗盡，眼前展開的下山路極為陡

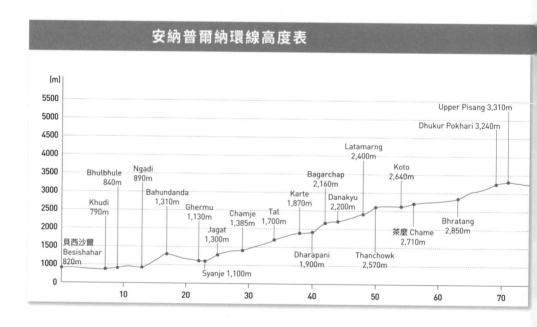

安納普爾納環線高度表

峭。在整個安納普爾納環線中,下山的最前面6公里是最陡峭的。

　　從駝龍埡口的陡峭山路往下走,可以感受到與至今走來的路線相反的另一個世界正等著我。往上走的時候雖然寒冷卻仍有溫暖感,連白色的雪山群峰都彷彿帶有天然的色彩。然而越過駝龍埡口後卻完全不同,其本身就是個無彩度的荒涼世界。在白雪之下展開的是連一株草都無法存活的貧瘠世界,就像木斯塘地區展現的特徵一樣。

　　從駝龍埡口到海拔4,230公尺的查拉布(Charabu)為止,只要下降6公里,陡坡就會結束了,之後就可以解除緊張感。在查拉布可以看到三四棟低矮建築,以及坐在外頭桌子旁的人,是個彷彿宇宙航站或夢中某處般的神秘光景。之後會抵達穆克迪納特,這是個佛教與印度教共存的神聖地點。穆克迪納特有「尋求解脫與救贖之地」的意義在,是尼泊爾人一輩子一定會想去一次的地方。

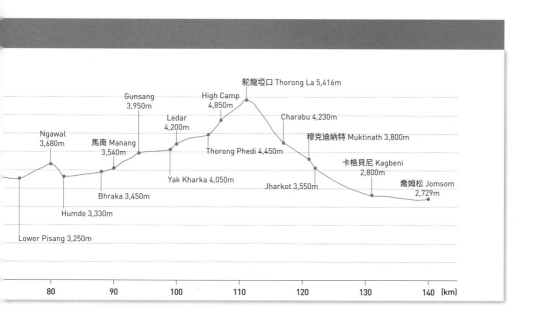

從穆克迪納特開始就有車輛可以通行的道路，從這裡經過卡格貝尼（Kagbeni）到喬姆松為止，連續19公里的路段為既不陡峭但也不平緩的下坡。不過這絕不是段輕鬆的路段，粗糙的亂石路旁有著陡峭懸崖，十分危險。還有颼著讓人難以踏出腳步的強風，以及來往車輛造成的砂石塵土飛揚，讓呼吸變得很不適。

　　本來會在喬姆松經過普恩丘（Poon Hill）等，再走上 71公里才會抵達終點納雅普爾，完成總長達到211公里的「環線一周」（Circuit or Round）。但與爬到馱龍埡口的旅程相比，這段路程不那麼讓人有興致，還有路過車輛及強風造成的沙塵等惡劣條件。因此大多數人會在喬姆松結束徒步健行，搭乘大眾交通工具下山。也可以在喬姆松機場搭乘飛機回到博克拉。

安納普爾納環線

路線指南

貝西沙爾
巴渾丹達
達納克
茶麼
下皮桑
馬南
亞克哈爾卡
高營
駝龍埡口
穆克迪納特
喬姆松

要前往健行起始點的貝西沙爾，早上八點前在加德滿都搭巴士是最好的。因為通常車程需要花上七到八小時，有時候甚至九個小時。海拔1,300公尺高的加德滿都的周遭全都是2,000公尺以上的山，是個被群峰環繞的盆地，給人非常幽靜的感覺。越過屏風似的山腰，下到820公尺高的貝西沙爾。巴士連車頂上都載了各種行李，顫巍巍地穿過山腰下行時令人膽戰心驚。害怕溪谷下方遙遠的懸崖，一邊提心吊膽，一邊又感到刺激興奮。

傍晚抵達貝西沙爾找到住宿處，購買必要物品並做最後一次檢查。若需要雇用搬運工，只要告訴下榻處，隔天出發時間前搬工就會前來待命。搬工的費用根據條件及時期而有不同，但通常一天的費用約為1,500至2,500盧比。若是兩三人的團隊，只要雇用一名搬工，稍微分攤一些行李是最有效率的。

貝西沙爾 Besishahar ·······▶ 格爾木 Ghermu

	7km		2km		4km		4km		5km	

Besishahar
820m

Khudi
790m

Bhulbhule
840m

Ngadi
890m

Bahundanda
1310m

Ghermu
1130m

距離 **22km** 累積距離 **22km** 進度 **16%** 所需總時間 **8小時**

行走安納普爾納環線，需要這個地區的自然保護協會ACAP
（Annapurna Conservation Area Project）所發給的入山許可
證。入山許可證的發給需要花 2,260盧比，可以從加德滿都或
博克拉（Pokhara）的ACAP辦公室獲得發給。如果沒有許可證
就入山，得加罰2,000盧比的罰款。從貝西沙爾出發，走兩個
小時會抵達的布貝爾（Bhulbhule）村有第一個檢查點（check
post）。預先購買好的許可證會在這裡接受確認，或是用兩倍
的價錢購入。過了布貝爾後，山路突然變得陡峭，流著汗爬
上後，就能抵達印度人的村落巴渾丹達。「巴渾Banhun」指
的是「婆羅門Brahman」，「丹達Danda」則是「恩德」的意
思。身在此「婆羅門的恩德」中，有讓人感到親切熟悉的梯
田在眼前展開。從巴渾丹達出發，到有著涼爽瀑布的格爾木
（Ghermu）村為止，是兩小時平緩的下坡路。

格爾木 Ghermu ·······▶ 塔爾 Tal

	1km			4km					

Ghermu
1130m

Syanje
1100m

Jagat
1300m

Chamje
1385m

Tal
1700m

距離 **12km** 累積距離 **34km** 進度 **24%** 所需總時間 **6小時**

想保留時間或體力的健行者們會盡可能搭乘巴士前進。巴士終點是距格爾木一公里遠的村
落尚耶（Syanje），越過橫越溪谷的高聳吊橋後，村落位在左手邊，小型巴士能行駛的道路就
到此為止。但若包租吉普車，可以舒適地前往比尚耶更裡面的地方。道路開發工程正如火如
荼地進行中，所以隨著時間經過，車輛能行駛的道路會越來越往更高的地點延伸出去。

從尚耶到賈加特（Jagat）或恰姆桀（Chamje）的路途上，極度傾斜的陡坡與深邃溪谷反覆
出現。從恰姆桀後的下一個村落塔爾（Tal）開始，行經的區域就會從拉姆瓊縣（Lamjung）進
入馬南縣了。從拉姆瓊縣最大的村落貝西沙爾開始已上爬了34公里，到抵達馬南縣最大的村
落為止，還得再往上走52公里才行。村落塔爾所在地是因細窄的溪谷突然變寬，溪水流速變
慢，沙地變廣後形成的地形。兩邊晶立著高聳岩石峭壁，村莊就位在其之間。

第3天　塔爾 Tal ……▶ 達納克 Danakyu

Tal 1700m	4km	Karte 1870m	2km	Dharapani 1900m	2km	Bagarchap 2160m	2km	Danakyu 2200m

距離 **10km** 累積距離 **44km** 進度 **31%** 所需總時間 **4小時**

在經過卡特（Karte）村入口時，你可以看看轉角處立著白色的告示牌。也許你會發現用小學生字體韓文寫著「맛있는김치 있어요 有好吃的泡菜」的牌子也說不定。過了達拉帕尼（Dharapani）村後，海拔會超過2,000公尺，緊接著會抵達西藏村落達納克（Danakyu）。在西藏餐廳中，可以吃塗上滿滿喜馬拉雅蜂蜜的西藏麵包作為午餐。

第4天　達納克 Danakyu ……▶ 茶麼 Chame

Danakyu 2200m	4km	Latamarang 2400m	2km	Thanchowk 2570m	4km	Koto 2640m	2km	Chame 2710m

距離 **12km** 累積距離 **56km** 進度 **40%** 所需總時間 **6小時**

在離開達納克村的路口上，路中間擺著巨大的轉經筒（摩尼車）。在西藏佛教寺院中一定會有轉經筒，每當轉動一次轉經筒，就等同於讀過一遍佛教經文。刻著曼特羅（真言）的經筒表面經過人們的手觸碰後變得光滑。

過了拉塔瑪朗（Latamarang）後，隨著越來越接近茶麼（Chame）村，越來越有身處喜馬拉雅山中的真實感。能感受到自己正一點一點地在靠近本來覺得很遙遠的喜馬拉雅山峰。

第5天

茶麼 Chame ⋯⋯▶ 皮桑 Pisang

7km	6km	2km	4km

Chame
2710m

Bhratang
2850m

Dhukur Pokhari
3240m

Upper Pisang
3310m

Lower Pisang
3250m

距離 **19km** 累積距離 **75km** 進度 **54%** 所需總時間 **8小時**

　　到目前為止，每3～4公里就會出現村莊，但隨這海拔越來越接近 3,000公尺，村莊也漸漸變少。從茶麼到下一個村子婆羅當（Bhratang）很遙遠，到再下一個村莊都庫波卡（Dhukur Pokhari）也相當遙遠。這個地方會積雪直到春天，路也很滑。根據每個人體質不同，可能會在這個區間開始感受到些微頭暈的高山症症狀。光看距離的話，已經超過整體長度的50%了。但剩下距離的難易度與已走過的部分相比，卻是無從比較的高難度。如果是首次體驗高山的話，自己也會不知道自己的身體在高山地區會有什麼反應。總之要全力攝取食物及營養，努力喝水，這是最低限度基本的措施。

　　皮桑位在馬沙陽帝河之間，分為上皮桑（Upper Pisang）及下皮桑（Lower Pisang），在高度較高100公尺的上皮桑有佛教寺廟，是從很久以前就在建造的「施工中」寺廟。先到下皮桑定好住處、卸下行囊後，再以輕鬆的身體爬到上皮桑較佳。到上皮桑為止都是陡峭的垂直石階，所以即使是空手無行李的狀態去爬，都不是件簡單的事。從寺院中往下眺望下皮桑村莊及周遭絕美景色，那個畫面會留存在腦海中很久很久。

第6天

皮桑 Pisang ⋯⋯▶ 馬南 Manang

5km	2km	6km	2km

Lower Pisang
3250m

Ngawal
3680m

Humde
3330m

Bhraka
3450m

Manang
3540m

距離 **15km** 累積距離 **90km** 進度 **64%** 所需總時間 **6.5小時**

　　從皮桑到馬南有兩條路可選：皮桑高線及皮桑低線。沿著溪谷走的皮桑低線較好走，比皮桑低線還要再攀升400公尺的皮桑高線走起來雖然辛苦，但可以看到西藏傳統村落及安納普爾納二峰的壯麗景色。怎麼取捨就是徒步旅行者的事了。

第7天 ┃ 在馬南休息一天

　　馬南是安納普爾納環線東側路段中最大的村落，也是前往最高點駝龍埡口的前哨基地。大部分的健行者們會在馬南休息至少一天再出發，這是預防高山症的事前措施。精力旺盛的人們也會把背包寄放在馬南，前往堤里丘湖（Tilicho，4,919m）進行兩天的健行再回來。也可以在馬南以犛牛肉來補充蛋白質。犛牛是種高山動物，只被放牧在海拔4,000公尺以上的高原。犛牛肉雖然較堅韌但很好吃。

第8天 ┃ 馬南 Manang ……▶ 亞克哈爾卡 Yak Kharka

Manang
3540m

Gunsang
3950m

Yak Kharka
4050m

4km　　　　　5km

距離 **9km** 累積距離 **99km** 進度 **71%** 所需總時間 **7小時**

　　馬南是與附近兩座7,000公尺級山峰：安納普爾納三號峰及甘加普爾納峰最接近的地點。包圍著兩座高峰的冰河彷彿大型鏡子一般。離開馬南的那天早晨，冰河上反射出的晨光耀眼刺人，讓人無法輕易直視雪山。這是真實感受到進入喜馬拉雅高山地區的瞬間。從馬南出發約一小時後，溪谷分成兩岔，路也分成了兩條。左邊通往堤里寇湖，右邊則通往駝龍埡口。從馬南開始頭部可能會感受到些許抽痛，在經過古桑（Gunsang），海拔開始超過4,000公尺後，頭痛伴隨著想吐噁心感而來，且症狀可能會變得越來越嚴重。越過橫越深遂溪谷的吊橋後，就會抵達亞克哈爾卡（Yak Kharka）*。從這裡開始，為了接下來的行程，請務必要注意預防高山症發作。最好在馬南就預先服用丹木斯（Diamox）等高山症用藥，走路的速度也要盡可能維持緩步行走。

＊　或者意譯「犛牛哈爾卡」（yak意指犛牛）。

Yak Kharka 4050m ｜ Ledar 4200m ｜ Thorong Phedi 4450m ｜ High Camp 4850m

距離 8km 累積距離 107km 進度 76% 所需總時間 8.5小時

　　離開亞克哈爾卡，越過寫著「CHULI LEDAR」、又高又長的吊橋後，不久即會進入坡度很陡的稜線。溪谷在右下方，爬上左邊的稜線，就能抵達駝龍非迪（Thorung Phedi），稜線左側是完全沒有雪覆蓋的荒涼禿山，右側溪谷對面則是白色雪山。溪谷處在兩者之間，形成了兩極的對照。沿著稜線而成的路雖然並不險惡，但因坡度陡峭，看起來非常危險。偶爾會有從左上方突然掉落落石，或失足摔下右側溪谷的事故，是段需要提高注意的路段。

　　在駝龍非迪的餐廳中，大部分的健行者們都不交談，而是趴在桌子上，或者七橫八豎地躺在椅子或地板上。要嘛是已經高山症發作，或者是正採取防止高山症發作的姿勢。偶爾也會聽到直升機吵雜的聲音，因高山症發作而情況危急的患者，會在這裡搭上救援直升機被移送。從駝龍非迪到高營（High Camp），每走一公里海拔高度就會上升足足200公尺，是段高難度的區間。冰雪道路如刀削般陡峭，讓人持續緊張。

　　抵達高營、在住宿卸下行囊後，就算用慢慢爬的，也得爬到高度差100公尺的後山後再回來。這是為了適應高度而做的訓練，也是為了隔天早上能越過駝龍埡口而必經的例行練習。

High Camp 4850m ｜ Thorong La 5416m

距離 4km 累積距離 111km 進度 79% 所需總時間 4小時

　　在高營，凌晨四點起床最佳。簡單吃過早餐後，最晚五點三十分要出發。到抵達駝龍埡口為止，要爬升高度600公尺的最後一段路特別艱難。之後還要以耗盡的體力往下下降到1,600公尺為止，這段下山路段也相當不簡單。

　　從高營出發，沿著燈籠的燈光一步一步地向前，之後黎明到來，天光漸亮。不一會兒，以清晨天空為背景，安納普爾納雪山們雄壯宏偉的輪廓顯現了出來。到最高點為止，中間有一個避難休息處。雖然沒有暖爐，但健行者們不發一語地坐著調整呼吸，他們身上的熱氣讓這裡成了溫暖的空間。

　　最後抵達駝龍埡口時，掛成長長一條的五色旗彷彿萬國旗般歡迎著我們，這是書寫著藏傳佛教經文的經幡，花花綠綠的經幡環繞著「恭喜成功登上駝龍埡口」的標示牌。山頂右邊是亞卡哇康（Yakawakang，6,482m），左邊是卡東康（Kathungkhang，6,484m）。

```
├┄┄┄┄┄┄ 6km ┄┄┄┄┄┄┼┄┄┄┄┄ 4km ┄┄┄┄┄┄▶
```

Thorong La　　　　　　Charabu　　　　　Muktinath
5416m　　　　　　　　4230m　　　　　　3800m

距離 **10km** 累積距離 **121km** 進度 **86%** 所需總時間 **5.5小時**

　　從駝龍埡口下山的路非常陡峭，每一公里高度就得下降200公尺。因為才剛吃力地越過山頭，因此下山的路可能會更加艱難費力，需要多加注意。首先，只要下降 6公里到位在查拉布的茶店後，就可以解除緊張了。喝完一杯茶再次獲得力氣，走上變得平緩的路，經過巨大的吊橋後，就會抵達有著里程碑及村莊地圖的穆克迪納特入口。這個村莊荒涼的周遭環境同時給人帶來神秘及神聖感。

　　位在路左側的穆克迪納特寺廟是既是藏傳佛教的聖地，也與加德滿都的帕舒帕蒂納特廟（Pashupatinath Temple）同為尼泊爾印度教兩大聖地之一。印度教寺廟及佛教寺廟毫無界線地座落在同一個院內。寺院中的108道泉水十分有名。據說，若以這神聖的水清洗身體，今世所犯下的罪就會一同被洗去。這也是尼泊爾人或印度人一輩子一定要來一次這「給予解脫與救贖」之處的原因。

　　從穆克迪納特起就有車輛可以通行的道路了。

第11天　穆克迪納特 Muktinath ⋯⋯▶ 喬姆松 Jomsom

```
:1km:          9km              9km
Muktinath ••Jharkot      Kagbeni        Jomsom
3800m    3550m         2800m          2729m
```

距離 **19km** 累積距離 **140km** 進度 **100%** 所需總時間 **6小時**

　　越過駝龍埡口後，就進入木斯塘（Mustang）地區。這個地方從很久以前開始就被稱為「隱居的王國」。木斯塘的北側與西藏國境接壤，通常分為以藏族佔多數的北木斯塘，以及藏族為非主流的南木斯塘。北木斯塘至今依舊被劃分為限制區，如果想要前往此處健行，需要取得特別的許可證。

　　過了穆克迪納特，從賈柯特（Jharkot）起，在健行上的自然環境便相當惡劣。得迎著刮面強風，並經常得讓路給來往的車輛。更甚，車輛經過所揚起的塵土及強風都讓呼吸變得不暢。在抵達北木斯塘的關口卡格貝尼後，健行的方向就改變了。從這裡開始，會沿著甘達基河（Kali Gandaki River）往南方下山。

　　甘達基河是流過安納普爾納群山及道拉吉里峰群山之間的河。延著這條河所產生的路是條貿易之路，自古就連結著南、北木斯塘，並接續至國境另一邊的西藏。喬姆松是木斯塘縣的首都，亦有機場，大部分的健行者會在這裡休息一兩天後，再搭車或飛機前往博克拉（Pokhara）。

※嚴格來說，還得再下降71公里，也就是從喬姆松經過塔托帕尼（Tatopani）抵達納雅普爾，才能完成環線一圈（211km），但我在喬姆松就結束健行旅程了。

健行基本資訊

旅遊時間

避開旅遊旺季（五月中～九月中）較佳。冬天（十二月～二月）駝龍埡口有可能會因為暴雪而封閉。除了這兩段時間以外，春天（三月初～五月中）及秋天（九月中～十一月底）都是健行的好時機。如果想要踩踩雪地，那麼最好在二月底～三月初，或者十一月底～十二月初前往。

交通

台灣沒有直飛尼泊爾首都加德滿都的班機，可以經由中國、香港、曼谷、新加坡或吉隆坡等地轉機。從加德滿都到健行出發地貝西沙爾，搭公車需要花七個小時左右。從加德滿都的旅行者之街塔美爾區（Thamel）往北部三公里處有市外公車轉運站。這裡每一小時就有一班前往貝西沙爾的小巴，車資為500盧比。從這裡到貝西沙爾的路既險惡、車子又老舊、車內空間又小，是段相當不輕鬆的旅途。如果成員人數有三到四人的話，包一台吉普車前往會更舒適且有效率。

住宿

近的話每3公里、遠的話每10公里就會有村落。村子裡有幾處如guest house或Lodge等一般的住宿。若沒有特殊情況，事先不需預約，直接前往住宿也不會有太大問題。當然最基本的功課是事先在網路上搜尋，熟悉要投宿的村莊及住宿處的資訊，並在早上出發。若有雇用導遊或搬運工同行，也會由他們幫忙引導介紹住處。住宿大部分都沒有暖氣，也有住宿沒有提供棉被、只孤零零地擺了張床，因此攜帶個人睡袋是必須的。

用餐

每日三餐全都得買來吃，通常早餐、晚餐會在住處買來吃。住宿費比預計的便宜，但相反地，餐費讓人感覺有些過高。以便宜的住宿費招攬許多客人，再以餐飲費用獲取利益，這是住宿業者們的共同策略。即使如此亦不會太過昂貴。餐費會隨著高度越高而漸漸變貴。中餐以事先準備好的點心打發，或者可以在途中經過的村內餐廳付費用餐。

TREKKING INFO

預算

到尼泊爾加德滿都的來回機票，價格會依據季節及條件天差地別。若是淡季時需要轉機一兩次的機票，甚至可以買到約台幣20,000元左右的機票如果想要節省經費的話，請在好幾個月前就先訂票。從貝西沙爾經過駝龍埡口到喬姆松為止往上爬再下山的健行路段，至少需要十天。從這裡前往健行地點的天數，以及停留在加德滿都及博克拉的時間最多五天。抓寬鬆一點的話，總共會是趙15～20天的旅程。

尼泊爾盧比的匯率，大約以1塊美金兌換100盧比來想就可以了（譯按：2020年1月份之匯率約為 1 美元＝70盧比）。健行地當地的Lodge或guest house住一晚的費用，若是二到三人房一間約為400～700盧比，由二到三人去分攤費用即可，一天三餐的餐費約為1,000～1,500盧比。因此一天的住宿加餐費估得充足一點大約2,000盧比左右就夠了（約台幣850元）。便足以吃住一天。在加德滿都及博克拉花的費用也不會脫離這個水準太多。在健行前必須取得的環保證（TIMS）及許可證（Permit）費為用40美元，若僱用搬運工的話，一天差不多為1,000～1,500盧比左右。

尼泊爾與其他地區相比，住宿等各種費用會根據條件及協議而天差地別。雖然說不管哪種旅行都是這樣，但如果至少有二至三人左右結伴同行時，能節省非常多住宿、交通費等整體費用。在喬姆松結束健行後，可搭乘輕型飛機或小型吉普車或巴士到博克拉。若為健行十日、當地停留十日，共二十天的尼泊爾之旅，扣除來回機票，約莫會花費台幣約23,000元左右。

旅遊小秘訣

不論哪個季節去，身著適合冬季登山的服裝（羽絨外套及睡袋）及攜帶器材（冰爪等）是基本的，這是最重要的預防措施，為了應付從海拔3,000公尺起可能會產生的高山症。基本上一定要攜帶丹木斯或威而剛等高山症藥物。一天不要過度貪心想走太長距離，慢慢往上爬是預防高山症發作的重點。請盡量避免飲酒，多喝水、點蒜頭湯等來喝也有幫助。比起獨行，組成二到四人的小隊更安全，在經費上也更有利。

健行後的觀光景點

安納普爾納健行完畢後，多數人會在博克拉休息幾天。海拔820公尺的博克拉是尼泊爾的第二大城市，也是具代表性的度假勝地。鄰近費瓦湖（Phewa Lake）的湖畔地區有各種戶外用品賣場，也有許多時髦的咖啡廳及餐廳。在巴孫達拉公園（Basundhara Park）或費瓦湖能眺望魚尾峰（Machapuchare；又名馬查普查雷峰，6,993m），是博克拉地區的象徵，能一眼看盡喜馬拉雅雪山之美。也可爬上沙蘭庫特（Sarangkot）體驗飛行傘。在距市區徒步一小時距離的賓杜巴希尼神廟（Bindybasini Mandir）中，可以遇見印度信仰的精髓。

里程表

天數	NO	途經地點	海拔高度 (m)	距離(km)	累積	進度
第一天	1	貝西沙爾 Besisahar	820	0	0	0%
	2	庫迪 Khudi	790	7	7	5%
	3	布布勒 Bhulbhule	840	2	9	6%
	4	雅迪 Ngadi	890	4	13	9%
	5	巴渾丹達 Bahundanda	1,310	4	17	12%
	6	格爾木 Ghermu	1,130	5	22	16%
第二天	7	尚耶 Syange	1,100	1	23	16%
	8	賈加特 Jagat	1,300	2	25	18%
	9	恰姆梁 Chamche	1,385	4	29	21%
	10	塔爾 Tal	1,700	5	34	24%
第三天	11	卡特 Karte	1,870	4	38	27%
	12	達拉帕尼 Dharapani	1,900	2	40	29%
	13	巴加沙 Bagarchap	2,160	2	42	30%
	14	達納克 Danakyu	2,200	2	44	31%
第四天	15	拉塔瑪朗 Latamarng	2,400	4	48	34%
	16	坦丘克 Thanchowk	2,570	2	50	36%
	17	寇托 Koto	2,640	4	54	39%
	18	茶麼 Chame	2,710	2	56	40%
第五天	19	婆羅當 Bhratang	2,850	7	63	45%
	20	都庫波卡 Dhukur Pokhari	3,240	6	69	49%
	21	上皮桑 Upper Pisang	3,310	2	71	51%
	22	下皮桑 Lower Pisang	3,250	4	75	54%
第六天	23	雅加渥 Ngawal	3,680	5	80	57%
	24	洪德 Humde	3,330	2	82	59%
	25	布卡拉 Bhraka	3,450	6	88	63%
	26	馬南 Manang	3,540	2	90	64%
第七天		（馬南休息）				

MILE POST

第八天	27	古桑 Ghumsang	3,950	4	94	67%
	28	亞克哈爾卡 Yak Kharka	4,050	5	99	71%
第九天	29	雷達 Ledar	4,200	1	100	71%
	30	駝龍埡非迪 Thorong Phedi	4,450	5	105	75%
	31	高營 High Camp	4,850	2	107	76%
第十天	32	駝龍埡口 Thorong La	5,416	4	111	79%
	33	查拉布 Charabu	4,230	6	117	84%
	34	穆克迪納特 Muktinath	3,800	4	121	86%
第十一天	35	賈柯特 Jharkot	3,550	1	122	87%
	36	卡格貝尼 Kagbeni	2,800	9	131	94%
	37	喬姆松 Jomsom	2,729	9	140	100%

02

西班牙 /

朝聖之路
Camino de Santiago

現代人的日常就像是在身體與心靈中不斷地堆積廢物的旅程。累積到某種程度後，就會需要來一次真正的休息及自我淨化的時間。如果整天裡除了吃和休息外，全都是走路的時間，那麼心靈會產生怎樣變化呢？而這樣紮紮實實走上一個月的話，腦中又會產生怎樣的世界呢？有時身體中可能會產生深邃偉大的新世界，就像擁抱了宇宙一樣。西班牙朝聖之路就是最接近這種機會的旅程。

受到全世界人們喜愛的
千年自我省察之路,
西班牙朝聖之路

　　與彼得、約翰同為耶穌最喜愛的三位弟子之一的「聖雅各」,其西文名字就是聖地牙哥(Santiago)。英文為St.James,西班牙文為 San Tiago,他是十二名弟子中最初的殉教者,被希律王給抓住並斬首。造訪供奉著聖人遺骸的聖地牙哥大教堂(德孔波斯特拉主教座堂)的朝聖之路,其歷史已經將近千年。雖然根據歲月的曲折而有所起伏,但對宗教的熱情使朝聖依舊持續著。進入現代後,曾任企業中流砥柱的保羅‧柯艾略(Paulo Coelho)在一九八七年走了這條路,並寫下《朝聖》這本小說,引發世界大眾的關注。朝聖之路這才從只有宗教人士會走的路線,一舉成名為一般民眾的思索之路、自我反省之路。

　　在西文中,Camino是一般名詞,指的是「路」的意思,也作為通用的專有名詞,用來簡稱「前往聖地牙哥之路Camino de Santiago」。從歐洲各地前往聖地牙哥大教堂的朝聖之路有許多條路線,但通常最為人知的路線有四條:從法國國境的小鎮聖讓-皮耶德波爾(Saint-Jean-Pied-de-Port)出發的「法國之路」(Camino Frances),是從西班牙北部地區由東往西橫越的路線;從西班牙南部塞維亞(Sevilla)出發的「白銀之路」(Via de la Plata),是從西班牙內陸由南往北縱貫的路線,這條路線的距離最長,超過 1,000公里;沿著伊比利半島北部海岸行走的「北方之路」

（Camino del Norte）是眺望大西洋而行的海岸路線，雖然是海岸，但有許多山岳地形，高低落差大，是難度最高的路線；從葡萄牙里斯本開始的「葡萄牙之路」（Camino Portuguese）行走道路的比重最高，風景大致上平易近人。

一般來說，最有名也最多人走的路線是法國之路。提到聖地牙哥朝聖之路時，大部分的韓國人指的也是這條路線，在接下來的內文中介紹的內容，也是與法國之路相關的。在韓國，身為濟州島人的徐明淑（서명숙）女士在走過這條路線後，回到故鄉濟州，打造出偶來步道，使其變得更為眾人所知。

聖地牙哥朝聖之路產生的歷史背景也很有趣。在耶穌升天後，追隨他的弟子們四散各地。十二個弟子中位居第三的雅各也離開以色列的土地，輾轉流離，最後來到西班牙。他在陌生的伊比利半島上努力地傳福音，但卻得不太到成果。在他進行宣教活動七年後，他回到故鄉巴勒斯坦的土地上。在那裡，他讓許多人改信基督教，引來猶太人的反彈，結果，他被猶太王錫律一世逮捕並斬首，是十二門徒中最先殉教的一人。

在殉教前，雅各對弟子們留下遺言，請他們在自己死後把他埋在伊比利的土地上。弟子們暗中收拾了他被斬首的屍身，裝上船，航行出海。小

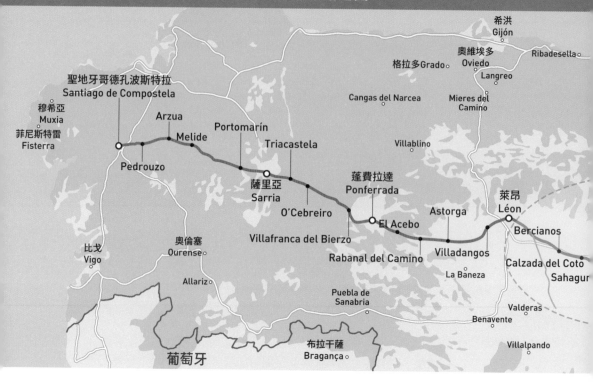

希洪 Gijón

Ribadesella

奧維埃多 Oviedo

格拉多 Grado

Langreo

聖地牙哥德孔波斯特拉 Santiago de Compostela

Cangas del Narcea

Mieres del Camino

穆希亞 Muxia

Arzua

Villablino

菲尼斯特雷 Fisterra

Melide

Portomarín

Triacastela

萊昂 Léon

Pedrouzo

薩里亞 Sarria

蓬費拉達 Ponferrada

Bercianos

O'Cebreiro

Astorga

El Acebo

比戈 Vigo

奧倫塞 Ourense

Villafranca del Bierzo

Villadangos

Calzada del Coto

Allariz

Rabanal del Camino

La Baneza

Sahagur

Puebla de Sanabria

Valderas

Benavente

布拉干薩 Bragança

Villalpando

葡萄牙

　　小的船在天使們指引航線下，越過地中海，來到大西洋，之後抵達伊比利半島西北部海岸。然後他們在某個平原上埋葬了雅各及兩名弟子的遺體。與雅各相關的所有記憶也一起被埋葬了，漸漸從人們的記憶中被遺忘。

　　八百年後的某一天，一位隱士在夢中獲得聖雅各遺骸埋藏處的啟示。隱士告訴了主教夢中的內容，兩人跟著閃爍星星的引導找去，在原野正中間發現了三人的墳墓。聖雅各的墓就此為世人所知。當時在伊斯蘭的支配下展開收復失地運動（Reconquista，亦稱為復國運動）的西班牙王，在雅各墳墓的位置建造了教堂。此後有傳聞說，雅各現身於與伊斯蘭教摩爾人的爭鬥中，引領基督教軍隊走向勝利，雅各自此成了西班牙的守護聖人。

　　聖地牙哥是聖雅各的西文式姓名，也是安置聖人遺骸的教堂以及該城市的名字。精確的城市名稱為「聖地牙哥德孔波斯特拉Santiago de

Compostela」，含有「星星（Stella）閃耀的原野（Campus）」之意在內。在經過與伊斯蘭教的爭鬥及西班牙獨立過程後，聖雅各的名聲漸漸傳播至整個天主教世界。許多歐洲各國的人們開始踏上朝聖之路，前往供奉著聖人遺骸的聖地牙哥教堂。到了十二世紀，聖地牙哥與耶路撒冷、羅馬一同被列為天主教三大朝聖地之一。

　　從中世紀起，歐洲中部及北部各國聚集而來的朝聖者們，從法國的四個地區開始進行朝聖——從英國、比利時等地而來的人從巴黎開始、從德國或瑞典等地而來的人從弗澤萊（Vezelay）及勒皮（Le Puy），而從義大利來的人從法國東南部地區的亞爾（Arles），開始各自的朝聖之旅。這四條路線皆向著西班牙而去，從北到南、從東到西各自延續下去。其中除了從亞爾出發的路線以外，剩下的三條路線最後都會在法國的最後一個小

鎮：聖讓-皮耶德波爾會合成一條路。再來就會越過庇里牛斯山脈，從西班牙北部地區往西部橫越，抵達聖地牙哥德孔波斯特拉，完成所有旅程。

在今日的聖地牙哥朝聖之路中，提到法國之路（Camino Frances）時，一般指的就是簡稱法國內陸的四條路線。指的是從聖讓-皮耶德波爾出發，到聖地牙哥為止共782公里的這段路。法國之路會經過納瓦拉（Navarra）、里歐哈（La Rioja）、卡斯提亞-萊昂（Castilla y León）、加利西亞（Galicia）等隸屬西班牙四個地區的七個州。大部分的朝聖者會在法國之路的關口聖讓-皮耶德波爾停留一晚，做最後的準備，隔天再開始走朝聖之路。越過法國西班牙國境的庇里牛斯山脈的第一天，可能會是整體行程中最感到吃力的。因為除了海拔超過 1,450公尺外，到抵達西班牙的第一個城鎮倫塞斯瓦列斯（Roncesvalles）為止，要走上27公里的距離。

從奧雷亞加開始的納瓦拉自治區*會花四到五天通過。通過蘇維里（Zubiri）後沿著阿爾加河（Rivers Arga）行走，有好一段路都是可以輕

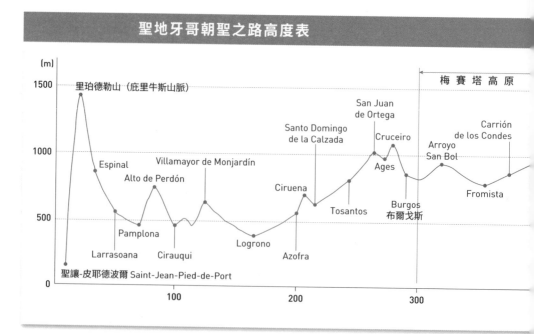

聖地牙哥朝聖之路高度表

* 西班牙全國劃分為十七個自治區及兩個自治市，下設五十個省。

鬆無負擔行走的連續平地。全區僅由同名納瓦拉一省組成，其亮點正是自治區首府潘普洛納（Pamplona）。透過大文豪海明威的小說《太陽照常升起》而聞名於世的「聖費爾明節」（San Fermin Fiesta）就是在這裡舉辦的，也就是我們在電視或照片中已經見慣的奔牛節。在這裡，就算不是節慶時節，也能感受到祭典般的氛圍。

離開潘普洛納後會越過「寬恕之峰」（Alto de Perdón），這也是聖地牙哥朝聖之路上經常出現的名勝景點。在海拔800公尺的丘陵上，有著十分知名的朝聖者群像鐵片雕刻。接下來會經過蓬特拉雷納（Puente la Reina）、埃斯特利亞（Estella）、洛薩爾科斯（Los Ar-cos）等歷史悠久的西班牙小鎮，之後結束納瓦拉地區的旅程。

再來是拉里奧哈（La Rioja），拉里奧哈也像納瓦拉一樣，是僅由單一個省組成的小小自治區。進入這地區後馬上就會碰上厄波羅河（Ebro River），越過厄波羅河後，就是自治區首府洛格羅尼奧（Logroño）。這

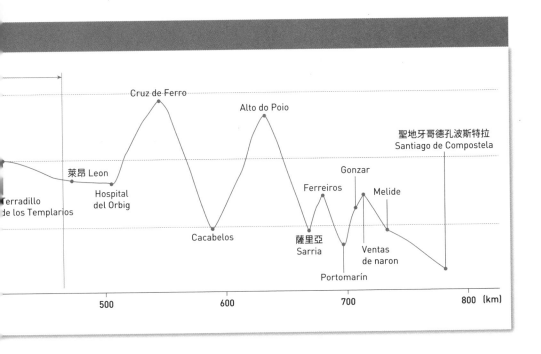

是個工業化的新市區及歷史悠久的舊市區各佔一方、新舊並存的城市。走過古老的中世紀小鎮納瓦雷特（Navarrete）、過去曾為納瓦拉王國首都的納赫拉（Najera）等後，不到兩天就會離開最後一個小鎮格拉尼翁（Granon）。

　　第三個地區是卡斯提亞-萊昂（Castilla y León）自治區，下設九省，是組成省份最多的自治區，也是西班牙十七個自治區中面積最大的一個。朝聖之路會經過卡斯提亞-萊昂自治區九省中北部的三省：布爾戈斯省（province of Burgos）、帕倫西亞省（Province of Palencia）、萊昂省（Province of León），這段距離相當於整段朝聖之路的一半。在聖地牙哥朝聖之路的路段中，卡斯提亞-萊昂自治區佔的比重最高。

　　布爾戈斯是被稱為西班牙國民英雄的熙德（El Cid）的故鄉。伊比利半島有很長時間被伊斯蘭摩爾人所佔領，以基督教為中心展開獨立運動時，大幅活躍的人物正是熙德。也是卻爾登‧希斯頓（Charlton Heston）及蘇菲亞‧羅蘭（Sophia Loren）激情演出的古典電影<萬世英雄>（El Cid）中的主角。

　　離開布爾戈斯市中心後不久，知名的梅塞塔（Meseta）高原在眼前展開。如果把法國之路大致分為三等份，那麼第一個區間就是聖讓-皮耶德波爾—布爾戈斯充滿活力的山岳地區，第二個區間是布爾戈斯—萊昂的梅塞塔高原地區，以及第三個區間萊昂—聖地牙哥的原野及山區折衷地帶。時間不夠或體力不足的朝聖者們，會選擇不走約180公里、從布爾戈斯到萊昂為止的梅塞塔高原地區，而是利用大眾交通工具移動跳過這段。雖然也可以沈浸在廣闊麥田的荒涼之美中，但走在沒有任何影子遮蔽、海拔700公尺的高原上，可能既無聊又吃力。

　　萊昂省的首府萊昂是聖地牙哥朝聖之路路線上海拔最高的城市。也是結束整段旅程三分之二的地點，因此朝聖者們會在這個城市停留一到兩天，修養身心。

朝聖的最終目的地隸屬於最後一個自治區：加利西亞（Galiza），由四個省所組成。在萊昂省之後會遇上盧戈省（Lugo）及下一個省拉科魯尼亞省（La Coruña）。盧戈省的薩里亞（Sarria）也是不用走完全程的短程朝聖之路起始點。沒時間或體力無法負荷完整段路程的人，可以從這裡開始走到聖地牙哥，只要走完最短的100公里即可獲得朝聖證書。

　　聖地牙哥大教堂所在的聖地牙哥德孔波斯特拉屬於拉科魯尼亞省。是面向北大西洋的西班牙西北部地區。抵達聖地牙哥大教堂的旅程大致分為兩種：若從遠處出發、於傍晚時間抵達時，會參加隔天正午的彌撒；如果住在最後一個小鎮喜悅之丘（Monte de Gozo），則可在早上走5公里，在正午的彌撒時間抵達。在教堂的廣場，可以看到結束三十天或四十天朝聖旅程的朝聖者，他們以各式各樣的方式表現出其感動。

　　聖地牙哥朝聖之路整體而言平地多，不過中間會有四次會經過高

山或需越過陡峭的丘陵：第一天位在法國、西班牙國境的庇里牛斯山（146m→1,429m）；第三天或第四天時會經過潘普洛納，來到寬恕之峰（483m→735m）；朝聖之路後半段最高的曼哈林（Manjarín）鐵十字架（870m→1,495m）；以及進入加利西亞地區的路口上最後一道關歐-卡塞夫雷羅（O Cebreiro）（921m→1,310m），共這四處。

走完朝聖之路抵達聖地牙哥後，大部分的人會前往羅馬時代被稱為「世界盡頭」的菲尼斯特雷（Finisterre）旅遊。90公里的路程可以全都用走的，也可以搭乘大眾交通工具造訪。最後站在菲尼斯特雷的懸崖邊望著大西洋的日落，為朝聖之路劃下句點。有些朝聖者會把朝聖之路上一直穿著的鞋子燒掉，舉行一個更新自己的儀式，懸崖的石頭上到處都留有燒鞋子所留下的痕跡。

路線指南

聖地牙哥朝聖之路

第1天 聖讓 - 皮耶德波爾 Saint-Jean-Pied-de-Port ……▶ 倫塞斯瓦列斯 Roncesvalles

7km	14km	6km

Saint-Jean-Pied-de-Port 146m　Orisson 730m　Col de Lepoeder 1429m　Roncesvalles 952m

距離 27km 累積距離 27km 進度 3% 所需總時間 9小時

　　通常在早上8點前，就會與各個朝聖者們一起從聖讓-皮耶德波爾的庇護所（Albergue）出發。這是個離開並上攀好一陣子後，依舊引人經常回頭眺望的美麗市鎮。過了5公里左右會抵達混朵（Honto；巴斯克語：Huntto）鎮，左邊會出現一間雅緻的咖啡廳，是個能暫時解開背包喝杯茶緩口氣的地方。從混朵再往上爬2公里後就是奧里森（Orisson）庇護所。有些對於首日一天內就要翻越庇里牛斯山脈感到吃力者也會住在這裡。

　　自此之後要注意，在翻越庇里牛斯山脈時，是沒有村莊、沒有住家、也沒有商店的。庇里牛斯山脈雖然風景絕佳，但在整個朝聖之路中也是最辛苦的路段，因為它的高度差有1,300公尺。一抵達聖讓-皮耶德波爾後，在還沒有適應時差的狀態下就性急地開始爬朝聖之路的話，在翻越庇里牛斯山脈時經常會吃到苦頭。在狀態絕佳的情況下再出發非常重要。

	6km		6km		8km	
Roncesvalles 952m		Espinal 860m		Linzoain 750m		Zubiri 528m

距離 **20km** 累積距離 **47km** 進度 **6%** 所需總時間 **7小時**

　　從西班牙內陸移動而來的朝聖者們，有許多人不是從聖讓-皮耶德波爾出發，而是從倫塞斯瓦列斯開始朝聖，也就是省略了庇里牛斯山。通過埃斯皮納爾（Espinal）走在朝蘇維里前進的冷清山路上，突然碰上一座石墳，這是日本朝聖者山下清吾的墳墓，上頭寫著二〇〇二年他行經此處以六十四歲的年紀去世。走在朝聖之路上經常可以看到這種形態的石墳。如同感受到認識很久的親近人士過世般，我也陷入不可思議的感傷中。蘇維里在巴斯克語中是「橋的村莊」之意。發源自庇里牛斯山脈西側的阿爾加河往南流去，在蘇維里與朝聖之路交會，有好一段路都會與之並行。

	7km		11km		
Zubiri 528m		Larrasoana 545m			Trinidad de Arre 430m

距離 **18km** 累積距離 **65km** 進度 **8%** 所需總時間 **5小時**

　　在蘇維里走過一條古老的石橋，繼續沿著阿爾加河行走。草原及榭樹林的景緻沿著河邊交錯出現。經過拉臘索阿尼亞（Larrasoana），越過橫跨烏爾薩馬河（Ultzama River）、有六個拱形橋墩的特里尼塔德（Trinidad）橋，到抵達特里尼塔德迪阿雷（Trinidad de Arre）的路程，與第一天越過庇里牛斯山所看到的景色相比，多少可能會有些乏味。這段路比起環顧周遭風景，更可以想成是一直低著頭獨自冥想行走的路段。但抵達特里尼塔德迪阿雷後，就能感受到周遭突然熱鬧了起來。因為其位於大城市潘普洛納附近，所以有多條車道在此交會。

4km　4km　9km　4km

Trinidad de Arre 430m　Pamplona 446m　Cizur Menor 483m　Alto de Perdón 735m　Uterga 485m

距離 **21km** 累積距離 **86km** 進度 **11%** 所需總時間 **7小時**

納瓦拉自治區首府潘普洛納，是兩千年前羅馬將軍龐培建了城，將其作為軍事要塞後出現的大城市。經過羅馬殖民地及伊斯蘭的統治，到了中世紀時發展成為納瓦拉王國的首都。潘普洛納以每年七月在市中心舉行奔牛活動的「聖費爾明節」（San Fermin）而聞名。漫步於市中心時會看到等身大小的雕像，是鬥牛的牛及鬥牛士在窄小的巷子裡危險驚險奔馳的模樣。跑著跑著摔倒了的人像後方，憤怒的鬥牛壓低銳利的角進行攻擊，這些雕像既寫實又生動。離開潘普洛納，爬上寬恕之峰，離得越來越遠的城市美景仍引人不斷回望。Alto de Perdón的意思為「寬恕之峰」，這裡有名的是朝聖者群相的鐵片雕刻。站上坡頂，一路走來的路及接下來要走的路盡收眼底。

3km　5km　7km　6km　9km

Uterga 485m　Muruzabal 440m　Puente la Reina 346m　Cirauqui 450m　Lorca 483m　Estella 426m

距離 **30km** 累積距離 **116km** 進度 **15%** 所需總時間 **9小時**

意為「女王之橋」的蓬特拉雷納（Puente la Reina）是阿爾加河上一座橋的名字，也是市鎮名。半圓形的橋墩線條映照在河水上，展現出優雅的姿態。從法國各地出發、走了幾乎快800公里的四條朝聖之路路線，會在這裡合而為一，是朝聖之路上意義重大的一個地點。

中世紀的朝聖者將這裡稱為「美麗之星Estella」，此後成了地名埃斯特利亞。現在這裡有巴斯克人、猶太人、法國人等各式各樣的人們相安而居。市中心有各式各樣的酒吧及餐廳，還有歷史悠久的建築物、博物館等，有許多可以參觀、吃喝玩樂的地方。

第6天 **埃斯特利亞 Estella ……▶ 濱河托雷斯 Torres del Río**

| 8km | 13km | 10km |

| Estella 426m | Villamayor de Monjardín 673m | Los Arcos 447m | Torres del Río 477m |

距離 **31km** 累積距離 **147km** 進度 **19%** 所需總時間 **10小時**

　　從埃斯特利亞到蒙哈爾丁大鎮（Villamayor de Monjardín）的路程是相當陡峭的上坡，中途會經過艾埃吉（Ayegui）鎮及阿茲蓋塔（Azqueta）鎮。位在兩個小鎮中間點的伊拉切（Irache）修道院有提供免費葡萄酒。在寫著伊拉切酒莊的招牌下方有兩個水龍頭，一個打開會流出水，另一個則會流出葡萄酒，延續著過去免費提供麵包及葡萄酒給朝聖者們的傳統。從位在高聳丘陵上的市鎮莊蒙哈爾丁大鎮開始，會在看不到盡頭的葡萄園及麥田間的路上走好幾個小時。洛薩爾科斯在中世紀時，位處納瓦拉王國及卡斯提爾王國國境交界處，因此也是個在歷史上遭逢坎坷波折的城市。經過小小的山中村莊後，就會看到位在山麓、美麗如畫的濱河托雷斯出現。八角形的聖墓教堂（Santo Sepulcro）是這個鎮的名勝景點。

第7天 **濱河托雷斯 Torres del Río ……▶ 納瓦雷特 Navarrete**

| 10km | 10km | 11km |

| Torres del Río 477m | Viana 478m | Logrono 384m | Navarrete 512m |

距離 **31km** 累積距離 **178km** 進度 **23%** 所需總時間 **9小時**

　　文藝復興時代義大利的切薩雷・波吉亞（Cesare Borgia）公爵，是馬基維利從之獲得靈感並作為《君主論》典範的人物。從濱河托雷斯越過山丘後會抵達比亞納（Viana），這裡曾是切薩雷・波吉亞的領土。被稱為「納瓦拉總帥」的他，被葬在這個鎮中的聖母教堂（Iglesia de Santa María de Viana）。離開比亞納，越過厄波羅河後，會抵達洛格羅尼奧，是整條朝聖之路上為數不多的大城市之一，工業化的新市區及歷史悠久的舊市區各佔了一定區域、新舊並存。

在Vieja街及主街之間的區域，可以一窺洛格羅尼奧中世紀時的街區樣貌。離開洛格羅尼奧，經過格拉赫拉公園（Grajera Park）時，就像走在樹林與湖邊路散步一樣。沉醉在風景中，走著走著回頭一看，不知不覺已經越過了格拉赫拉丘陵了，路途就是如此舒適。接著會抵達比洛格羅尼奧更古老的中世紀市鎮：納瓦雷特（Navarrete），這是個位在高高山丘上、臨近城堡的村鎮。

第8天　納瓦雷特 Navarrete ‥‥‥▶ 阿索夫拉 Azofra

| Navarrete 512m | 4km | Ventosa 655m | 12km | Najera 485m | 6km | Azofra 559m |

距離 **22km** 累積距離 **200km** 進度 **26%** 所需總時間 **7小時**

　　從納瓦雷特到本托薩（Ventosa）鎮及聖安東（San Anton）丘陵略為上坡，但是是至今走來的旅程中最平緩的平地路線。進入納赫拉（Najera）鎮的入口處有一座名為詹姆士·溫特的年輕人的墳墓。在墓旁立著的墓誌銘讓我稍微駐足，上頭寫著：「我是自由的，請不要為我悲傷。我現在正走在那路上，神引導我的路上。神現在召喚我了，祂會讓我自由的。」下了聖安東丘後會碰上納赫里利亞河（Río Najerilla），之後就會抵達古都納赫拉。納赫拉鎮在羅馬時代建立後，為過去納瓦拉王國的首都。納赫拉分為舊市區阿丹特及新市區阿普艾拉。阿索夫拉（Azofra）是中世紀時曾隸屬於伊斯蘭王國，是個古老的阿拉伯人小鎮。經過主要幹道時，可以略為一窺古老城市高級的榮華富貴。

阿索夫拉 Azofra ……▶

雷德西利亞德爾卡米諾 Redecilla del Camino

9km	6km	6km	5km

Azofra
559m

Ciruena
704m

Santo Domingo de la Calzada
639m

Granon
724m

Redecilla del Camino
745m

距離 **26km** 累積距離 **226km** 進度 **29%** 所需總時間 **9小時**

　　從阿索夫拉走過廣闊的葡萄田，到有著美麗高爾夫球場的西魯埃尼亞（Ciruena）鎮為止，是段多少有些乏味的上坡路。之後到聖多明各-德拉爾薩達（Santo Domingo de la Cal-zada）為止，一路都是平緩好走的下坡路，使用聖人聖多明各的名字直接作為城鎮名。在鎮上有好幾個充滿聖人軼聞及傳說的地方。格拉尼翁（Granon）是拉里奧哈自治區的最後一個城鎮。進入小鎮前的左側路邊豎立著一個巨大的十字架，這被稱為Cruz de los Valientes，也就是「勇敢者的十字架」。這個十字架充滿了聖多明各及格拉尼翁兩鎮之間的歷史糾紛故事在內。

雷德西利亞德爾卡米諾 Redecilla del Camino ……▶

蒙特斯德奧卡自由鎮 Villafranca Montes de Oca

12km	5km	7km

Redecilla del Camino
745m

Belorado
772m

Tosantos
800m

Villafranca Montes de Oca
948m

距離 **24km** 累積距離 **250km** 進度 **32%** 所需總時間 **9小時**

　　雷德西利亞德爾卡米諾隸屬於布爾戈斯省，從這裡開始就進入卡斯蒂利亞-萊昂自治區了。在西班牙的17個自治區中，這是規模最大的一個地區。一步一步地走在卡斯蒂利亞原野上，周遭是一望無際的草原及麥田，讓人感受到一股美妙的氛圍，留在記憶中許久。之後沿著緩坡向上，會經過比卡斯蒂爾德爾加多（Castildelgado）、洛里亞德里奧哈（Viloria de Rioja）、維拉馬約爾德爾里奧（Villamayor del Río），然後抵達貝洛拉多（Belorado）。

　　貝洛拉多是個相當有規模的中世紀城市。在主廣場上，美麗的露台建築及餐廳鱗次櫛比，可以稍加休息一下再走。越過蒂龍河（Río Tirón）後，就與貝洛拉多分別了。沿著緩坡向上走，越過奧卡河（Río Oca），接著會抵達蒙特斯德奧卡自由鎮（Villafranca Montes de Oca），它位在奧卡山的山腳下。

13km		3km

Villafranca Montes de Oca
948m

San Juan de Ortega
1010m

Ages
971m

距離 **16km** 累積距離 **266km** 進度 **34%** 所需總時間 **5小時**

　　離開蒙特斯德奧卡自由鎮後，就要與從聖多明各起便一路走來的N120公路分開了，地形也變得不同。沿著櫟樹及松樹的茂密樹林行走，爬上海拔1,100m高的莫哈潘（Mojapán）山頭，這裡與蒙特斯德奧卡自由鎮的高度差約150m。從山頭上往下爬一點，越過沛洛荷（Pedraja）小溪，再次往上爬，就是布魯托沛洛荷（Puerto Pedraja）丘陵。再次反覆走下坡與爬上坡，越過卡勒奈羅丘山頭後，就會抵達歐特加聖胡安（San Juan de Ortega）鎮。等於是在十幾公里的路段中通過了各式各樣的地形。接著出現的阿格斯（Ages）鎮是個雅緻的田園小鎮。漂亮的房屋及石牆間開出一朵朵的花，給人寧靜美麗的感覺。「距聖地牙哥還有518km」的里程標示牌，提醒步行者已經走了朝聖之路的三分之一了。

第12天 阿格斯 Ages ┄┄▶ 布爾戈斯 Burgos

6km	4km	13km

Ages
971m

Cruceiro
1080m

Orbaneja Riopico
880m

Burgos
860m

距離 **23km** 累積距離 **289km** 進度 **37%** 所需總時間 **7小時**

　　離開阿格斯鎮後，在三岔路上往左走進入上坡路。沿著樹林走一陣子後，會抵達克魯賽羅（Cruceiro）丘。山丘上莊嚴地立著一個高大的十字架像。從教堂開始布爾戈斯市區廣拓平原上。再次下到平地，抵達奧爾瓦內哈里奧皮科（Orbaneja Riopico）後，路會分成兩條。左邊的路會經過卡斯塔尼亞雷斯（Castañares），右邊的路會經過維拉弗里亞（Villafría）。兩條路在布爾戈斯（Burgos）市區的入口處會合，不論走哪條路花的時間都差不多。

　　布爾戈斯是西班牙國民英雄熙德的故鄉，他是為了西班牙的獨立而與摩爾人戰鬥的收復失地運動（Reconquista）的英雄。市中心大路邊立著他雄偉姿態的騎馬銅像，布爾戈斯主教座堂中安放著熙德將軍部分的遺骸。教堂廣場一邊的長椅上，有著以疲倦模樣坐著的朝聖者銅像，令人印象深刻。拄著掛著葫蘆的拐杖，筋疲力盡似地癱坐著的模樣。

布爾戈斯 Burgos ……▶ 翁塔納斯 Hontanas

10km	10km	6km	5km
Burgos 860m	Tardajos 827m	Hornillos del Camino 825m	Arroyo San Bol 910m	Hontanas 867m

距離 **31km** 累積距離 **320km** 進度 **41%** 所需總時間 **9小時**

布爾戈斯是繼潘普洛納及洛格羅尼奧之後，朝聖之路上遇見的第三個大城市，也是三者之中最大的。從這裡出發，經過塞爾特人定居生活的塔爾達霍斯（Tardajos）鎮，過不久後就會抵達有著中世紀氛圍的小鎮拉貝（Rabé）。從這之後的路與至今為止走來的完全不同，是廣闊且一望無際的麥田。四周只看得見地平線的梅塞塔高原自此開始。

即使下午太陽下山天色漸暗，目標的城鎮卻還沒出現，也不需要擔心，從某一瞬間起下坡路開始，翁塔納斯（Hontanas）鎮的里程碑馬上就會出現了。小鎮位在山谷下方的盆地，從遠處看只看得見地平線，這是梅賽塔地區常見的現象。

翁塔納斯 Hontanas ……▶ 夫羅米斯塔 Fromista

6km	4km	10km	9km	6km
Hontanas 867m	Arco de San Anton 820m	Castrojeriz 808m	Itero de la Vega 772m	Boadilla del Camino 790m	Fromista 783m

距離 **35km** 累積距離 **355km** 進度 **45%** 所需總時間 **10小時**

大清早從翁塔納斯的住處離開，大約兩個小時內就會經過聖安東拱門（Arco de San Anton），再走一個小時後，會看到不同凡響的小山以及山下一座城鎮出現，這裡是卡斯楚赫里斯（Castrojeriz）鎮。在早上陽光照射的絕妙景色之上，似乎湧現出一股神聖的氛圍。在過往的漫長時間中，只有宗教人士會行走的朝聖之路，透過保羅，柯艾略變得大眾化，成為一般人也能行走的思索與省察之路，而這個小鎮就是保羅，柯艾略最喜愛的城鎮。

走過上坡，進入下坡後，在城鎮盡頭有一處美麗的泉水，朝聖者們會暫時停留在這裡休息。經過這裡，爬上急劇的上坡後，就是莫斯塔萊斯（Mostelares）山丘。走過相當廣闊的山丘頂上，進入下坡後，遼闊的大平原在眼前展開。越過皮蘇埃加河（Pisuerga River），行經提艾拉大平原。沿著卡斯蒂利亞運河（Canal of Castile）涼爽的水道，走在海拔800公尺的梅賽塔高原上，不知不覺就會抵達夫羅米斯塔（Fromista）了。

4km	12km	5km
Fromista 783m	Poblacion de Campos 792m	Villalcazar de Sirga 809m	Carrión de los Condes 839m

距離 **21km** 累積距離 **376km** 進度 **48%** 所需總時間 **7小時**

越過後皮蘇埃加河後，布爾戈斯省的路段結束，開始進入帕倫西亞省（Palencia）。帕倫西亞庇護所旁邊的聖馬丁（San Martín）教會的拂曉景象與東方黎明的天空相對比，相當莊嚴。走在昏暗的清晨路途上離開教會後，路線會繼續貼著車道並行。這對以腳踏車而非徒步縱走朝聖之路的單車族們來說，是段非常開心的路段。相反地，對徒步健行者們來說就較單調。這段路每一公里會有距離標示牌，能輕鬆掌握現在位置。如果覺得到卡里翁德洛斯孔德斯（Carrión de los Condes）為止都要一直走在車道旁邊很無趣的話，也可以選擇從波夫拉西翁德坎波斯（Poblacion de Campos）開始走烏謝薩河（Ucieza River）旁的小路作為替代路線。卡里翁德洛斯孔德斯的地理位置也很重要，這裡是朝聖之路總距離的一半，在歷史上也是別具意義的中世紀城市。

10km	7km	6km	3km	4km
Carrión de los Condes 839m	Carretera de Bustillo 850m	Calzadilla de la Cueza858m	Redigos 880m	Terradillo de los Templarios 913m	Moratinos 860m

距離 **30km** 累積距離 **406km** 進度 **52%** 所需總時間 **9小時**

從卡里翁德洛斯孔德斯到卡爾扎迪利亞德拉庫薩（Calzadilla de la Cueza）的17公里也是典型的梅賽塔高原。海拔850公尺的高原四方只看得見地平線，連一棵樹、一片陰影都沒有，要好好準備充分的水及點心才行。特別是比起下午，從大清早就開始走較佳。周遭只有廣闊的麥田，所以多少會有些無聊，是邊沉思邊走路的最佳路段。在卡爾扎迪利亞德拉庫薩跨越N120

公路後，路會沿著庫薩（Cueza）河繼續走，過一會兒河畔路程結束，就會抵達泰拉地約斯（Terradillo de los Templarios）。可以住在這裡的庇護所，或者稍微多走一些，越過天普拉里歐斯（Templarios）河，走到小小的城鎮莫拉蒂諾斯（Moratinos）也可以。莫拉蒂諾斯是帕倫西亞省路段的最後一個城鎮。

第17天 莫拉蒂諾斯 Moratinos ⋯⋯▶ 列里耶勾斯 Reliegos

| 10km | 5km | 6km | 7km | 11km |

| Moratinos 860m | Sahagun 816m | Calzada del Coto 860m | Bercianos del real Camino 850m | El Burgo Ranero 875m | Reliegos 836m |

距離 **39km** 累積距離 **445km** 進度 **57%** 所需總時間 **11小時**

　　離開莫拉蒂諾斯，越過塞奇洛河（Río Sequillo），進入萊昂省。萊昂省是隸屬於卡斯蒂利亞-萊昂自治區的第三大省，也是最後一個省。是朝聖之路上經過的17個省當中人口最多、也是最大的省。到薩阿貢（Sahagun）為止的10公里路程，也與前一天上午一樣，沒有任何便民設施，路程十分單調。薩阿貢是個歷史久遠的地方，過去伊斯蘭教征服者及信奉基督教的萊昂王國間，曾在這裡發生非常多糾紛。廣闊的廣場及教堂、博物館及商店等，華麗的建築物懷著歷史久遠的香氣矗立著。越過賽阿河上的的橋，離開薩阿貢後，又再次是一望無際的麥田。路過座落在葡萄田山丘上的卡爾薩達德爾科托（Calzada del Coto）鎮，到列里耶勾斯（Reliegos）為止，有兩條路線可走。右邊的路會經過Calzadilla de los Hermanillos，左邊的路會經過Bercianos del real Camino。前者走的是典型的梅賽塔高原，後者是沿著車道行走的路線，比較不單調。

列里耶勾斯 Reliegos ⋯⋯▶ 萊昂 Leon

	7km	6km	9km	6km

Reliegos
836m

Mansilla de las Mulas
799m

Puente
de Villarente
804m

Arcahueja
850m

Leon
838m

距離 28km 累積距離 473km 進度 60% 所需總時間 8小時

　　從列里耶勾斯走一個小時左右，會碰上埃斯拉河（Esla River），再來會到曼西利亞德拉斯穆拉斯（Mansilla de las Mulas）鎮。這是個有規模的中世紀城市，有著俐落的都會感。有兩條路可抵達這裡，一條是經過城堡之門（Puerta Castillo）的西路，以及經過聖瑪麗亞拱門（Arco de Santa Maria）的東路。兩條路會在舊市區的中心點波索廣場（Plaza del Pozo）合而為一。

　　離開曼西利亞到維拉倫特大橋（Puente de Villarente）為止，會沿著主要幹道 N601的車道旁行走。進入此區的路口處有著拱形的橋，讓人印象深刻。越過波爾瑪（Porma）運河後，從阿爾卡維哈（Arcahueja）開始平緩的上坡，是為了走進繁雜大城市而暫時喘口氣的地方。越過車輛來往頻繁的 N601公路，爬上波蒂略丘（Alto del Portillo）後，下坡遠處會看到萊昂市區那雄偉的模樣。

萊昂 Leon ⋯⋯▶ 比利亞丹戈斯德爾帕拉莫 Villadangos del Paramo

	7km	7km	6km

Leon
838m

Virgen del Camino
906m

San Miguel del Camino
898m

Villadangos del Paramo
890m

距離 20km 累積距離 493km 進度 63% 所需總時間 6小時

　　萊昂曾是卡斯提爾王國的首都。由伊莎貝拉一世統治的卡斯提爾，在一四九二年哥倫布發現新大陸後的一百年間由西班牙人統一，也是開啟無敵艦隊時代的王朝。伊莎貝拉一世在與亞拉岡王國的斐迪南二世結婚後，攻下格拉納達，統一了西班牙。萊昂是整個朝聖之路上最大的城市，所以有許多朝聖者會在這裡多休息一天再出發。

距離萊昂主教座堂5分鐘距離處，有偉大建築家高第的坐像。坐在他的建築作品之一波堤內之家（Casa de los Botines）前的長椅上，好像在筆記什麼的模樣。在萊昂市區快結束時，在聖馬可（San Marcos）建築物前看見的雕像也讓人印象深刻。是將頭靠在十字架上，雙眼輕輕閉上坐著的朝聖者像。從萊昂近郊的菲爾根（Virgen），經過瓦爾韋德（Valverde）及聖米格爾（San Miguel）鎮，到比利亞丹戈斯德爾帕拉莫（Villadangos del Paramo）的整段路，都是沿著N120公路左側行走的單調路線。

第20天 比利亞丹戈斯德爾帕拉莫 Villadangos del Paramo

·····▶阿斯托爾加 Astorga

4km	7km	5km	10km

| Villadangos del Paramo 890m | San Martin del Camino 880m | Hospital del Orbigo 820m | Santibanez de Valdeiglesias 842m | Astorga 870m |

距離 **26km** 累積距離 **519km** 進度 **66%** 所需總時間 **8小時**

從比利亞丹戈斯德爾帕拉莫離開走約一個小時後，會抵達有大型儲水槽建築物的聖馬丁鎮。繼續沿著N120汽車專用公路行走，但交通流量沒有那麼大了。如果想要走在泥土路上的話，也可以在之前的菲爾根往左走，選擇經過維拉爾德馬扎里夫（Villar de Mazarife）的替代道路。與聖馬丁相距7公里的奧斯皮塔爾德奧爾維戈（Hospital del Orbigo）有奧爾維戈河（Orbigo）流經，是個美麗愜意的城鎮。橫越河面的石橋有二十個拱形橋墩，別有一番韻味。橋的名稱為榮耀的通行橋（Puente del Passo Honroso）。經過Santibanez de Valdeiglesias及San Justo de ls Vega後會抵達阿斯托爾加（Astorga），這裡可以參觀聖母教堂等留有朝聖歷史的各種遺物及遺跡。公立庇護所前立著的背著行囊的朝聖者像吸引著人們目光。

3km	9km	8km	7km	4km	5km
Astorga 870m	Murias de Rechivaldo 870m	El Ganso 1060m	Rabanal del Camino 1150m	Cruz de Ferro 1495m	Manjarín 1460m	El Acebo 1147m

距離 36km 累積距離 555km 進度 71% 所需總時間 11小時

　　從阿斯托爾加離開後的路上特別常看到石墳及十字架。在埃爾岡索（El Ganso）鎮前立著一位名為「Trudy」的女性的墓碑。在墓碑的照片中，女人在膝蓋上哄著一隻大老虎，燦爛地笑著。在拉巴納爾（Rabanal）鎮上經過了只有十字架的無名墓碑，在曼哈林（Manjarín）鎮的入口也看見名為「Eva」的女性墓碑，全都是這附近，或與朝聖之路有某些淵源的亡者。從阿斯托爾加起持續不斷的上坡路的終點，在海拔1,495公尺的最高點立著鐵十字（Cruz de Ferro），這是整條聖地牙哥朝聖之路上最高的地點。從鐵十字走2公里後會抵達曼哈林庇護所，庇護所前立著標示與世界各城市距離的里程表：聖地牙哥222公里，世界盡頭菲斯特拉（Finisterra）295公里，羅馬2,475公里，耶路撒冷5,000公里，馬丘比丘9,453公里。過一會上坡路結束後，就是陡峭的下坡路了。埃爾阿塞沃（El Acebo）是個位於下坡路山腰上的小鎮。

9km	8km	4km	5km	7km
El Acebo 1147m	Molinaseca 585m	Ponferrada 541m	Columbrianos 530m	Camponaraya 492m	Cacabelos 483m

距離 33km 累積距離 588km 進度 75% 所需總時間 9小時

　　從埃爾阿塞沃到莫利納塞卡（Molinaseca）是陡峭的下坡路，之後到卡卡韋洛斯（Cacabelos）為止都是極為平緩的下坡。中間點蓬費拉達（Ponferrada）從羅馬時代起就是這個地區經濟的中心城市。建造於十二世紀的聖殿騎士團城堡要塞十分雄壯。越過博埃薩河（Boeza River），通過馬卡龍橋（Puente Mascarón）進入舊市區，參觀過城堡等遺跡後離開蓬費拉達。通過坎波納賴阿（Camponaraya）的路上，廣闊的葡萄園鋪展開來，栽種著這個地區產的知名葡萄酒品種碧兒索（Bierzo）。越過上坡山頭後，華麗漂亮的卡卡韋洛斯鎮突然出現眼前。

第23天　卡卡韋洛斯 Cacabelos ……▶ 貝加德瓦爾卡爾塞 Vega de Valcarce

8km	11km	5km

Cacabelos
483m

Villafranca del Bierzo
504m

Trabadelo
578m

Vega de Valcarce
630m

距離 24km 累積距離 612km 進度 78% 所需總時間 6小時

　　從卡卡韋洛斯越過主橋樑與城鎮分別。經過比耶爾索自由鎮（Villafranca del Bierzo）到特拉瓦德洛（Trabadelo）為止，要踩在田間泥土路上前行，有種走在鄉村路上的韻味。同樣的路段也可以直接沿著不風雅的車道行走。然而，車道雖然單純且好走，但要留心來往的車輛，容易精神散漫。從特拉瓦德洛到貝加德瓦爾卡爾塞（Vega de Valcarce）沒有任何彎道，只要沿著車道旁行走即可，果然精神上也非常容易散漫。這個城鎮幾乎位於卡斯提亞-萊昂的盡頭，隔天早上就會進入加利西亞自治區了。

第24天　貝加德瓦爾卡爾塞 Vega de Valcarce ……▶ 豐弗里亞 Fonfría

8km	5km	9km	3km

Vega de Valcarce
630m

La Faba
921m

O' Cebreiro
1310m

Alto do Poio
1330m

Fonfría
1290m

距離 25km 累積距離 637km 進度 81% 所需總時間 9小時

　　第一天以越過庇里牛斯山作為開始，整條朝聖之路上會越過四次高的丘陵或山頭。今天就是最後一個，也就是第四個山頭。若一下子就越過朝聖旅程的後半，導致體力枯竭，有可能會是疲憊的一天。離開貝加德瓦爾卡爾塞約一小時後，會脫離車道，進入左側的山路，開始正式走向上坡。位在山腰上的拉法巴（La Faba）上有小小的超商及咖啡廳，可以休息一下再走較佳。從這裡可以一眼向下望見從前一天下午開始走到現在的瓦爾卡爾塞溪谷。

　　經過下一個城鎮拉拉古納（La Laguna de Castilla）後，卡斯提亞-萊昂地區便結束了。從位在山頂上的奧西布雷羅（O' Cebreiro）鎮開始，就是加利西亞自治區。據傳奧西布雷羅是保羅・柯艾略獲得醒悟的城鎮，也是朝聖之路上最古老、最神秘的城鎮。古代凱爾特人將屋頂建成獨特的模樣以抵抗強風，他們的傳統房屋Paloza讓人印象深刻。一個小時後會遇見聖羅克（San Roque）丘，上頭的大型雕刻像很有名。朝聖者們大部分都會緊緊抓著被風吹著的帽子，站在前朝聖者雕像前拍一張紀念照。越過波優（Poio）丘後就開始是下坡路了。

豐弗里亞 Fonfría ⋯⋯▶ 薩里亞 Sarria

	10km	4km	7km	4km	6km	
Fonfría 1290m		Triacastela 665m	Alto de Riocabo 910m	Furela 700m	Calbor 520m	Sarria 453m

距離 **31km** 累積距離 **668km** 進度 **85%** 所需總時間 **9小時**

從豐弗里亞沿著竹林間的窄小山路下山，就會下到奧里比奧（Oribio）溪谷。溪谷的第一個城鎮特里亞卡斯特拉（Triacastela）是中世紀時代有「三座（Tri）城（Castillo）」之處，成了城鎮名的由來，現在已經沒有留下任何痕跡了。離開特里亞卡斯特拉後，在三岔路上進入右邊的路，就會到達達巴爾薩（Da Balsa），從這裡離開車道，往聖佩德羅（San Pedro）禮拜堂的方向走一段林間小路後，會抵達聖西爾（San Xil），從聖西爾開始上坡，會越過這天的行程中最高的里奧卡波丘（Alto de Riocabo）。之後經過弗雷拉（Furela）及卡爾博（Calbor），到薩里亞（Sarria）為止，是連續平緩的好走下坡。從特里亞卡斯特拉到薩里亞還有一條途經薩莫斯（Samos）的南側路線，幾乎沒有上坡，是沿著奧里比奧河行走的繞道路線，距離較長。這條繞道路線在經過超過卡爾博一點的地方時，就會與北方路線會合。抵達薩里亞之後，到聖地牙哥為止還剩下114公里。條件上不允許走完整條路線的人，也會從薩里亞開始走短程的朝聖之路。

薩里亞 Sarria ⋯⋯▶ 貢扎爾 Gonzar

	4km	9km	9km	7km	
Sarria 453m	Barbadelo 570m	Ferreiros 710m	Portomarín 387m		Gonzar 600m

距離 **29km** 累積距離 **697km** 進度 **89%** 所需總時間 **7小時**

從薩里亞開始再次是上坡路。越過鐵路，走在潮濕的原始林間路上，就會抵達小鎮巴德羅（Barbadelo）。在中世紀曾經有過修道院，但現在已經什麼痕跡都沒有留下了。從這裡開始走平緩的上坡路，經過巴德羅鎮後，會看到寫著「K.100」的老舊標示牌，這是到聖地牙哥為止還剩下100公里的標誌。是個會讓一路走來的路程如走馬燈般一一浮現的地方。標示牌上有許多朝聖者們的塗鴉，一方面覺得親切，一方面看起來多少有些亂七八糟。過了下個城鎮費雷羅斯（Ferreiros）後，到波爾托馬林（Portomarín）為止是有些陡峭的下坡路。河寬廣闊、河

水湍急的米紐河上橫越著寬廣堅固的橋樑，越過這座橋後，就抵達波爾托馬林了。在這座鎮上，可以邊感嘆聖尼古拉教堂（Iglesia Fortaleza de San Nicolas）的雄壯美麗，一邊稍作休息。到下個城鎮貢扎爾（Gonzar）為止會沿著冷清車道行走，是段陡峭的上坡路。

第**27**天 貢扎爾 Gonzar ……▶ 卡薩諾瓦 Cazanova

| 5km | 12km | 5km | 2km |

| Gonzar 600m | Ventas de naron 730m | Palas de Rei 574m | Ponte Campana 510m | Cazanova 476m |

距離 **24km** 累積距離 **721km** 進度 **92%** 所需總時間 **6小時**

從波爾托馬林開始的上坡路，到過了貢札爾後依舊繼續。在本塔斯德納隆（Ventas de naron）鎮的咖啡廳中喘口氣後，越過海拔730m的山丘。經過有著「國王的宮殿」之名的帕拉斯德雷（Palas de Rei）鎮後，在前往彭鐵坎帕納（Ponte Campana）鎮的林間路徑入口處，立著到聖地牙哥為止還有67.5公里地標示牌。在彭鐵坎帕納鎮之後出現的卡薩諾瓦（Cazanova）鎮，是加利西亞自治區盧戈省結束前的最後一個城鎮。之後的路程還是在加利西亞內，只是省不同了，從盧戈省進入了拉科魯尼亞省。

4km	7km	8km	3km	3km

Cazanova 476m　Lobreiro 440m　Melide 455m　Castaneda 430m　Ribadiso da Baixo 305m　Arzua 390m

距離 25km 累積距離 746km 進度 95% 所需總時間 6小時

　　進入拉科魯尼亞省，越過西口（Seco）河及弗雷洛斯（Furelos）河後，會抵達梅利德（Melide），這是個以章魚（Pulpo）料理而聞名的城鎮。在法國之路路線上的Pulperia a Garnacha餐廳或位在盧戈大道（Av.Lugo）的Exequiel 餐廳，它們的章魚料理都非常知名。離開梅利德後，沿著茂密松樹的林間路徑行走，抵達布恩特（Boente）。過了這裡後，沿著溪谷，經過陰涼的上坡林間路徑，越過波特拉（Portela），往下走到艾索（Iso）河邊。河上橫越著精巧的中世紀橋樑，越過橋後就是瑞巴迪索達拜索（Ribadiso da Baixo）鎮了。從這裡到阿爾蘇阿（Arzua）為止會沿著車道行走。

15km	3km	8km	5km	5km

Arzua 390m　Santa Irene 405m　Pedrouzo 300m　Labacolla 303m　Monte de Gozo 370m　Santiago de Compostela 258m

距離 36km 累積距離 782km 進度 100% 所需總時間 10小時

　　從阿爾蘇阿到聖艾琳（Santa Irene）丘為止都是平緩的下坡及上坡的連續道路，但幾乎與平地無異。會經過三次溪谷，但大部分是林間路徑。特別是越過聖艾琳丘後，走在長滿又壯又高大的樹木的林蔭道路，非常舒適。從越來越接近朝聖之路終點的拉巴科拉（Labacolla）開始會沿著車道行走，站在最後一個城鎮、也是最後一個山丘「喜悅之丘」（Monte de Gozo）上，聖地牙哥及教堂的塔隱隱約約地初次展露面貌。中世紀的朝聖者們在千辛萬苦後抵達這個山丘時的心情，直接成了此處的地名。

許多朝聖者們會在喜悅之丘停留，睡一晚後隔天一大早出發，前往參加12點聖地牙哥主教座堂的彌撒。進入「星星（Stella）閃耀的原野（Compos）」聖地牙哥德孔波斯特拉的中心地帶，會看到遠方建築之間有一座高塔尖尖突起，那是聖地牙哥主教座堂塔。交錯行走在車道及巷子間約10分鐘後，就會抵達教堂所在的石匠廣場（Plaza del Obradoiro），法國之路的朝聖終點。朝聖者們在這裡互相擁抱流淚，以各式各樣的方式分享結束朝聖的喜悅。

主教座堂彌撒

主教座堂彌撒每天中午12點舉行。前一天下午很晚抵達聖地牙哥，或當天早上從喜悅之丘出發的人，會在上午11點30分左右把教堂的座位一個個坐得滿滿的。不論是誰都很熟悉的葛利果聖歌（Gregorian Chant，或譯「葛雷果聖歌」）及鍵盤的樂聲在教堂中迴響。朝聖者們不分宗教、不論彌撒程序，各自以自己的方式訴諸期望祈禱。在彌撒結束後，朝聖者們排成長長的隊伍，走近聖雅各的銅像，將雙手搭上聖人的肩膀或背，再次祈願些什麼。之後會走到地下室，參觀聖雅各的骨灰罈，及教皇若望‧保祿二世的語錄，最後出來走到廣場上。這樣所有的朝聖旅程就結束了。

西班牙土地的盡頭：菲尼斯特雷（Finisterre）

大部分的朝聖者們會在聖地牙哥主教座堂前結束健行，但有一部分的朝聖者會造訪聖地牙哥西方90公里遠、與大西洋相接的城鎮，西班牙土地盡頭的菲尼斯特雷。部分的人會再走三到四天前往，但大部分的人會搭乘大眾交通工具。菲尼斯特雷Finistere是「土地Terre」及「結束Finis」兩個單字的合成詞。位在大西洋海岸盡頭的這個小小漁村，過去被羅馬人認為是「世界的盡頭」，有著與韓國鄉下漁港相似的景色，令人感到非常熟悉。

從聖地牙哥前往菲尼斯特雷的公車一天有三班，行車時間約為三小時。背對港口，沿著窄小的柏油路往上爬約40分鐘，就會看到土地的盡頭，抵達立著0.00公里標示牌的海邊峭壁。有些朝聖者們會在這裡燒掉走朝聖之路時身上穿的衣服或鞋子，舉行自己的儀式，把那些壓抑在心口的累贅負擔，拋向大西洋的海中。不甚陡峭的峭壁上到處都留有未燒完的東西，以及燒盡的痕跡。

健行基本資訊

旅遊時間

統計上湧入最多朝聖者的季節是七到八月。因為是要花一個月以上時間的長期旅程，因此許多人會利用休假或放假時間來走。不過盛夏期間走在梅賽塔高原上非常地熱，是件苦差事。不只如此，擁擠的住宿問題也帶來不少困難。而冬季除了下雪的問題外，許多住宿會關門不營業也是個問題。如果沒有被工作或學校綁住的話，春秋季是走起來愜意、住宿也寬裕的最佳時機。春天四到五月、秋天十到十一月最適合。

交通

機票購買從巴黎進，然後從馬德里或巴賽隆納出的動線最有效率。從巴黎戴高樂機場搭乘地鐵移動至蒙帕納斯（Montparnasse）站後，搭乘往巴約訥（Bayonne）的 TGV列車，到巴約訥要花約五個小時左右。從巴約訥再換乘地方列車，一個小時後就會抵達聖讓-皮耶德波爾。但朝聖之路從第一天起就是越過庇里牛斯山的艱辛旅程，所以在巴黎或聖讓-皮耶德波爾至少休息一兩天後，再開始朝聖之旅較佳。在抵達聖讓-皮耶德波爾前TGV會停靠的巴約訥也是個停留一天的好地方。

住宿

聖地牙哥朝聖之路在路線指示及住宿等方面，以長距離健行路線來說基礎設施極為完備。特別是住宿設施既多又便宜，是聖地牙哥朝聖之路的一大優點。短的話每5公里，長的話20公里就會經過鄉村城鎮或小城市。也很容易就能找到被稱為朝聖者住處的庇護所（Albergue），事前不需預約直接前往即可，除了特殊情況以外不太會有問題。庇護所是將教堂或修道院等過去以宗教為目的的建築物改造成的住宿處。有許多大規模的多人房，住宿費很便宜。便宜的話從5歐元起，貴的話到15歐元可以住一晚。獨自投宿也不需擔心，十分安全。更重要的是可以與從全世界各地來的朝聖者們交朋友。

用餐

有完善炊煮設備的庇護所很多，晚餐通常會在附近超市購入食材，在住處的廚房中煮飯來吃。素未謀面的外國人們也會一起逛超市、一起烹調料理。早餐大部分會由住處免費提供，以吐司及牛奶解決一餐，或者也可以在附近的咖啡廳買來吃。中餐會吃事先準備好的點心，或在途中經過的城鎮餐廳中用餐。

TREKKING INFO

預算

根據從巴黎或馬德里等不同點進出，機票等交通費會有所差異。在朝聖結束後，如果另外前往其他地方旅行，費用上也會有很大的差異。因此本處只先探討朝聖期間必要之花費。聖地牙哥旅途上住的庇護所，基本上全都是多人房宿舍。少的話有2人房或4人房，但大部分都是在寬廣空間中擺放上下舖床架，一次會與10～30人同住的房型。便宜的話只要捐5歐元就可以，多的話會到15歐元。以平均10歐元來看的話，一天的住宿費約為台幣350元。當然，如果想在途中經過的城市稍微休息得舒適一點，就要再加上30～50歐元左右的一般住宿費用。

因為每天都會消耗大量體力，所以一定要好好吃飯才行。早上會以庇護所準備的吐司打發，中餐也會以事先準備好的點心解決，一般來說只有晚餐要扎扎實實地補充營養，但如果早餐及午餐都在餐廳或咖啡廳中用餐的話，請盡可能買足夠的量來吃較佳。包含點心或飲料等在內，一天抓台幣約800元的餐費就夠了。在住處附近的超商買食品後，在庇護所中的廚房自己料理來吃，可以節省相當多餐費。

走朝聖之路的費用，住宿費及餐費就是全部了。一天的住宿費台幣約350元，餐飲費用台幣約800元，再加上每2～3天用一次自動洗衣機及其他雜費用台幣130元的話，一天共約花費台幣1,300元左右，一個月總共抓台幣約39,000元即綽綽有餘。

隨著朝聖進行，體力消耗越來越大，有些朝聖者也會使用背包托運服務，這是為了能一身輕便地上路。這種情況下，只要前一天向庇護所詢問，就能以台幣約130～260元的價格託運行李，背包就會被運送到隔天要投宿的庇護所。

旅遊小秘訣

為了走完聖地牙哥朝聖之路，最重要的就是把背包重量最輕量化。首先，不用特意攜帶基本用品也行。因為每天都會經過村莊城鎮，所以可以在當地即時取得。朝聖之路縱走，對徒步有自信的話約需25至30天，抓得寬鬆一點的話會花上35至40天。還要另外加上朝聖前與後停留其他地點的時間，這裡抓個一週左右即可。西班牙人比想像中還要難以用英文溝通，即使如此，還是可以使用智慧型手機同步口譯app等各種方法，就能輕鬆溝通了。如果能先熟悉基本西文再去的話，會對旅程更有幫助。

健行後的觀光景點

朝聖之路結束後，通常會造訪菲尼斯特雷及穆希亞（Muxia）至少兩天左右，再回到聖地牙哥。如果還想造訪葡萄牙的話，可以安排從聖地牙哥到波多（Porto），再往南到辛特拉（Sintra）、羅卡角（Cabo da Roca）、里斯本（Lisboa）的行程。如果要連葡萄牙都玩一圈的話，最少需要一週左右。若從里斯本往下到西班牙東南方的安達盧西亞自治區，可以前往塞維亞（Sevilla）、馬拉加（Malaga）、格拉納達（Granada）等觀光景點，通常會花上十天左右。之後在馬里德待約2～3天後，移動至東北方的加泰隆尼亞自治區，在巴賽隆納結束旅程。這樣的話，就等於是徒步橫越北方，以大眾交通工具橫越中部及南部，環了整個伊比利半島一圈。

里程表

天數	NO	途經地點	海拔高度 (m)	距離(km)	累積	進度
第一天	1	聖讓 - 皮耶德波爾 St.Jean Pied de Port	146	0	0	0%
	2	奧里森 Orisson	730	7	7	1%
	3	里珀德勒 Col de Lepoeder	1,429	14	21	3%
	4	倫塞斯瓦列斯 Roncesvalles	952	6	27	3%
第二天	5	埃斯皮納爾 Espinal	860	6	33	4%
	6	林佐恩 Linzoain	750	6	39	5%
	7	蘇維里 Zubiri	528	8	47	6%
第三天	8	拉臘索阿尼亞 Larrasoana	545	7	54	7%
	9	特里尼塔德迪阿雷 Trinidad de Arre	430	11	65	8%
第四天	10	潘普洛納 Pamplona	446	4	69	9%
	11	西澤梅諾 Cizur Menor	483	4	73	9%
	12	寬恕之峰 Alto de Perdón	735	9	82	10%
	13	烏特爾加 Uterga	485	4	86	11%
第五天	14	穆魯薩瓦爾 Muruzabal	440	3	89	11%
	15	蓬特拉雷納 Puente la Reina	346	5	94	12%
	16	西勞基 Cirauqui	450	7	101	13%
	17	洛爾卡 Lorca	483	6	107	14%
	18	埃斯特利亞 Estella	426	9	116	15%
第六天	19	蒙哈爾丁大鎮 Villamayor de Monjardín	673	8	124	16%
	20	洛薩爾科斯 Los Arcos	447	13	137	18%
	21	濱河托雷斯 Torres del Río	477	10	147	19%
第七天	22	比亞納 Viana	478	10	157	20%
	23	洛格羅尼奧 Logrono	384	10	167	21%
	24	納瓦雷特 Navarrete	512	11	178	23%
第八天	25	本托薩 Ventosa	655	4	182	23%
	26	納赫拉 Najera	485	12	194	25%
	27	阿索夫拉 Azofra	559	6	200	26%
第九天	28	西魯埃尼亞 Ciruena	704	9	209	27%

MILE POST

第九天	29	聖多明各 - 德拉卡爾薩達 Santo Domingo de la Calzada	639	6	215	27%
	30	格拉尼翁 Granon	724	6	221	28%
	31	雷德西利亞德爾卡米諾 Redecilla del Camino	745	5	226	29%
第十天	32	貝洛拉多 Belorado	772	12	238	30%
	33	托桑托斯 Tosantos	800	5	243	31%
	34	蒙特斯德奧卡自由鎮 Villafranca Montes de Oca	948	7	250	32%
第十一天	35	歐特加聖胡安 San Juan de Ortega	1,010	13	263	34%
	36	阿格斯 Ages	971	3	266	34%
第十二天	37	克魯賽羅 Cruceiro	1,080	6	272	35%
	38	奧爾瓦內哈里奧皮科 Orbaneja Riopico	880	4	276	35%
	39	布爾戈斯 Burgos	860	13	289	37%
第十三天	40	塔爾達霍斯 Tardajos	827	10	299	38%
	41	奧爾尼略斯德爾卡米諾 Hornillos del Camino	825	10	309	40%
	42	阿羅右山波 Arroyo San Bol	910	6	315	40%
	43	翁塔納斯 Hontanas	867	5	320	41%
第十四天	44	聖安東拱門 Arco de San Anton	820	6	326	42%
	45	卡斯楚赫里斯 Castrojeriz	808	4	330	42%
	46	伊特羅德拉韋加 Itero de la Vega	772	10	340	43%
	47	博阿迪利亞德爾卡米諾 Boadilla del Camino	790	9	349	45%
	48	夫羅米斯塔 Fromista	783	6	355	45%
第十五天	49	波夫拉西翁德坎波斯 Poblacion de Campos	792	4	359	46%
	50	比利亞爾卡薩爾德西爾加 Villalcazar de Sirga	809	12	371	47%
	51	卡里翁德洛斯孔德斯 Carrión de los Condes	839	5	376	48%
第十六天	52	布斯蒂略路 Carretera de Bustillo	850	10	386	49%
	53	卡爾扎迪利亞德拉庫薩 Calzadilla de la Cueza	858	7	393	50%
	54	瑞迪苟斯 Redigos	880	6	399	51%
	55	泰拉地約斯 Terradillo de los Templarios	913	3	402	51%
	56	莫拉蒂諾斯 Moratinos	860	4	406	52%

天數	NO	途經地點	海拔高度 (m)	距離(km)	累積	進度
第十七天	57	薩阿貢 Sahagun	816	10	416	53%
	58	卡爾薩達德爾科托 Calzada del Coto	860	5	421	54%
	59	貝爾西亞諾斯德爾雷亞爾卡米諾 Bercianos del real Camino	850	6	427	55%
	60	埃爾武爾戈拉內羅 El Burgo Ranero	875	7	434	55%
	61	列里耶勾斯 Reliegos	836	11	445	57%
第十八天	62	曼西利亞德拉斯穆拉斯 Mansilla de las Mulas	799	7	452	58%
	63	維拉倫特大橋 Puente de Villarente	804	6	458	59%
	64	阿爾卡維哈 Arcahueja	850	9	467	60%
	65	萊昂 Leon	838	6	473	60%
第十九天	66	菲爾根 Virgen del Camino	906	7	480	61%
	67	聖米格爾 San Miguel del Camino	898	7	487	62%
	68	比利亞丹戈斯德爾帕拉莫 Villadangos del Paramo	890	6	493	63%
第二十天	69	聖馬丁 San Martin del Camino	880	4	497	64%
	70	奧斯皮塔爾德奧爾維戈 Hospital del Orbigo	820	7	504	64%
	71	Santibanez de Valdeiglesias	842	5	509	65%
	72	阿斯托爾加 Astorga	870	10	519	66%
第二十一天	73	穆里亞斯德里奇瓦爾多 Murias de Rechivaldo	870	3	522	67%
	74	埃爾岡索 El Ganso	1,060	9	531	68%
	75	拉巴納爾 Rabanal del Camino	1,150	8	539	69%
	76	鐵十字 Cruz de Ferro	1,495	7	546	70%
	77	曼哈林 Manjarín	1,460	4	550	70%
	78	埃爾阿塞沃 El Acebo	1,147	5	555	71%
第二十二天	79	莫利納塞卡 Molinaseca	585	9	564	72%
	80	蓬費拉達 Ponferrada	541	8	572	73%
	81	哥倫比亞諾 Columbrianos	530	4	576	74%
	82	坎波納賴阿 Camponaraya	492	5	581	74%
	83	卡卡韋洛斯 Cacabelos	483	7	588	75%
第二十三天	84	比耶爾索自由鎮 Villafranca del Bierzo	504	8	596	76%
	85	特拉瓦德洛 Trabadelo	578	11	607	78%
	86	貝加德瓦爾卡塞 Vega de Valcarce	630	5	612	78%
第二十四天	87	拉法巴 La Faba	921	8	620	79%
	88	奧西布雷羅 O' Cebreiro	1,310	5	625	80%

第二十四天	89	波優丘 Alto do Poio	1,330	9	634	81%
	90	豐弗里亞 Fonfría	1,290	3	637	81%
第二十五天	91	特里亞卡斯特拉 Triacastela	665	10	647	83%
	92	里奧卡波丘 Alto de Riocabo	910	4	651	83%
	93	弗雷拉 Furela	700	7	658	84%
	94	卡爾博 Calbor	520	4	662	85%
	95	薩里亞 Sarria	453	6	668	85%
第二十六天	96	巴德羅 Barbadelo	570	4	672	86%
	97	費雷羅斯 Ferreiros	710	9	681	87%
	98	波爾托馬林 Portomarín	387	9	690	88%
	99	貢扎爾 Gonzar	600	7	697	89%
第二十七天	100	本塔斯德納隆 Ventas de naron	730	5	702	90%
	101	帕拉斯德雷 Palas de Rei	574	12	714	91%
	102	彭鐵坎帕納 Ponte Campana	510	5	719	92%
	103	卡薩諾瓦 Cazanova	476	2	721	92%
第二十八天	104	洛布雷羅 Lobreiro	440	4	725	93%
	105	梅利德 Melide	455	7	732	94%
	106	卡斯塔涅達 Castaneda	430	8	740	95%
	107	瑞巴迪索達拜索 Ribadiso da Baixo	305	3	743	95%
	108	阿爾蘇阿 Arzua	390	3	746	95%
第二十九天	109	聖艾琳 Santa Irene	405	15	761	97%
	110	佩德魯佐 Pedrouzo	300	3	764	98%
	111	拉巴科拉 Labacolla	303	8	772	99%
	112	喜悅之丘 Monte de Gozo	370	5	777	99%
	113	聖地牙哥德孔波斯特拉 Santiago de Compostela	258	5	782	100%

03

請試著在網路上搜尋「世上最美之路」看看，你會看到跳出各種適合徒步行走的步道。如果覺得難以判斷哪裡才是「最美步道」的話，把同一個詞翻成英文來查的話會怎麼樣呢？答案就變明確了。讓我們在Google中搜尋「The Finest Walk in The World」吧。那麼就只會出現一條路的資訊：「Milford Track（米佛峽灣步道）」。在二十世紀初期一間英國的媒體向西方世界介紹過後，紐西蘭的米佛峽灣步道在此後超過百年至今為止，「世上最美之路」一詞一直都非它莫屬。

奧克蘭

威靈頓

紐西蘭

米佛峽灣

皇后鎮

世上最美麗的步道，
南太平洋米佛峽灣步道

　　南太平洋的美麗島嶼紐西蘭，由首都威靈頓及奧克蘭所在的北島，及處處充滿天賜自然恩惠的南島所構成。代表南島大自然的地區，是以西南方為中心廣闊展開的峽灣國家公園（Fiordland National Park，或稱菲奧德蘭國家公園）。屬於如脊椎般長長貫穿島嶼、被萬年冰雪覆蓋的南阿爾卑斯山脈。「菲奧德蘭地形」（Fiordland）指的是在冰河侵蝕後產生垂直的U字型谷地中，海水湧入形成的狹窄峽灣。是在冰河期廣闊形成的地形，以挪威的松恩峽灣（Sognefjord）及紐西蘭的菲奧德蘭聞名全球。

　　紐西蘭菲奧德蘭的精髓就在「米佛峽灣」（Milford）。塔斯曼海（Tasman Sea）的浩大海水從南島西南方邊緣往內陸深處湧入，形成峽灣（Sound）。米佛峽灣步道指的是越過南島最高的蒂阿瑙湖（Lake Te Anau），行走於原始雨林、濕地、河流、溪谷及山岳地形中四天三夜，直到抵達米佛峽灣為止，全長59公里的路線。

　　紐西蘭與尼泊爾同樣被稱為徒步健行的天國，在紐西蘭有九條路線被指定為適合行走的「9 Great Walks」。由紐西蘭環保局Department of Conservation（DOC）指定，由政府進行環境保護與管理。這九條健行步道均勻地分布於紐西蘭全國，包含北島、南島，甚至到最南端的斯圖爾特島（Stewart Island）。

九條步道中有三條隸屬於北島：漫步於東部湖畔的懷卡雷莫阿納湖步道（Lake Waikaremo-ana Track, 46km）、行走於北島中部地區火山地帶的湯加里羅北環線（Tongariro Northern Circuit, 52km），還有搭乘獨木舟（Canoe或Kayak*）於河上探險的旺阿努伊河流之旅（Whanganui River Journey, 145km）。南島西北方有亞伯塔斯曼海岸步道（Abel Tasman Coast Track, 60km）及希菲步道（Heaphy Track, 78km）。是能同時感受花崗岩峭壁及茂密樹林渾然一體、水晶般的塔斯曼海岸步道及河口的健行步道。

　　還有縱橫南島最南端大島——斯圖爾特島的拉奇烏拉步道（Rakiura Track, 36km）。南島西南端的峽灣國家公園中有三條路線被認定為Great Walks，三條都是要爬上海拔超過1,100公尺山岳的健行路線。長度60公里的凱普勒步道（Kepler Track）、長度59公里的米佛峽灣步道，以及長度32公里的魯特本步道。凱普勒及米佛峽灣步道各需要四天三夜，魯特本需要三天兩夜的時間。

＊　兩者皆為獨木舟，唯船身及槳的形式有所不同：canoe的船身屬開放式，大多搭配單柄單槳；kayak船身屬座艙式（封閉式）設計，使用單柄雙槳。

　　九條Great Walks中稱帝的果然還是世界級知名的米佛峽灣步道。從維多莉亞女王的城市：皇后鎮（Queenstown）出發，搭三個小時的巴士，接著坐上小船越過蒂阿瑙湖，在北邊的葛萊德碼頭（Glade Wharf）下船。米佛峽灣步道是從這個碼頭開始，越過河流與溪谷穿插的山岳，到米佛峽灣的沙蠅點（Sandfly Point）為止為連續原始林的路程。這條路線的最高點，是以發現這條路線的開拓者昆丁・麥金農（Quintin MacKinnon）命名、海拔1,154公尺高的麥金農隘口（Mackinnon Pass），上山及下山各需兩天時間。

　　參與米佛峽灣健行有兩種方法：有嚮導同行的登山健行團（Guided Walk），以及個別單獨前往的自由行健行（Independent Walk）。兩種方式都需要住宿三晚，也就是投宿三個住處。跟團的住處是三個小屋（Lodge），都是有附帶餐廳的準飯店級水準，但自由健行住的山屋

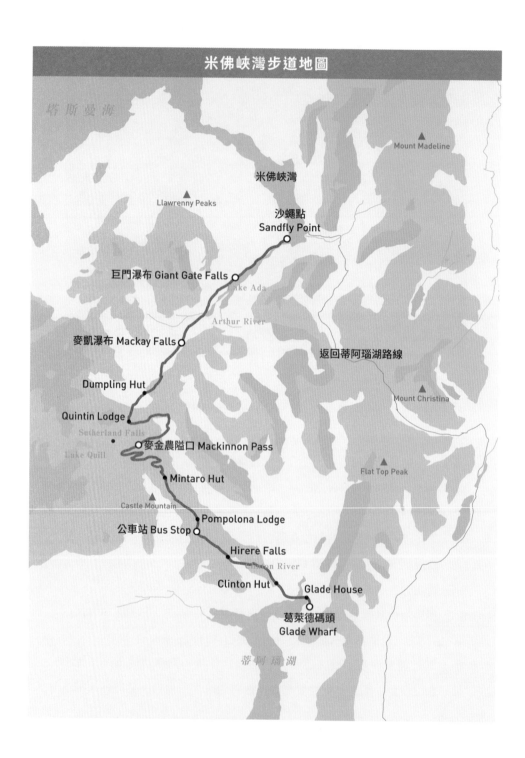

米佛峽灣步道地圖

塔斯曼海

Mount Madeline ▲

米佛峽灣

Llawrenny Peaks ▲

沙蠅點
Sandfly Point ◯

巨門瀑布 Giant Gate Falls ◯

Lake Ada

Arthur River

返回蒂阿瑙湖路線

麥凱瀑布 Mackay Falls ◯

Mount Christina ▲

Dumpling Hut ●

Quintin Lodge ●

Sutherland Falls

Lake Quill

麥金農隘口 Mackinnon Pass ◯

Flat Top Peak ▲

Mintaro Hut ●

Castle Mountain ▲

Pompolona Lodge ●

公車站 Bus Stop ◯

Hirere Falls ●

Clinton River

Clinton Hut ●

Glade House ●

葛萊德碼頭
Glade Wharf ◯

蒂阿瑙湖

（Hut）則是在空間寬廣的建築中，僅整齊擺上上下舖床架，廚房中只
供應水及瓦斯的地方。既沒有電燈也沒有電力設施，所以電子產品無法
充電，也完全沒有wifi等通訊基礎設施。全然沒有能購買食品或用品的地
方，所以四天三夜間都得要靠裝在自己背包帶來的食物煮飯吃，當然個人
睡袋也是必須攜帶的。

　　兩者費用差異極大，跟團健行的話，從用餐、住宿、路線指引到各種
資訊都能依靠嚮導，十分輕鬆舒適。相對地，自由健行所有事情都要靠個
人自行解決才行。如果稍微有些經驗的話，選擇費用低的自由健行，滿足
感會高上非常多。

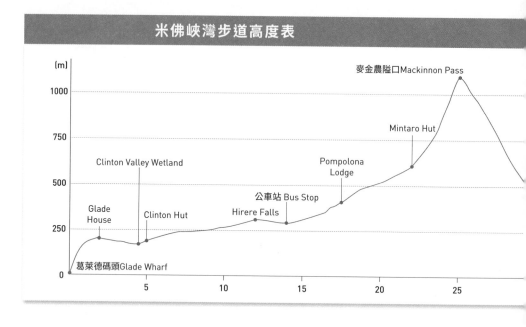

米佛峽灣步道高度表

（m）

麥金農隘口Mackinnon Pass

1000

750

Mintaro Hut

Clinton Valley Wetland

Pompolona
Lodge

500

公車站 Bus Stop

Glade
House

Clinton Hut

Hirere Falls

250

葛萊德碼頭Glade Wharf

0

5　　　10　　　15　　　20　　　25

　　米佛的入山人數限制為一天90人以內，六個住宿地點每日可收容的人數最多也是90人。跟團健行的三個高級住宿小屋（Lodge），各自最多接受50人投宿，個別自由健行的三個山屋（Hut），容納人數則各為40人。紐西蘭與北半球的季節完全相反，住宿地點於晚春的十月底開放，進入初冬的五月起為冬季，則全數關門。因此若開放時間為六個月間的180天，則一年的入山人數不會超過1萬6千人。因為這種入山限制，每年六月中開始開放接受網路預約時，會同時接受世界各地的人們的預約，所以在很短時間內就會額滿截止了。

　　一天的住宿費，自由健行的話三個山屋總共為紐幣NZD70元（約台幣1,300元），可以在紐西蘭環保局的網站（www.doc.govt.nz）上，或透過Great Walks網站（www.greatwalks.co.nz）預約住宿等。

　　若從台灣出發，以米佛峽灣步道健行為目的前往紐西蘭的話，至少需要九天八夜：在來回飛機上過兩夜，在據點皇后鎮過兩夜，米佛峽灣健行

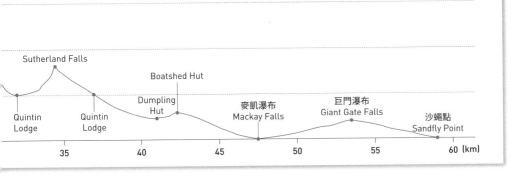

Sutherland Falls

Boatshed Hut

Quintin
Lodge

Quintin
Lodge

Dumpling
Hut

麥凱瀑布
Mackay Falls

巨門瀑布
Giant Gate Falls

沙蠅點
Sandfly Point

35　　　　40　　　　45　　　　50　　　　55　　　　60 (km)

三夜,以及多抓預備一夜。如果覺得米佛峽灣步道只有四天三夜太短,想要再多體會一下氛圍的話,也可以馬上轉往附近的魯特本或凱普勒步道多走一些。考慮到要飛將近十五小時的時間以及昂貴的機票,除了米佛峽灣以外,多加一些健行行程,或接著前往其他觀光景點,至少旅遊兩週左右是較合理的。

米佛峽灣步道
路線指南

葛萊德碼頭 ●
　　　　　● 克林頓山屋
米塔羅山屋 ●
　　　　　● 麥金農隘口
當普林山屋 ●
　　　　　● 沙蠅點

　　皇后鎮（Queenstown）是個人口2萬人的小小湖畔城市。要前往米佛峽灣的人們，大部分會在早上從這個有如英國維多利亞女王般美麗的城市搭巴士出發。到抵達巴士的終點站峽灣國家公園的蒂阿瑙湖為止，要兩個半小時的路程。在皇后鎮的象徵瓦卡蒂波湖（Lake Wakatipu）掠過車窗消失後，寬廣的平原於眼前展開。原野上悠閒吃草的羊群們，就像綠色畫布上灑落無數滴白色顏料般的異國風景滿溢視野。紐西蘭的人口不到450萬，但羊隻數量卻超過4,000萬頭。可以說，羊兒們認真地吃著草，然後養活不過自身群體數十分之一的人們。

　　遠處開始出現雪山的身影，在快陷入睡意中時，巴士抵達了蒂阿瑙湖。在訪客中心簡單結束了入山程序，移動至碼頭登上遊輪。蒂阿瑙湖是紐西蘭的第二大湖，比首爾一半的面積還大，腦中馬上浮現「海洋般的湖」一詞。一路上因周遭雪山的雄偉面貌而心蕩神馳一個小時後，不知不覺間船便抵達了湖北側的葛萊德碼頭。下船之後，第一件要做的事就是消毒鞋子。踩進裝有消毒劑的寬大容器中，稍微泡一下鞋子後再出來，這才擁有能踏上米佛峽灣的資格。正前方綠色里程牌上黃色的「Milford Track」字眼鮮豔地迎接著健行者們。米佛峽灣步道健行就此開始。

1.5km		3km		0.5km

Glade Wharf 180m	Glade House 200m		Clinton Valley Wetland 180m	Clinton Hut 190m

距離 **5km** 累積距離 **5km** 進度 **8%** 所需總時間 **1.5小時**

　　踩在深褐色泥土路徑上，從第一步開始就感到鬆軟。左右兩側蓊鬱樹林中的陌生樹種上，每個枝條都與苔蘚植物纏得難捨難分，輕輕垂下晃蕩著。已死或被砍伐的樹木被有堅韌生命力的苔蘚包覆著，其模樣就像穿了兩三層鎧甲一樣，看起來十分厚實。就像電影《魔戒》中會出現的、有著不可思議氛圍的樹林不斷延續著，在樹林結束的瞬間，視野豁然開朗，出現成片草原。不遠處的樹林另一邊矗立著巨大的山，擋住了道路。山下整齊地排列著五棟木屋，葛萊德小屋（Glade House）是非自由健行者，也就是有嚮導同行的跟團健行客們住宿的高級住處。位於從船上下來後步行約二十分鐘左右就會抵達的距離。周遭景色優美，直接路過就太可惜了，值得在住處前寬廣草地上的長椅卸下行囊，稍微休息一下再走。

　　米佛峽灣健行四天中，有一天半是沿著克林頓河（Clinton River）旁邊行走的路程。出發時被樹林擋住的河流，從葛萊德小屋前的草地開始展露出姿態。越過長度一百多公尺、如雲朵般漂浮著的葛萊德橋後，原本流經左側的河水會換成流過右手邊，繼續與健行步道並行。河水十分清澈，連泅泳魚兒的鱗片都能看得清清楚楚。

7km	5.5km	4.5km

Clinton Hut
190m

Hirere Shelter
310m

Pompolona Lodge
410m

Mintaro Hut
610m

距離 **17km** 累積距離 **22km** 進度 **37%** 所需總時間 **6小時**

　　克林頓山屋的容納人數為40人，會依據抵達先後順序決定床位。天氣冷的時候床位會從溫暖的內側開始被睡滿，若較晚抵達的話，就會只剩下入口側的床位了。接下來的每個山屋都是這樣。山屋廚房牆上貼著一行句子：「笑容使遠路變近Long smiles make short miles」，讓早晨的腳步變得更加輕盈。克林頓河分為兩道支流，路會沿著左側支流繼續下去。

　　偶爾會在路旁遇見點起爐子煮咖啡喝，然後邀請路過者一起喝一杯的人。這個地方經常下雨，總是潮濕，看來是不太會有野火的問題發生。蓊鬱的林間路徑結束後，豁然開朗的視野兩側出現巨大群山。如利刀削過般的花崗岩山峰峭壁，全都被白雪所覆蓋。再走一陣子更加靠近山峰後，就會抵達又高又大的西里里瀑布（Hirere Falls）前。在西里里休息處（Hirere Shelter）的屋簷下眺望西里里瀑布，其雄偉的模樣相當猛烈有力。而在公車不會行經的山中還立著「Bus Stop」的牌子，後面有著像鄉下公車站一樣、用鐵皮簡單搭成的休息處，讓路過的人們能在此休息。

　　不知從何時起，週遭樹林消失，植物的高度也變矮。由此可知地勢變高了。越過大大小小的石堆、如大河般橫阻去路的石坡後，前方就是龐波洛納小屋（Pompolona Lodge）。如同前一天的葛萊德小屋，這是有嚮導同行的跟團健行者們第二天住宿的地方。與自由健行者們要住的山屋不同，這裡完美地提供餐點及寢具等。

　　「Bus Stop」之後的路途坡度變得陡峭，一再往上爬後，前方再次出現瀑布：落差230公尺的昆丁瀑布（St.Quintin Falls），威容不及前一個西里里瀑布，但因為是流了許多汗之後才看到的，所以清涼感更甚。越過巨大鐵橋，再次經過水流壯大的瀑布，撐著爬上急遽陡峭的上坡後，就會出現令人愉快的里程碑：「距米塔羅山屋（Mintaro Hut）2分鐘，距麥金農隘口2小時30分鐘」。

3km	7km	2.5km	2.5km	4km

Mintaro Hut
610m

Mackinnon Pass
1154m

Quintin
Lodge
250m

Sutherland
Falls
400m

Quintin
Lodge
250m

Dumpling Hut
110m

距離 **19km** 累積距離 **41km** 進度 **69%** 所需總時間 **8小時**

　　在米佛峽灣健行的四天期間一次都沒有遇到下雨的機率非常低，尤其是在山頂上遇到下雨或下雪的機率相當高。一般來說在第二天下午三四點左右就會抵達米塔羅山屋，如果天氣晴朗且體力還夠的話，可以把背包放在山屋，當作預習先爬上一次最高點麥金農隘口後折返，也是個好方法。也可是說為了應對隔天的變化（可能會下雨下雪），先上山口去看看情況。

　　第三天早上離開米塔羅山屋後，就是毫不留情的連續上坡。前一天已經拉高高度到達山腰，所以到達最高點 1,154 公尺的麥金農隘口，只需要上升約 500 公尺的高度差，但整體而言是非常吃力的路段。為了緩衝極度傾斜的陡坡，要噴汗拐過十一次之字型過彎後，才會抵達最高點廣闊的草原。四周環繞的群峰即使是在十一月的夏季，依舊被白雪給覆蓋著。

　　在麥金農隘口上有一座豎著十字架的莊嚴石塔。石塔後方 50 公尺處幾乎達到 1,000 公尺落差的垂直斷崖令人瞠目結舌。所有警告危險的標示牌都讓人膽戰心驚。石塔上寫著「立此紀念碑讚頌於一八八八年開拓本路線，一八九二年卒於蒂阿瑙湖的昆丁・麥金農」，與包圍四周的濃濃霧氣相應，更增添一抹靈性的氣息，與第一天在蒂阿瑙感受到的氛圍相似。在搭船越過湖面時，看周遭雪山的壯闊看得入迷的某個瞬間，曾被水面上浮起的一座十字架吸引了目光。那正是昆丁・麥金農的水中墓碑。活在一百多年前的一位人士的開創精神流傳至今，呼喚全世界的健行者們前來此處。

　　從麥金農隘口開始，為沿著亞瑟河谷抵達亞瑟河（Arthur River）下游的路。亞瑟河的發源地為奎爾湖（Lake Quill），是要脫離米佛峽灣步道，走上好一陣子才能見到的湖。在湖水前有世界第五高、落差 580 公尺的薩瑟蘭瀑布（Sutherland Falls），瀑布的水以雄壯的姿態奔流而下。瀑布以最初發現者唐納德・薩瑟蘭（Donald Sutherland）之名命名。從最高點往平地下山的健行者們，會順路在昆丁小屋（Quintin Lodge）旁的休息處暫時放下背包，才能以輕裝前往奎爾湖，去見見這巨大的瀑布。往返需要一個半小時。如果有下雨的話，瀑布會像怪獸一樣兇猛。再次回到昆丁小屋背上行囊，到在米佛峽灣度過最後一夜的當普林山屋為止，要一小時距離的路程。

6.5km	6km	5.5km

Dumpling Hut　　　　Mackay Falls　　　　Giant Gate Falls　　　　Sandfly Point
110m　　　　　　　　105m　　　　　　　　100m　　　　　　　　　0m

距離 **18km** 累積距離 **59km** 進度 **100%** 所需總時間 **5.5小時**

　　在西班牙聖地牙哥朝聖之路上臭蟲類的床蝨臭名遠播，而在這裡，則有一種具威脅性的蒼蠅存在，那就是「沙蠅」。兩種都是吸血性的昆蟲，所以被咬之後會相當癢，極惹人厭。據說，這是為了把醉心於米佛峽灣之美不肯輕易離開的人們快點趕出去，所以毛利族女神才放出這種昆蟲。這是傳說中女神的用心，為了讓米佛峽灣的美不被破壞，能夠長長久久地保存下來。米佛峽灣的終點，也是第四天最後一個據點，名稱也叫做「沙蠅」（Sandfly）。

　　雖然被樹林擋住看不見，但左側某處亞瑟河強勁的河水往下流奔騰而去，轟隆作響地宣示著自己的存在。從當普林山屋出發，這是旅程最後一天的第四天，是沿著亞瑟河谷及亞瑟河走的平坦道路。越過美麗的吊橋，原本流經左手邊的亞瑟河位置換成了右手邊。在鐘岩（Bell Rock）上眺望麥金農瀑布，不久後會經過波賽冬溪（Poseidon Creek）。從第一天的出發地開始，步道上隨時都會出現里程柱，以公里（km）及英里（mile）為單位，標示已經走了多遠。越過經常在米佛峽灣宣傳照中會看到的巨門瀑布（Giant Gate Falls）及其前方的吊橋後，不久阿達湖（Lake Ada）即會出現。過了片刻，眼前出現一座漂亮的屋頂，再過一會兒走到屋簷下時，會看到兩扇黃色的門。左側門上的歡迎詞「Welcome to Sandfly Point（歡迎來到沙蠅點）」及「Independent Walkers」十分顯眼，這裡是為了個別前往的自由旅行者們而設的休息室。右邊的門上寫著「Guided Walks」，是有嚮導同行的跟團旅行者們休息的高級休息室。從窗戶看進去，兩間休息室的室內裝潢或氛圍都有顯著的差異。

　　進入樸素的一般休息室，裡面只冷清地擺了幾張椅子。在讀了牆上貼著的一張英文信後，讓人感到心頭一暖：上頭寫著「現在你也是縱走米佛峽灣步道的特別人們隊伍中的一員，可以為自己感到驕傲。」這是一年只准許不到一萬六千人入山的米佛，值得為自己感到驕傲。

米佛峽灣遊輪之旅（Milford Sound Cruise Tour）

在紐西蘭南島最下方的南地大區（Southland），左側西部約四分之一的面積為峽灣國家公園。紐西蘭的九大步道中，有三條在這個國家公園裡：米佛峽灣步道、凱普勒步道、魯特本步道。在米佛峽灣步道終點的西南部邊境區，有一道海水湧入內陸深處的峽灣，這個地區就是米佛峽灣。

源於山中奎爾湖的亞瑟河，流經阿達湖後，最後流入此處米佛峽灣。有一部分停留在這裡，一部分跟著潮水流向那遙遠的塔斯曼海，與南太平洋或印度洋廣闊的海水會合。搭船沿著峽灣出航到塔斯曼海前再返航的遊輪之旅，是世界級知名的觀光行程。

結束米佛峽灣步道健行的人們，如果錯過在附近就能搭船的遊輪之旅就太可惜了。因為這一帶四周全都被複雜的峽灣（Fjord）地形包圍，要進入不是件簡單的事。就算要往北前往基督城（Christchurch）或奧克蘭等北方城市，也得要先經過南邊的皇后鎮。經過第一天搭船時碼頭所在的蒂阿瑙鎮（Te Anau Downs），到回到皇后鎮為止要花上四五個小時，距離很長。連難以進出的米佛峽灣都以徒步抵達了，若省略遊輪之旅將十分可惜。

要離開沙蠅點，除了水路之外別無他法。前往米佛峽灣碼頭的船一天有兩班：下午兩點及三點半。從沙蠅點乘船，不到20分鐘就會抵達峽灣對面的碼頭並下船。要返回皇后鎮的人們會移動至巴士站，要遊覽米佛峽灣的人們則搭上遊輪。隨著突出海上的巨大山峰漸漸被擋住消失在視野中，巨大的峭壁開始成排矗立在峽灣兩側。峭壁上以數百公尺落差流下的眾多瀑布、峭壁上蓊鬱的樹林，以及下方閃著蔚藍光芒的海面絕景相互交融，形成壯觀的畫面。將近兩小時的行程中，彷彿回到數百萬年前原始地區，進行了一場驚奇的時光之旅。

迎著塔斯曼海的海平面再次回到碼頭下船後，在鮑文瀑布（Bowen Falls）下被清涼的瀑布水滴噴濺的感觸餘韻猶存。再次迴轉回到峽灣後，在其他幾座雄偉的山峰之中，會看到海拔1,623公尺的主教冠峰（Mitre Peak，或譯麥特爾峰），那三角形的美麗稜線鶴立雞群地傲然突起。

健行基本資訊

旅遊時間

每年從十一月起到隔年四月為止可以入山，此外的其他六個月幾乎是無法入山的，因為南半球的冬季有各種的危險因素。暑假開始的十二月中起到二月中為止，會有許多人湧入紐西蘭的觀光景點，多少有些擁擠。若想避開這個時期的話，可在十一月到十二月中，以及二月中到四月為止的這段時間造訪，會較寬裕舒適。這段時間的三個月也是典型的春、秋季氣候。但米佛峽灣的健行時間較難以自行選擇，因為要在網路預約系統上和全世界的健行者競爭，以取得住宿的預約才行。大部分都不是選擇自己想要的時間，而是只能依照還能預約的時間來決定行程。

交通

長榮航空和紐西蘭航空有從台灣直航紐西蘭北島奧克蘭機場的航班，航行時間約十一個小時左右。如果時間較寬裕，又想節省機票錢的話，可以選擇經由香港等轉機的航空公司。若不是直航班機，幾乎要花上十六個小時或更多時間，可綜合價格差異和自己的預算評估擇一。在奧克蘭機場換乘紐西蘭國內線航班，兩小時後會抵達南島的皇后鎮。之後前往皇后鎮上的旅客服務中心 I-site，在可這裡可以預約米佛峽灣的來回巴士，以及得到各種旅遊資訊。皇后鎮是個小鎮，所以要找到 I-site 並不太困難。在紐西蘭全域有八十多個 I-site 有系統地營運中，對旅行者來說是很大的助力。在皇后鎮停留一兩天後，於大清早搭上預約好的巴士，經過將近三小時的車程，就會抵達蒂阿瑙湖。辦好入山手續後，搭船越過湖面，馬上就能開始健行了。

住宿

有嚮導帶領的團體健行者們的住宿有三處：葛萊德小屋（Glade House）、龐波洛納小屋（Pompolona Lodge）、昆丁小屋（Quintin Lodge），是餐點及寢具等設施俱備的準飯店級住宿，價位高且只營運六個月。為自由健行者們而設的山屋有三處：克林頓山屋（Clinton Hut）、米塔羅山屋（Mintaro Hut）、當普林山屋（Dumpling Hut），有基本炊煮設施，只供應水及瓦斯，寬廣的房中只放了床架，睡袋及食材等全部要由自己背上去才行。

用餐

使用高級小屋的團體健行者們，每餐在等待旅人的都是與其高額合約相符的美味料理。相反地，自由健行者們早餐及晚餐都得自行煮來吃，午餐則以點心打發。路途上完全沒有可以買食材或餐點來吃的地方。得在背包中裝入四天三夜間要吃的食材再出發，所以要有訣竅地備妥重量輕、體積小、紮實、高卡路里的食材。除了米一定要帶之外，除去塑膠包裝的泡麵及堅果類、魷魚乾、辣椒醬、沖泡湯包等都很有幫助。

TREKKING INFO

預算

最緊湊的米佛步道健行旅程
如下：早上抵達奧克蘭機場，搭乘白天的紐西蘭國內線航班前往皇后鎮，在皇后鎮睡一晚，隔天搭巴士移動至蒂阿瑙湖，搭船渡湖後馬上開始健行。在米佛峽灣步道度過三晚（自由健行）或四晚（嚮導帶團）後，回到皇后鎮住一晚，隔天早上搭乘紐西蘭國內線航班移動至奧克蘭後，搭乘夜間飛機出境，或隔天早上的飛機出境。

台灣國內旅行社的嚮導同行跟團方案，通常是包含庫克山或其他步道的行程，10至12天的旅遊方案，費用大約在台幣10萬～16萬不等。若跟團前往的話，不管是米佛峽灣步道的住宿還是餐飲，全部的行程都會很舒適。

如果是個別前往的自由健行，米佛峽灣的山屋預約是最關鍵的。每年都會公布六月的特定日期，在網站（www.doc.govt.nz.）上接受全部的預約。全世界的健行者們會蜂擁而入，預約競爭相當激烈。從皇后鎮搭乘巴士出發，到米佛峽灣進行四天三夜的健行，再回到皇后鎮為止，住宿費及交通費加起來約需台幣1萬元，此費用不包含健行期間個人背包中一切要攜帶的食物費用，且健行過程中沒有任何商店。再加上台北-奧克蘭往返機票、奧克蘭-皇后鎮往返國內線機票，以及皇后鎮住宿兩晚、奧克蘭住宿一晚的費用後，合計即為七天六夜紐西蘭之旅需要的總金額。

旅遊小秘訣

若選擇自由健行而非跟團的話，背包中裝的內容物組成是最重要的。最優先要放入的是四天三夜間要吃的食品，得以重量輕、體積小、卡路里高的食品為主。四天中有兩天是雨天，以及在頂峰遇到降雪的機率很高，所以也要攜帶應對的雨具及防寒衣物。

健行後的觀光景點

如同前面詳細提到過的內容，建議最好不要錯過兩小時的米佛峽灣遊輪之旅。之後回到皇后鎮後，再往南島北方去旅遊。若把基督城當作南島最後一個景點，往北走的一路上可以到庫克山、法蘭士‧約瑟夫冰川、特卡波湖一遊。之後移動至北島，以奧克蘭為據點，去想去地方旅遊即可。

里程表

天數	NO	途經地點	海拔高度 (m)	距離(km)	累積	進度
第一天	1	葛萊德碼頭 Glade Wharf	180	0	0	0%
	2	葛萊德小屋 Glade House	200	1.5	1.5	3%
	3	克林頓河谷溼地 Clinton Valley Wetland	180	3	4.5	8%
	4	克林頓山屋 Clinton Hut	190	0.5	5	8%
第二天	5	西里里休息處 Hirere Shelter	310	7	12	20%
	6	龐波洛納小屋 Pompolona Lodge	410	5.5	17.5	30%
	7	米塔羅山屋 Mintaro Hut	610	4.5	22	37%
第三天	8	麥金農隘口 Mackinnon Pass	1,154	3	25	42%
	9	昆丁小屋 Quintin Lodge	250	7	32	54%
	10	薩瑟蘭瀑布 Sutherland Falls	400	2.5	34.5	58%
	11	昆丁小屋 Quintin Lodge	250	2.5	37	63%
	12	當普林山屋 Dumpling Hut	110	4	41	69%
第四天	13	麥凱瀑布 Mackay Falls	105	6.5	47.5	81%
	14	巨門瀑布 Giant Gate Falls	100	6	53.5	91%
	15	沙蠅點 Sandfly Point	0	5.5	59	100%

MILE POST

04

九州偶來
九州オルレ

二〇一二年二月，日本九州的四條偶來小路同時開放，「九州偶來」這個名字也初次問世，這是韓國濟州島偶來小路*開通的五年後。與連接成一整條路的濟州偶來不同，九州偶來各路線是分散的。每個路線間無可避免地會需要使用車輛移動，搭乘在九州只有一兩台的鄉間火車旅行實在很有魅力。如果想在不遠的距離遇上異國風景，那麼就是九州偶來路了。美麗可愛又極度日本味，可以沉醉於與韓國南方截然不同的氛圍。

* 「偶來（Olle）」是濟州方言，意指「從大街通往家裡大門的窄巷道」之意。濟州偶來小路是將環繞濟州島的許多條小路連接起來的小徑形成的健行路線，發展至今共有26條路線。隨著前往濟州島徒步旅行旅客的增加，「偶來」成了徒步旅行的統稱，而偶來路線也成了韓國主要的徒步旅行路線。「九州偶來」是濟州偶來的姊妹路線。九州和濟州島一樣四季風光明媚，並且擁有適合徒步旅行的山岳。

日本

福岡
九州
鹿兒島

日本近代化尖兵九州，
另一條偶來

「一五九二年，豐臣秀吉向各大名＊下令，開始發動對朝鮮的侵略。然而李舜臣將軍率領的朝鮮水軍及民間起義的義兵加以反擊，擊退日本軍至南海岸。一五九七年對日講和交涉決裂，秀吉再次下令侵略，然此次日本軍再度嘗到敗果，於隔年秋季退兵。蔓延七年的戰火波及朝鮮半島全域，造成重大損失。」

這不是在韓國、而是在日本博物館讀到的敘述，地點在九州偶來唐津路線中間的名護屋城博物館。九州與韓半島有著深深的孽緣。萬曆朝鮮之役時，豐臣秀吉在與朝鮮海上距離最近的九州北部地區唐津建了肥前名護屋城，駐屯全國的領主及軍隊，將此處作為侵略朝鮮的前哨基地。從日本全域經過此處運至船上的物資及軍隊，使朝鮮半島七年間遭受掠奪。

現在的九州已與過去這種傷痛的歷史不同，從釜山搭飛機前往福岡博多不到五十分鐘，遊輪的往返航班也隨時在進進出出，九州與韓國變得相當親近。在「濟州偶來小路」輸出至日本，成為「九州偶來」後，韓日之間的「路」開通，變得更緊密了。

＊　「大名」是日本封建時代對一個較大地域領主的稱呼，由「名主」一詞轉變而來。

這是與「濟州偶來」協議後的合作成果，包含「偶來」品牌名稱的使用及各種諮詢在內。九州偶來在二〇一二年初開放以來，每年都會新增3～4條新路線，到二〇一九年二月為止，已增至19條路線，總距離222.8公里*。與26條路線總距離425km、數量上的成長幾乎已經結束的濟州偶來相比，九州偶來的成長速度極快。

兩個偶來最大的差異，在於一個是「連續的」，另一個則是「間斷的」。濟州偶來的路全都連在一起，所以幾乎不必使用到車輛，換句話說，是只以徒步方式就可以繞完濟州一圈的最高效率式健行。相反地，九州偶來的19條路線各自分散在全島，走完一條路線後，一定要用大眾交通工具移動至下一條路線才行。如果目的只有走路的話，這可能是項缺點，但考慮到可以體驗「有旅行感的旅行」，這反而成了一項優點。與濟州島一模一樣的偶來路標指引著路途，也經常看到寫有韓文的標示牌，但映入眼簾的境色極度日本且有異國風味。

*　二〇二〇年四月已更新共為22條路線，新增了福岡・新宮（11.9km）、宮崎・小丸川（14.3km）、島原（10.5km）3條路線。新增之路線資訊請參考官網：www.welcomekyushu.jp/kyushuolle/

　　日本是由四個大島排列而成的島國，以本島的本州島為中心，往上有北海道，往下有四國及九州。其中九州位於玄界灘及對馬島之間，地理位置與韓國半島最近，歷史因緣上也與朝鮮累積了最多故事。超過韓國面積三分之一的巨島九州，雖然位在列島的邊陲，但在日本近代化的過程中扮演了先鋒角色。為日本歷史增光的眾多英雄們都出身於這個島，整個島充滿了歷史故事及趣聞。

　　日本近代史中扮演重點角色的薩摩藩，正是九州最南端鹿兒島縣的舊稱。明治維新的維新三傑中，西鄉隆盛及大久保利通就是九州地區出身的。日本人最愛的人物坂本龍馬也在現在的鹿兒島留下了許多痕跡。

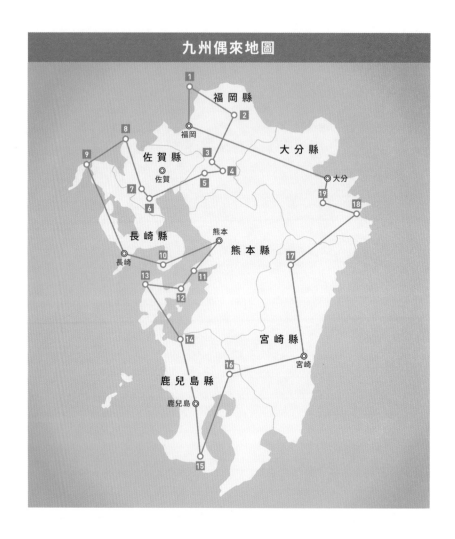

九州偶來地圖

造就今日日本的這些傑出人物們有許多都來自九州是有理由的。因為在十六世紀中期，葡萄牙商船入港，日本開始首次海外貿易的地方，正是九州。而身為德川家康外籍參謀的三浦按針＊，也對江戶幕府的海外政策產生莫大影響，當初三浦漂流上岸的地方正是九州。九州從很早就具有能覺知海外文化的環境及條件。

＊ 三浦按針是英國航海家，英文名威廉‧亞當斯，一六○○年來到日本，並成為第一位英國出身的日本武士，曾做過德川家康的外交顧問。

縣名	NO	路線名稱	距離（km）	啟用時間
福岡	1	宗像‧大島	11.4	2014.03月
	2	筑豐‧香春	11.8	2018.03月
	3	久留米‧高良山	8.6	2015.11月
	4	八女	11	2014.12月
	5	みやま‧清水山	11.5	2017.02月
佐賀	6	嬉野	12.5	2014.03月
	7	武雄	14.5	2012.02月
	8	唐津	11.2	2013.12月
長崎	9	平戶	13	2013.02月
	10	南島原	10.5	2015.11月
熊本	11	天草‧維和島	12.3	2012.03月
	12	天草‧松島	11.1	2013.02月
	13	天草‧苓北	11	2015.02月
鹿兒島	14	出水	13.8	2017.02月
	15	指宿‧開聞	12.9	2012.03月
	16	霧島‧妙見	11	2013.02月
宮崎	17	高千穗	12.3	2013.02月
大分	18	佐伯‧大入島	10.5	2018.03月
	19	奧豐後	11.8	2012.03月
		總距離（km）	222.8	

※路線名稱前標示的號碼順序為「有效率的動線」。

　　九州由福岡、佐賀、長崎、熊本、鹿兒島、宮崎、大分這七個縣構成，偶來路線均勻地分布在每個縣市中，走完全部路線就與環九州一圈無異。九州的面積超過濟州島的二十倍，每條偶來路線都原汁原味地蘊含著該地區的特徵，因此事前先掌握好旅行的重點目標較佳。

　　濟州偶來就像聖地牙哥朝聖之路一樣，可以只為了行走而旅行，由

偶來小路連接成的整個路線長達425公里,可以連續走上二十幾天,但九州的偶來卻沒辦法。一條路線結束後,為了要移動到下一條路線,大致上得要換乘一兩次公車或火車才行。搭乘大眾交通僅只是為了能走下一條路線,是非常不方便且麻煩的事。但如果能把搭公車或火車的時間當成旅行的一部分來感受,那麼九州之旅的樂趣就會倍增。以及,可以在路線及路線之間移動的過程中,造訪附近的城市或歷史文化名勝,成為一趟一石三鳥的旅行。

　　徒步漫遊九州偶來與遊覽附近名勝景點兩者併行,樂趣及意義也會增多。在廣島被投下原子彈後幾天,長崎也被投了原子彈。在移動至偶來平戶路線之前或後,有必要先參觀一下位在長崎的原爆資料館。資料館位於

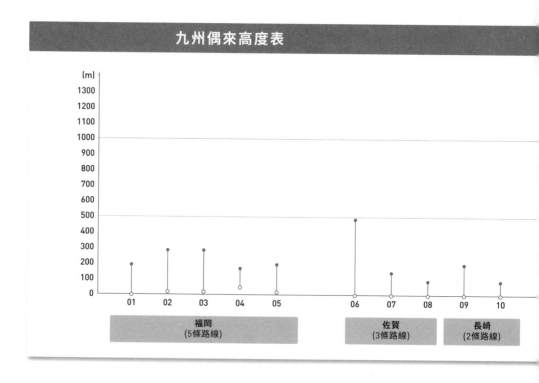

九州偶來高度表

接著廣島後第二枚原子彈落在長崎的位置，許多人都被那寫實且生動的現場感震撼不已。

為了移動至天草三姐妹偶來路線而進入熊本市，還可以順便去鄰近的阿蘇山旅遊。二〇一六年底發生火山噴發，因此有部分交通受到限制。為了行走九州南端的三條偶來路線需要前往鹿兒島。遊覽火山島櫻島半天，可以實際感受到火山依舊活躍中的模樣。

在鹿兒島市區內的明治維新館，可以從資料中體會到日本近現代史的生動現場。如果時間上有餘裕的話，可以安排兩天一夜或三天兩夜的旅遊行程前往原始林屋久島。走完神話之鄉的宮崎縣高千穗路線後，晚上別休息，去看場戲劇吧！在路線入口處的高千穗神社中，每天晚上會有一小時

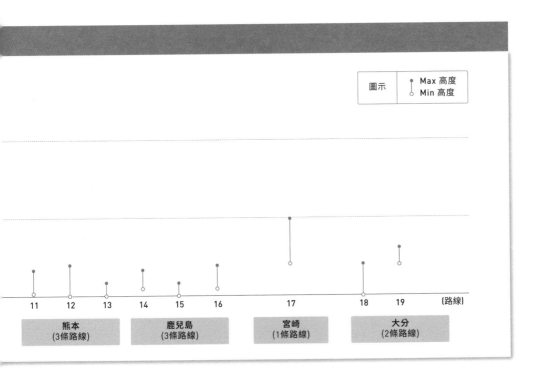

的夜神樂，戲劇表演以詼諧的方式呈現日本開國神話的部分內容：日本的太陽神天照大神的孫子降臨大地，到一個晨光燦爛、晚霞美麗之處，並在此建立治理國家的宮殿，這裡正是高千穗町。

最後走完大分縣的兩條路線後，就該享受泡溫泉了。這裡對韓國觀光客來說，也是以溫泉為目的的知名旅遊景點。如果已經走了其他路線並泡過湯了，那麼也不需得特意至別府或由布院體驗溫泉，也可以去佐賀縣武雄路線的武雄溫泉，感覺就像去韓國的社區澡堂一樣。雖然入場費才約台幣130元，但可是足足維持了一千三百年傳統的溫泉。也有許多免費溫泉，例如位在平戶、天草、松島、霧島、妙見這些路線終點的免費足湯可能會留在記憶中很久——在走了很遠的路後，把腳放進汩汩流出的溫熱溫泉水中的回憶，可不是輕易就能得到的經驗，是只有九州偶來才能享受到的好康。

路線本身當然也很重要，但每條路線結束後移動至下一條路線的交通方式及動線，在九州偶來也非常重要。在各路線的出發點及終點，都有方便的新幹線高速鐵路、JR列車、地方列車或公車等可以搭乘。全世界的人們都知道日本人招攬觀光客的經商手段十分巧妙卓越，九州人也是一樣的，但對於這樣的他們，我卻連一丁點的反感都沒有，反而覺得他們對前來走偶來的外地人們付出的關心及熱情，太過令人驚嘆並讓人感謝。

問題在於費用，住宿及交通費的支出所費不貲。在濟州偶來的每條路線上，便宜的多人房guest house已經相當普遍，但九州偶來卻尚未如此。經常得要支付傳統日式旅館的高價住宿費。

路線指南

- 宗像・大島路線（11.4km,4 ～ 5 小時）
- 筑豐・香春路線（11.8km,4 ～ 5 小時）
- 久留米・高良山（8.6km,3 ～ 4 小時）
- 八女路線（11km,3 ～ 4 小時）
- Miyama・清水山路線（11.5km,4 ～ 5 小時）

福岡是九州的關口，短時間旅行的遊客如織。雖然很適合觀光，但也是個健行好去處，可以抽空去走一兩條九州的偶來路線。如果只能選一條路線的話，那麼推薦離博多站最近的宗像・大島路線。這是要搭船進入島上的一條島嶼路線。迎面而來玄界灘風韻非凡的景色。與韓國慶尚南道巨濟市結為姊妹市的八女市，其中的八女路線也很值得推薦。可以一覽廣闊的綠茶田，以及古代的古墳。

距離 11.4km 累積距離 11.4km 進度 5% 所需總時間 4～5小時

　　「大島」島是隸屬於福岡縣宗像市的一個小島，宗像位於北九州市及福岡市中間，自古就是交通要地。下渡輪後往左走，偶來路線即開始。步行路上立即就會看到的神社，是宗像大社三大神社之一的「中津宮」。宗像大社供奉太陽神的三個女兒為三大女神，在日本全域有七千多個神社，此處為總本山（總社）。這個地區從以前開始就是日本進出大陸的海上要道，因此在此侍奉三神，祈求航海安寧。沿著神社後方陡峭的山路走，過了瞭望台不久後，就是御嶽山的山頂，之後一直都是舒適好走的下坡路。

　　前往風車展望台的路上芒草迎風招展，以周遭的天空及大海為背景，交織出一幅美麗的風景。風車展望台只剩下沒有葉片的風車，站在這裡，可以看到位在對馬島之間、連接韓半島南海及日本九州的對馬海峽200公里，玄界灘在眼前展開。此處也是能瞭望當年「對馬海峽海戰」發生的區域——日本帝國海軍大將東鄉平八郎，在這片海域擊退俄國第二太平洋艦隊，引領日本在日俄戰爭中走向勝利，這裡立著當時日軍戰亡烈士的慰靈碑，甚至還留有太平洋戰爭時建造的砲台及地下碉堡。往下走到海邊就是「沖之島遙拜所（沖ノ島遥拜所）」*，這是為了不能涉足北方50公里遠的沖之島，而讓女性們進行參拜之處。路線終點附近的KANSU海水浴場對面即為夢之島，夢的小夜島，只有漲潮的時候是島，退潮的時候會與陸地相連接。

＊　「沖津宮遙拜所」（日語原文）位在大島北岸的岩瀨海岸，離大島距離約50公里的海上就是沖之島的所在之處。沖之島在日本又被稱為「神之島」，是座只准被准許的男信眾上岸，而禁止女性進入的神秘小島。為了不能親自至沖之島參拜的信眾們，因而增設這座沖津宮遙拜所。（節錄自：https://tw.wamazing.com/media/article/a-910/）

距離 **1.2km** ── 1.1km ── 1.3km ── 2.1km

JR香春站
20m 　　　香春神社　　　元光願寺大楠　　　上高野觀音寺　　　六十尺鐵橋
　　　　　　　　　　　　40m　　　　　　　　　　　　　　　50m

1.8km ── 0.6km │ 0.5km ── 1.1km ── 2.1km

JR採銅所站
70m 　　　矢山之丘　金山跡　神間步　　　甘木橋
　　　　　300m　　130m　70m

距離 **11.8km** 累積距離 **23km** 進度 **10%** 所需總時間 **4～5小時**

　　福岡縣由四個地區組成，分別是北邊的北九州，西邊的福岡，南邊的筑後，以及中間的筑豐地區。福岡這個名字被用在三個地方，最大的是福岡縣，比縣小的是福岡地區，再來最小的是福岡市。香春是筑豐地區人口只有一萬人的小城市，從香春站往北，到下一站採銅所站為止的區間，鐵路的距離為7公里。筑豐・香春路線彎彎曲曲地經過兩站之間美麗且具有意義的地方，也可以說是一趟鐵道周邊之旅。

　　最後一段路是一小時左右的上坡，多少有些吃力，但海拔300公尺的矢山之丘山頂是重點。在這之前的路大多平易近人且單調。終點採銅所車站的現今樣貌，基本上與一百多前的外觀無異。這條路線除了能看到古老鐵道的風韻外，還能感受到江戶幕府時代的氣息與痕跡。採銅所如字面上的意思，為採掘銅礦的地方。新羅傳授給此地銅的冶煉技術，在這點上日韓之間產生了連結。從香春站一出發馬上就會遇到香春神社，據說「供奉自新羅國降臨之神」。

1.5km　0.6km　1.2km　1.9km

JR久留米大學
前站
10m

夫妻樹
愛的山茶花
100m

孟宗
金明竹林
190m

奧宮
260m

1.3km　0.3km　0.6km　1.2km

JR御井站
10m

王子池

妙見
神社
150m

高良大社
240m

久留米森林
映山紅樹公園
300m

距離 **8.6km** 累積距離 **32km** 進度 **14%** 所需總時間 **3～4小時**

　　久留米市的人口有五十萬人，在九州排名第八，在福岡縣是繼北九州後規模第三大的城市。久留米市東南方有一座高雅的高良山，與首爾的南山一樣，隱隱約約地俯瞰著城市。久留米高良山路線從市區的車站出發，走兩個小時左右爬上高良山後，再走差不多長度的距離，下山到隔壁車站的路線。久留米既是城市名，也是山名，更成了偶來路線的名稱。

　　從久留米大學出發離開市區後，會看到樹枝相連的兩棵山茶樹，名稱跟宮崎的高千穗偶來路線上的「夫妻山茶樹」一模一樣。如果不是獨自前往，而是有夥伴同行的話，可以手牽手繞著樹走個一兩圈，會讓愛與友誼加深。緊接著經過成片竹林後，就是有神聖泉水湧出的聖地奧宮。前面持續不斷的辛苦上坡路首次在這裡結束。在高良山山頂的稜線上轉一圈，從抵達映山紅（杜鵑花屬植物，又名唐杜鵑）公園起便是下坡路，沿著下坡走到高良大社這段路是重點區間。山腳下展開的河流、田、原野可謂絕美景色。在經過祈願考試合格的妙見神社，下山到王子池後，不久就會進入市區，抵達御井站。

　　本路線與宗像‧大島路線同為離福岡市最近、搭火車30分鐘距離的偶來路線。優點是在福岡市旅遊時，快速抓個半天左右的空檔就可以去健行。往返的交通都與JR車站相連結，十分方便。

八女路線

1.3km	2.1km	3km	0.9km	0.8km	1.1km	1.8km

| 山之井公園 50m | 犬尾城跡 180m | 八女中央 大茶園 150m | 一念 寺 30m | 江崎 食品 | 丸山塚 古墳 50m | 八女 復健 醫院 | 岩戶山歷史 文化交流館 50m |

距離 **11km** 累積距離 **43km** 進度 **18%** 所需總時間 **3～4小時**

與武雄路線一樣有離福岡近的優點，與嬉野路線一樣以綠茶及綠茶田而聞名。從羽犬塚站搭乘堀川巴士，三十分鐘後在上山內巴士站下車，這裡是偶來八女路線的起始點。看到巴士站超商的玻璃窗上貼著用韓文寫成的「很高興您前來九州偶來八女路線」後，動身出發。走過有著高雅神社的山之井公園（山の井公園）。看到介紹文寫著「水與綠色之美麗村莊」，登上村莊後山。綠色指的當然就是綠茶。

到達與韓國慶州相似的童南山古墳後，一眼就能俯瞰盡山下的八女市上山內村。從犬尾城跡起，會看到名為「中央大茶園」的八女綠茶田。脫離主路線、往返700公尺距離處有大茶園的瞭望台，非常值得一去。走過廣闊的綠茶田後，會接連走過鄉下農家，然後是高雅的寺廟一念寺。以四十八人武士中最後一人而聞名的忠臣藏，據說就是躲藏在此處。溫馨的鄉間小路在庭園住宅之間延續下去，走到丸山塚古墳後，八女市的整個面貌便會展現出來。路線終點有歷史文化交流館，去參觀亦佳。

0.6km	1km		3.1km		0.3km	0.6km

八樂會
10m　　女谷水門
30m　　女山史跡森林公園/
展望台
200m　　　　　　清水寺
本坊庭園
70m　　五百羅漢
100m　　清水寺
三重塔
170m

1.1km	2km		2.8km

道之站MIYAMA
10m　　九州新幹線　　　九州汽車車道
10m

距離 **11.5km** 累積距離 **54km** 進度 **23%** 所需總時間 **4～5小時**

みやま（MIYAMA）是福岡南邊末端與熊本縣接壤的小城市。MIYAMA市東北方的清水山以楓葉而聞名，是被選入美麗日本散步道500選（美しい日本の歩きたくなるみち500選）之一的絕景。MIYAMA・清水山路線是沿著MIYAMA市清水山山腳走，尋訪蓊鬱樹林及古老寺廟的路線。從新興教團八樂會出發離開城鎮後，路面會變窄並開始進入上坡山路。聳天高的粗大竹子包圍四方，有股壓倒性的氣勢。

山內古墳群被推定為六世紀產物，經過山內古墳群的石室墳墓後，就會抵達女山展望台。雖然海拔只有200公尺，但山下景色一覽無遺地展開，可謂絕景。廣大平原後方是寬闊的有明海，海另一邊的長崎地區彷彿海市蜃樓般，呈現若隱若現的姿態。下山後會遇上清水寺本坊庭園，被公認為展現出日式庭園的精髓。再來會看到表現釋迦摩尼的五百名弟子修行模樣的五百羅漢石像，再次爬上山頭然後下山後，剩下的4公里就是平地了，這是段可能會感到單調且枯燥的區間。現有路線中，本路線為第18條，於二○一七年二月開通。

♀ 佐賀縣 偶來介紹

- 嬉野路線（12.5km,4～5小時）
- 武雄路線（14.5km,4小時）
- 唐津路線（11.2km,4～5小時）

　在日本與釜山直線距離最近的唐津，是個與韓國有著深深孽緣的地方。萬曆朝鮮之役時，日軍在此囤積物資，作為前哨基地，在唐津路線上留有名護屋城跡等當時的遺跡。在路線上的博物館裡看到韓國李舜臣將軍的畫像及龜船模型的瞬間感動襲來，雖然是日本的博物館，但卻將之與豐臣秀吉同等展示出來。武雄路線以九州當中蘊含最多日本要素的路線而聞名。嬉野路線上的綠茶田及杉林小路的和諧畫面，也會留在記憶中許久。

1.8km　　1.2km　　1km　　1.5km

| 肥前吉田燒窯元會館 50m | 西吉田茶園 200m | 西吉田權現和十三佛 300m | 坊主原PILOT茶園 400m | 22世紀亞洲森林 500m |

2.3km　　1.5km　　3.2km

Siebold足湯 0m　　轟之瀑布 50m　　椎葉山莊 100m

距離 12.5km 累積距離 **67km** 進度 **28%** 所需總時間 **4～5小時**

　　嬉野市的綠茶田很有名，在日本全國茶評選會中連續五年得到最優秀獎，裝茶的陶瓷器也十分知名。健行路線的出發點與嬉野市的特色相配，會從肥前吉田燒窯元會館開始走。經過路線入口的大定寺及吉浦神社後，一眼就能俯瞰城市全貌。上山的山路入口處擺放了好幾支用竹子做成的拐杖，帶走使用後，在下山處歸還即可。可以看出市民們的細心體貼之處。

　　進入山路，爬上陡坡後，會經過供奉十三菩薩像之處。在陡峭的石壁下有泉水流過，充滿不可思議的靈性氛圍。經過杉木林後，再來是綿延不絕的綠茶田。依百年之約所種植下的水杉林被賦予了一個宏偉的名字：「22世紀亞洲森林（22世紀アジアの森）」。這是條綠茶田與杉木林連續不斷的美麗路線。在熊野神社喝一口美味的泉水後下山，經過分為兩道、共三層的轟之瀑布後，馬上就會到巴士站了。

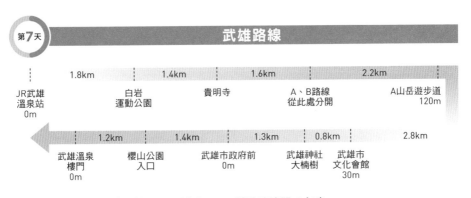

1.8km　　1.4km　　1.6km　　2.2km

| JR武雄溫泉站 0m | 白岩運動公園 | 貴明寺 | A、B路線從此處分開 | A山岳遊步道 120m |

1.2km　　1.4km　　1.3km　　0.8km　　2.8km

武雄溫泉樓門 0m　　櫻山公園入口　　武雄市政府前 0m　　武雄神社大楠樹　　武雄市文化會館 30m

距離 14.5km 累積距離 **81km** 進度 **35%** 所需總時間 **4小時**

　　在JR武雄溫泉站往左走看到指示牌後，偶來小路就開始了。武雄市是從福岡搭火車一小時距離、人口五萬人的田園城市。穿梭過庭院住宅及白岩公園後，就是上坡的竹林路。從竹林路往下走後，會看到日式傳統寺廟貴明寺，有小小的水塘及正下方林立的納骨塔，六座小和尚的

石像表情也十分可愛。再次經過庭院住宅街道，抵達池內湖（池ノ湖）後，會出現 A、B 兩條山路路線可選，筆者選擇A路線，登上最高點眺望整個武雄市後再下來。

　　武雄神社的巨大楠樹十分有名，是一棵維持了三千年的生命至今的神秘樹木。對武雄人來說，它給予了精神上的撫慰及能量。走過讓人聯想到羅馬街道的長崎街道後，就是路線的最後階段──溫泉村街道。入口處象徵武雄溫泉的樓門即為路線終點。用自動售票機購入票券：入場費400日幣、毛巾費180日幣，進入後便會看到傳統的溫泉浴。古老的溫泉完全沒有霉臭味，反而有股清香的泉水味。宮本武藏和伊達政宗等日本歷史上的英雄們，都曾享受過武雄溫泉。包含一兩小時的泡湯時間在內，武雄路線總共只要5～6小時左右，就能完整地體驗到日本風情。

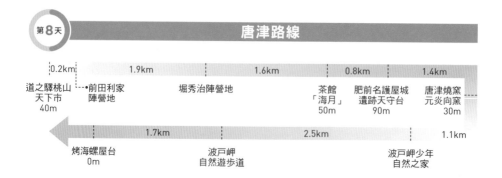

第8天　唐津路線

距離 11.2km 累積距離 93km 進度 39% 所需總時間 4～5小時

　　在日文「前田利家陣跡」的指示牌下方，用韓文寫著「九州偶來唐津路線起始點」，標示著健行路線自此開始。萬曆朝鮮之役時，在豐臣秀吉的威令之下，唐津作為侵略朝鮮的前哨基地，全日本的領主們及軍隊駐紮在此處。在領主當中，特別是豐臣秀吉的生平至交前田利家，其營地就在路線的起始點。

　　走過幾位領主的營地後，在名為「海月」的茶室稍作停留。在秀麗的日式庭園中喝一杯現涮抹茶，感受日本茶道的氛圍。

　　在搜集了萬曆朝鮮之役相關資料的名護屋城博物館中，朝鮮李舜臣將軍的畫像與龜船模型，威風凜凜地與豐田秀吉展示在對等的位置，稍微覺得有些感動。將軍旁邊寫的萬曆朝鮮之役說明文，也不是以日本觀點為主，反而是從更客觀立場進行說明。爬上名護屋城天守台，眺望遼闊的玄界灘美景時，會稍微陷入無我之境。在波戶岬海水浴場的白沙灘末端，有韓國濟州島石爺在熱情地迎接來客，這也是到達唐津路線終點的象徵物。在終點處的攤販上，用500日元買了四個烤海螺來吃，味道絕佳，鮮美又有嚼勁。

♀ 長崎縣偶來介紹

- 平戶路線（13km, 4～5 小時）
- 南島原路線（10.5km, 3～4 小時）

長崎是日本最初開港之地，也是近代海外貿易的前哨基地，與韓國忠清南道的泰安半島相似，是往海上突出的半島地形。位於北方海岸及南方海岸的兩條偶來路線，散發出多島海域的深邃氣息。曾經被譽為西方京城，有過繁華的過往，這些痕跡四處留在長崎的偶來路線上。來長崎旅行，必點一碗長崎強棒麵（ちゃんぽんChampon），與韓國的炒碼麵（辣海鮮湯麵；짬뽕jjamppong）比較一下。長崎與廣島同為被刻上「原爆」印記的地區，在旅行當中尋找事件的痕跡也別具意義。

第9天 — 平戶路線

| 1.2km | 3.5km | 2.1km | 2.4km | 2km | 1.8km |

| 平戶港交流廣場 0m | 最教寺 | 川內峠資詢中心 200m | 川內峠野營場 190m | 平戶市綜合運動公園 110m | 平戶福爾德紀念教會 | 平戶溫泉足湯溫泉 0m |

距離 **13km** 累積距離 **106km** 進度 **45%** 所需總時間 **4～5小時**

　　隨著葡萄牙商船入港，平戶成為日本歷史上第一個開始海外貿易的港口，因此聲名大噪。此後也開始與荷蘭進行貿易往來。在田平平戶口車站（たびら平戶口駅）搭乘巴士，15分鐘後即抵達路線出發點平戶港。離開港口後進入山中，會經過知名的寺廟「最教寺」。圍著紅色圍兜兜的童子佛像令人印象深刻，有為人工流產或胎死腹中的嬰兒們祈禱前往極樂世界之意。

　　路線的最高點為海拔200公尺的川內峠，知名詩人曾在此眺望大海及島嶼風光，感嘆之餘在一旁寫下一首詩。「感嘆山之青水之碧，旅者如我在心中深深凝望平戶（山きよく 海うるわしとたたえつつ 旅人われや 平戶よくみむ）」。經過幾處亭子，從無人煙的山中下山後，這才出現了民宅。回到同為路線起始點的終點，順路在免費足湯中泡一下腳，水質就像融入滿滿沐浴乳似地滑溜溜且觸感佳。離島時的路線是進的相反，搭巴士15分鐘越過美麗的橋後，就離開了平戶島，抵達田平平戶口車站。這是個有意義的站：日本的火車站中位於最西邊的站。

| 0.8km | 0.3km | 0.8km | 0.5km | 1km | 1.4km | 0.8km |

口之津港
0m

八雲
神社
80m

豐乳河童
（西鄉子安
觀音）

野田堤

烽火山
90m

幻之野向
一本松
60m

田尻海岸
0m

| 0.5km | 3.6km | 0.8km |

口之津歷史
民俗資料館
0m

口之津
燈塔
30m

赤榕
樹群

瀨詰崎
燈塔

距離 **10.5km** 累積距離 **116km** 進度 **49%** 所需總時間 **3～4小時**

　　島原是長崎縣東南方突出的半島名，隔著島原灣與熊本縣對望。島原半島中央為雲仙岳，北方為島原市，西方為雲仙市，南方為南島原市。南島原路線為走一圈這個半島南方海岸線的路線。出發點為口之津港，此港在十六世紀歐洲商船駛入日本後，扮演日本海外貿易據點的角色，是個具有意義的港口。看到在這個海岸首次下錨的歐洲人范禮安船長銅像後，繼續漫步於港口城鎮。

　　走過寧靜的八雲神社後，會看到可愛的豐乳河童石像，瓜皮頭加上青蛙嘴的模樣，呈現奇特的大孩子姿態。似乎是象徵多產的胸部特別豐滿，很是顯眼。經過林道後，走在人工蓄水池野田堤旁邊，登上低矮的烽火山後，隔著島原灣，對面熊本縣的天草若隱若現地在眼前展開。幻之野向一本松（幻の野向きの一本松）所在的位置，因為松蟲的危害，所以改種櫻花取代松樹。接著沿著海岸線走到古老的燈塔及榕樹群後，就會抵達終點的口之津歷史民俗資料館。

- 天草・維和島路線（12.3km,4 小時）
- 天草・松島（11.1km,4 ～ 5 小時）
- 天草・苓北（11km,4 ～ 5 小時）

支撐九州腰身的熊本。在這些路線中，可以探訪日本歷史上最初的大規模農民起義「島原之亂」的遺跡們。主導起義的十六歲少年領袖，以及早期基督教信徒們受到迫害的悲傷故事，蘊藏在三條路線各處。在尋找便宜的住宿上可能會有些吃力。搭乘火車或巴士移動至其他地區時，會經過很靠近阿蘇山的鄰近地帶，想到幾年前的地震及火山噴發，多少令人感到膽戰心驚。

第11天	天草・維和島路線

2.5km	3km	0.9km	2.7km	1.6km	1.6km
千崎巴士站 20m	藏藏漁港	維和櫻・花園 120m	高山 160m	外浦自然海岸 20m	下山地區	千束天滿宮 20m

距離 **12.3km** 累積距離 **128km** 進度 **55%** 所需總時間 **4小時**

　　九州西海岸島原半島前聚集了好幾個島，這片多島海域被稱為「天草」。這些島當中有三處有偶來路線，其中之一為天草・維和島路線。從維和島的千崎出發後，會看到千崎古墳群，古墳群位在山中，是非常久遠的過去當地有權人士的墳墓。之後路線會再次下山回到海岸。不太有日本的感覺，與韓國的南海氛圍非常相似。藏藏漁港是少年領袖天草四郎的故鄉，他是江戶幕府時代島原之亂事件的主導者，他坎坷悲運的人生結束於年輕的十六歲。這場動亂有四萬農民參與，幕府軍投入了數十萬軍人進行鎮壓，是日本歷史上最大的農民起義事件。整條維和島路線，都蘊含著少年將軍故鄉的後人們對他的欽慕之情。

　　高山瞭望台的海拔雖然只有160公尺，但是位於這個島上最高的山上，360度展開的多島海全景相當舒暢壯闊。走在外浦

自然海岸的三十幾分鐘路途，讓人想像到原來古老海洋的模樣是這樣。除了釣魚或做農活的老人以外，幾乎全無人煙。整條路線皆為保持自然樣貌的山中路徑或海岸路線。終點在千束天滿宮前。進出維和島的關口是大型橋樑「東大維橋」，讓人留下深刻印象。

天草・松島路線

1.7km		2.6km		1.2km	
知十觀音 0m	知十海岸		山道入口 10m	千元森嶽 233m	0.6km

1.8km		1.5km		0.5km	1.2km
龍足湯 10m	松島觀光飯店 岬亭 20m		巨石	千巖山 山頂 150m	熊本縣立天草 青年之家

距離 11.1km 累積距離 139km 進度 59% 所需總時間 4～5小時

　　天草由兩個鄰近相接的大島組成，東邊為面向內陸的「天草上島」（かみしま），西邊為面向東支那海（東海）的「天草下島」（しもしま）。天草・松島路線從天草上島北部的山岳地形開始，由西往東走。從起始點的知十巴士站出發，穿梭過農田間，進入山路後不久，就會抵達海拔233公尺的最高點千元森嶽。這裡也是360度的全景，一邊是多島海，另一邊是廣闊的農田鋪展開來。稍微往下走後，會再次爬升到千巖山。少年領袖天草四郎曾在千巖山召集農民軍將士，以勺子代替酒杯，舉行出征前之出征酒宴。

　　也看得到宣傳天草市與韓國忠清南道結為姊妹市的告示牌。下山後，經過松島觀光飯店岬亭，到達松島展望台後，多島海再次爽快地在眼前展現風貌。連接這座島與前島的紅色帥氣大橋也讓人印象深刻。路線的終點為松島溫泉「龍足湯」，取意自將腳泡在從龍頭流出的溫泉水中，這當然是免費的。

天草 · 苓北路線

富岡港 0m	1km	富岡城 60m	1.6km	權現山遊步道 30m	1.9km	富岡海水浴場	0.8km	岡野屋旅館 0m	0.7km

| 溫泉中心 30m | 0.5km | 志岐城跡 50m | 3.3km | 白木尾海岸 0m | 0.4km | 吉利支丹供養碑 | 0.4km | 黑瀨製菓舖 | 0.4km | 富岡神社 |

距離 11km 累積距離 150km 進度 64% 所需總時間 4〜5小時

　　熊本縣是萬曆朝鮮之役時，惡名昭彰的兩名日本將領——小西行長及加藤清正的地盤。特別是有三條偶來路線集中於此的天草地區，曾是小西行長的領地，在小西於內亂中成為敗將身亡後，領地就傳給了繼承者加藤清正。苓北路線經過天草西側下島的北邊，從富岡港出發，緊接著就會登上富岡城。這是四百年前島原之亂時，少年領袖四郎與幕府鎮壓軍展開決戰之處，有各種關於他的資料被展示出來。雄壯的富岡城潔白的城牆、包圍周遭的樹林，以及蔚藍的天空與海洋，形成極為明確的對比，在下山的路上令人每每回望。

　　下到平地，進入島的內陸後，會看到這條路線上的知名麵包店「黑瀨製菓舖」，可以順便進去買個名為「柿大將」的點心來吃，這是把柿乾切開，在裡面放入滿滿黃色內餡，甜蜜得不得了的一項點心。店主老夫婦將點心與一壺綠茶一起送上，他們的親切也讓我印象深刻。吉利支丹供奉碑是在島原之亂當時被斬首的天主教徒一千人中，有三百三十多人的首級被集中埋葬之處，這裡立著他們的供奉碑。路線終點為距離三小時路程的溫泉中心。

- **出水路線**（13.8km,4 ～ 5 小時）
- **指宿・開聞路線**（12.9km,3 ～ 4 小時）
- **霧島・妙見路線**（11km,4 ～ 5 小時）

　　在學生時代的歷史課時間，經常聽到「薩摩」這個名字，但有許多人不知道其確切位置究竟在日本的何處。薩摩正是鹿兒島的舊稱，也是造就今日強國日本的大本營。日本人最喜歡的歷史人物之一的坂本龍馬，在新婚時曾與妻子一起享受走過的散步路徑，就是鹿兒島的霧島・妙見路線，以日本最初的蜜月旅行地而聞名。位於九州南端的指宿・開聞路線，從日本最南端的車站開始走，氛圍相當有韻味。除了三條偶來路線以外，前往鹿兒島市區參觀明治維新的各個遺跡也非常有益。

第14天

出水路線

	3.5km		2.5km		2.4km	0.8km		2.4km		2.2km	

| 嚴島神社
150m | | 米之津川流域
的水田地帶
110m | | 高川水庫湖
120m | | 山岳
遊步道
60m | 米之津
川清流 | | 五萬石
溝跡
40m | | 出水麓武家
屋敷群
40m |

距離 13.8km 累積距離 164km 進度 70% 所需總時間 4～5小時

　　世界最初的高速鐵路——日本新幹線，在日本全國連接成一條線，從北邊的北海道出發，一路南下來到南方的九州島，止於鹿兒島縣的鹿兒島市。出水市位於有九州新幹線通過的鹿兒島縣最北端，也是鹿兒島的關口。此地以候鳥棲息地而聞名，世界上的白頭鶴有90%都會為了過

冬而來到出水平原。出水路線是走在出水平原上，聽著河水聲、沿著田園農村、綠茶田、原野行走的路線。

出發地嚴島神社中侍奉的女神，掌管的是農業所必要的水。這是條連續經過河流、湖水、水田、旱田及庭園村莊的路線，與出發地非常相符。走過杉樹及竹子聳天的樹林，接下來是連綿的廣闊的水田及典型農村，不斷地交叉走在田間小路及鄉村小路上。在路線中間左右，會碰上出水最大的湖，高川水庫湖。這是一九七〇年代建設水庫時設置的湖畔散步路徑，但被擱置了四十幾年，之後在二〇一七年二月，隨著出水偶來路線開張，重新復活。長久歲月被放置，意思就是野生地存活著。沿著與湖水相連的米之津川邊行走，抵達終點的出水麓武家屋敷群。據說這裡四百多年前曾是上級武士們的居住地，被指定為被指定為國家保存地區，可以在此體驗到日本傳統氛圍。

第15天　指宿・開聞路線

3.2km		1.9km	0.5km	0.5km
JR西大山站 50m	松林 20m	Leisure Center Kaimon	川尻海岸 0m	川尻漁港

1.3km

0.3km	1.6km	1.5km	2.1km	
JR開聞站 40m	枚聞神社 50m	鏡池 40m	JR東開聞站	開聞山麓香料園 30m

距離 12.9km 累積距離 177km 進度 75% 所需總時間 3～4小時

鹿兒島的西大山站是日本最南端的車站。連候車室都沒有的無人售票車站，就是本路線的出發點。海拔924公尺的開聞岳有「薩摩富士」之稱，指宿・開聞路線是尋訪開聞岳周遭的路線，不論從哪個方向看都絲毫不亂地呈現出正三角形模樣的山型。地區名「指宿」加上山名「開聞」，就成了這條偶來路線的名稱。經過與濟州偶來小路極為相似的田間小路，再來是不甚茂密、但綿延不絕的松樹林道。

離開黑松林後就是川尻海岸，覆蓋海岸的黑色沙子呈現出獨特的風景，這是由開聞山火火山爆發時噴發出的礦物質形成的砂礫。赤腳踩在沙灘上的話，會因為太燙，連30公尺都走不了。經過水面上映照出開聞山樣貌，彷彿鏡子一般的「鏡池（かがみいけ）」後，走到枚聞神社參訪完，就進入路線最終階段了。位在附近的開聞車站即為路線終點。

1km	1km	3km	2km	4km（龍馬步道，海拔200m）

妙見
溫泉街
60m

和氣湯 犬飼瀑布
120m

山路、
河岸路

和氣神社
150m

塩浸溫泉
龍馬公園
150m

距離 11km 累積距離 188.1km 進度 80% 所需總時間 4～5小時

　　經過妙見溫泉街往山中走，會看到冒出蒸騰煙霧的小小露天溫泉，這是從一千三百年前起就存在的溫泉「和氣湯」，溫度不會過燙，熱度恰當。正覺得聽到轟鳴聲時，就會看到涼爽的瀑布出現在眼前。這條路線引以為傲的是高度36公尺的犬飼瀑布，可以在瀑布前稍微休息一下喘口氣再走。之後約200至300公尺距離處，會經過如熱帶雨林般、有巨大杉樹及扁柏的茂密樹林。在走過不見天日的樹林時，冷冽的空氣彷彿在肺中拓展開來一樣，十分涼爽。在路上看到無人菜園正覺得有趣時，就抵達和氣神社座落的和氣公園了。

　　在公園中會看到「坂本龍馬及夫人楢崎龍（阿龍）的日本最初蜜月旅行地」介紹文。龍馬和其夫人的形象被做成許多標誌，擺放在四處。沿著和氣神社後方的路走，往上爬好一陣子的樓梯後，就是龍馬夫婦停留在指宿溫泉時走的3公里左右的散步路徑。幾乎每間隔一百公尺就立有木頭做的牌子，上面寫著龍馬生前留下的名言佳句。在坂本龍馬經常爬的一百零八階梯上，還有「邊感受他的氣息邊往上爬吧」的指引文。過了一會兒抵達終點塩浸溫泉龍馬公園後，可以脫掉鞋子，悠閒地在這裡泡腳，享受免費的足湯。

♀ 宮崎縣偶來介紹

● 高千穗路線（12.3km,5 ～ 6 小時）

在宮崎站下車後，寫著「歡迎來到神話之鄉」的直立式
看板迎接著旅客。天孫降臨之地，自古蘊含著滿滿開國神話
的土地，宮崎。身為神話的起源地，在九州偶來的全部路線
中，它也是最難抵達的。想要抵達此路線：至高千穗為止，
需要換乘上數次火車及巴士。正如其難抵達的程度，整條路
線也相對應地神秘且夢幻。在結束健行後的晚上，推薦在路
線入口處的神社觀賞夜神樂表演，表演的是講述日本開國神
話的戲劇。

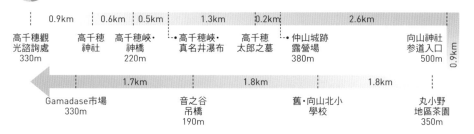

0.9km　0.6km　0.5km　　1.3km　　0.2km　　　2.6km

高千穗觀　　高千穗　高千穗峽・　・高千穗峽・　高千穗　　・仲山城跡　　　　向山神社
光諮詢處　　神社　　神橋　　　真名井瀑布　太郎之墓　　露營場　　　　　參道入口
330m　　　　　　　220m　　　　　　　　　　　　　　380m　　　　　　　500m

0.9km

1.7km　　　　　　1.8km　　　　　　1.8km

Gamadase市場　　　　音之谷　　　　　舊・向山北小　　　　丸小野
330m　　　　　　　吊橋　　　　　　　學校　　　　　地區茶園
　　　　　　　　　190m　　　　　　　　　　　　　　350m

距離 **12.3km** 累積距離 **200km** 進度 **85%** 所需總時間 **5～6小時**

　　天孫降臨之處位在山中深處，交通極為不便。在經過複雜的路線，於高千穗下車後，巴士站就是健行的起點。最先遇上的是高千穗神社。高千穗神社是兩千年前創建的神社，是聚此地區八十八諸神於一處的神社之總社。從寫著「神與人類愉快地和諧共生」之意的匾額中字句，可以看出神社的氛圍。神社中有兩顆樹齡數百年的杉樹，被稱為「夫婦杉」，感情很好地相依在一起。

　　離開海拔300公尺的神社，往下走好一陣子陡峭的石階後，就是觀光名勝高千穗峽。因阿蘇山的火山活動而噴出的噴發物，沿著五瀨河川（五ヶ瀨川）帶狀流動，在受到急劇冷卻後，形成柱狀節理的峭壁。從懸崖峭壁上垂直往下傾注的真名井瀑布，充滿壓倒性的氣勢。這個峽谷即使不是來走九州偶來路線，也是宮崎觀光景點中必來之處。走過茂密的巨木樹林及向山神社入口後，會看到眼熟的綠茶田。雖然無法媲美八女那歷歷在目的廣闊綠茶田，但也純樸而有味道。經過丸小野地區茶園，走過橫越山中深深溪谷的音之谷吊橋後，不久即會抵達終點Gamadase市場。

● 佐伯‧大入島路線（10.5km,3 ～ 4 小時）
● 奧豐後路線（11.8km,4 ～ 5 小時）

　　韓國觀光團客最常去溫泉旅遊的九州地點，正是大分縣。奧豐後路線上的巨大磨崖佛及柱狀節理讓人印象深刻。佐伯‧大入島路線與筑豐‧香春路線同樣都是最近才開張的。

第18天　佐伯‧大入島路線

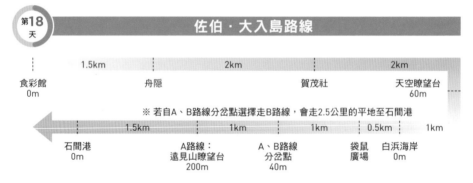

	1.5km		2km		2km
食彩館 0m		舟隱		賀茂社	天空瞭望台 60m

※ 若自A、B路線分岔點選擇走B路線，會走2.5公里的平地至石間港

	1.5km	1km	1km	0.5km	1km
石間港 0m	A路線： 遠見山瞭望台 200m	A、B路線 分岔點 40m		袋鼠 廣場	白浜海岸 0m

距離 10.5km 累積距離 211km 進度 90% 所需總時間 3〜4小時

　　以別府及由布院溫泉而聞名的大分縣，位於九州島的東北方。佔據大分縣最廣闊地區的佐伯市南側為宮崎縣、東邊則隔著海洋與四國相望。佐伯市東北方的海上有大入島，佐伯‧大入島路線就是仔細地全面探訪並縱貫這座島的路線。

　　從袋鼠廣場的食彩館出發，20至30分鐘後會越過「舟隱」的窄小海灣堤壩，彷彿走在海平面上。接著上坡路開始，爬升到海拔160m後往下走，天空瞭望台出現。根據天氣情況不同，可以隱隱看到廣闊海面上遠方的四國地區。依稀能感受到這是數十年前島上的孩子們上下學的山路。下到平地繼續走後，會再遇到第二次的上坡，30分鐘後會抵達遠見山瞭望台，佐伯市市

區和佐伯灣以360度的全景展開來。

　　就像走在濟州偶來時，會去走牛島及加波島路線一樣，在屬於大島的小島上旅行，別有一番
滋味。為了前往大入島，需要在佐伯港搭乘渡輪。本路線與福岡的的宗像‧大島路線同為九州
偶來路線中，唯二需要搭船進入的路線。

第19天

奧豐後路線

	1.8km		2.2km		1.7km		1.2km
JR朝地站 250m		用作公園 300m		普光寺		明專寺 下分道 260m	

	0.5km	0.7km	1.5km	1km	1.2km	
JR豐後 竹田站 260m	十六 羅漢	岡城停車場 260m	近戶口	岡城下原門	十川溶柱	

距離 11.8km 累積距離 223km 進度 95% 所需總時間 4～5小時

　　無人售票車站孤零零地立著用韓文寫著「歡迎您來朝地」
的牌子，這裡是路線的起點。經過典型的日本農村村落後，
通過江戶時代幕府下賜給此處領主作為庭園別墅的用作公
園。可以靜靜地走在數百棵楓樹或櫻花滿開、幾乎全自然的
庭園中。

　　在普光寺中，懸崖似的岩壁上刻有將近20公尺高的巨大石
佛，很吸引目光。這是九州尺寸最大的磨崖佛。在此路線上
超過7公里處會看到柱狀節理。在導覽手冊中被介紹得相當宏
偉壯觀，但與韓國東海岸慶州的柱狀節理等相比，就顯得非
常樸素。

　這條路線的重點是岡城遺址。過去於江戶時代是座被建造得堅不可破的山城，但現在在城牆縫隙間只長了滿滿苔蘚。城牆上的建築等的痕跡幾乎已經消失，只剩空地。城被建造得相當高，有一邊完全是峭壁。可能會在無心靠近後，因沒有任何警告危險的標示，被萬丈懸崖的城牆給嚇到。遠處由阿蘇山等連成的巨大山脈景色，極為壯闊暢快。下到城下方後，就是竹田町了。過去也被稱為小京都。在導覽手冊上第一間介紹的雞肉料理美食「竹田丸福食堂」中，點了六百日幣的雞肉料理作為晚餐，十分豐足。附近的豐後竹田站即為路線的終點。

健行基本資訊

旅遊時間

九州在與濟州島緯度相同或稍微下方一點的地方。如同濟州偶來在春天及秋天不論何時都適合健行一樣，九州偶來也是一樣的。在三、四、五月以及九、十、十一月任何時間去走都很不錯，這段時期內沒有特別的限制。

交通

前往九州的關口福岡的航班，除了桃園機場之外，高雄機場也有直飛。九州偶來全路線並非連接成一整條，而是各自分散的，因此每條路線的移動計畫很重要。前往路線起點的大眾交通工具規劃完善，可以搭乘新幹線、JR或巴士。

住宿

Guest house等便宜的多人房住宿尚未普遍，是九州偶來的缺點。日式傳統旅館雖然多，但大多都偏昂貴。在一兩天前搜尋一下各路線起點或終點附近的住宿，可以比較一下設施水準及價格等。

用餐

走完一條路線後，會搭乘火車或巴士前往下一條路線的起始點，在當地找好住宿後，通常會在住處或附近餐廳中買當天晚餐及隔天早餐來吃。一般來說，會在背包中準備三明治或水果等點心當作隔天的午餐，行走途中暫時休息時拿出來吃。

預算

九州偶來每年會增加一兩條路線。以二○一九年二月為基準來說，總共有19條路線。每天走一條的話，要走完所有路線最少需要三週左右的時間。因為各路線之間必須搭乘大眾運輸工具移動，因此交通費一天大約抓約台幣1,300元左右。偶來路線區間上有的Guest house全都住，沒有Guest house的地方，就住飯店或日式旅館，每日住宿費平均需花費台幣約1,500元。因此一天花台幣約2,800元，以三週來算的話，大約需要台幣約58,000元。這是不包含來回機票的價格，一般航空公司的直飛來回機票約台幣12,000元左右。九州偶來平均地分布於整個九州，因此除了健行外，每條路線附近的觀光景點都可以去逛逛，因此這部分的延伸費用最好也要另外計算進去。

TREKKING INFO

旅遊小秘訣

與濟州偶來或聖地牙哥朝聖之路
一樣，九州偶來的路線指引標
示做得很完善。即使事前沒有特別預習路線本
身，到當地再以現場提供的地圖，就足以按圖
索驥了。但九州偶來與其他步道不同的是，路
線附近的名勝或各路線間的移動方式，會需要
另外做預習準備。

健行後的觀光景點

各路線分散四處，每日移動上都
要搭乘大眾交通工具，需要把這不方便的點轉化
為優點，變成不是純粹走路，而是連路線移動過
程中的觀光景點都一起遊覽的旅行。九州的七個
縣全數都會經過，因此可以事先安排各個縣及主
要城市的觀光名勝，如筆者舉的例子等，就可以
按照計畫好的動線前往遊玩。

里程表

天數	NO	途經地點	海拔高度 (m)	距離(km)	累積	進度
第1天 宗像 · 大島 路線	1	大島港渡輪站 （大島港フェリーターミナル）	0	-	0	0%
	2	宗像大社中津宮	-	0.3	0.3	3%
	3	御嶽山山頂	200	0.9	1.2	11%
	4	椎茸山登山路	50	0.4	1.6	14%
	5	中津和瀬林道	-	3	4.6	40%
	6	風車展望台遊步道（風車展望所遊步道）	50	0.9	5.5	48%
	7	軍道	90	1.7	7.2	63%
	8	沖之島遙拜所（沖ノ島遥拝所）	0	1	8.2	72%
	9	大島社區中心（大島コミュニティー）	50	1.2	9.4	82%
	10	KANSU 海水浴場（かんす海水浴場）	-	1.2	10.6	93%
	11	大島港渡輪站 （大島港フェリーターミナル）	0	0.8	11.4	100%
第2天 筑豊 · 香春 路線	1	JR 香春駅	20	-	-	0%
	2	香春神社	-	1.2	1.2	10%
	3	元光願寺大楠	40	1.1	2.3	19%
	4	上高野観音寺	-	1.3	3.6	31%
	5	六十尺鉄橋	50	2.1	5.7	48%
	6	甘木橋	-	2.1	7.8	66%
	7	神間歩	70	1.1	8.9	75%
	8	金山跡	130	0.5	9.4	80%
	9	矢山之丘（矢山の丘）	300	0.6	10	85%
	10	JR 採銅所駅	70	1.8	11.8	100%
第3天 久留米 · 高良山 路線	1	JR 久留米大学前駅	10	-	-	0%
	2	夫妻樹 愛的山茶花 （夫婦榊・愛のさざんか）	100	1.5	1.5	17%
	3	孟宗金明竹林	190	0.6	2.1	24%
	4	奥宮（奥之院，奥の院）	260	1.2	3.3	38%
	5	久留米森林映山紅樹公園 （久留米森林つつじ公園）	300	1.9	5.2	60%
	6	高良大社	240	1.2	6.4	74%
	7	妙見神社	150	0.6	7	81%
	8	王子池	-	0.3	7.3	85%

	9	JR 御井駅	10	1.3	8.6	100%
第4天 八女 路線	1	山之井公園（山の井公園）	50	-	0	0%
	2	犬尾城跡	180	1.3	1.3	12%
	3	八女中央大茶園	150	2.1	3.4	31%
	4	一念寺	30	3	6.4	58%
	5	江﨑食品	-	0.9	7.3	66%
	6	丸山塚古墳	50	0.8	8.1	74%
	7	八女復健醫院（八女リハビリ病院）	-	1.1	9.2	84%
	8	岩戸山歴史文化交流館	50	1.8	11	100%
第5天 MIYAMA ・ 清水山 路線 （みやま ・ 清水山）	1	八樂會（八楽会教団）	10	-	-	0%
	2	産女谷水門	30	0.6	0.6	5%
	3	女山史跡森林公園 / 展望台	200	1	1.6	14%
	4	清水寺 本坊庭園	70	3.1	4.7	41%
	5	五百羅漢	100	0.3	5	43%
	6	清水寺三重塔	170	0.6	5.6	49%
	7	九州汽車車道	10	2.8	8.4	73%
	8	九州新幹線	-	2.0	10.4	90%
	9	道の駅みやま（道之站 MIYAMA）	10	1.1	11.5	100%
第6天 嬉野 路線	1	肥前吉田燒窯元會館(肥前吉田焼窯元会館)	50	-	0	0%
	2	西吉田茶園	200	1.8	1.8	14%
	3	西吉田權現和十三佛 （西吉田権現さんと十三仏）	300	1.2	3	24%
	4	坊主原 PILOT 茶園 （坊主原パイロット茶園）	400	1	4	32%
	5	22 世紀亞洲森林（22 世紀アジアの森）	500	1.5	5.5	44%
	6	椎葉山荘	100	3.2	8.7	70%
	7	轟之瀑布（轟の滝）	50	1.5	10.2	82%
	8	Siebold 足湯（シーボルトの足湯）	0	2.3	12.5	100%
第7天 武雄 路線	1	JR 武雄温泉站（武雄温泉駅）	0	-	0	0%
	2	白岩運動公園	-	1.8	1.8	12%
	3	貴明寺	-	1.4	3.2	22%
	4	A、B 路線從此處分開 （A,B コース分かれ道）	-	1.6	4.8	33%

第7天 武雄 路線	5	A 山岳遊歩道	120	2.2	7	48%
	6	武雄市文化會館（武雄市文化会館）	30	2.8	9.8	68%
	7	武雄神社大楠樹	-	0.8	10.6	73%
	8	武雄市政府前（武雄市役所前）	0	1.3	11.9	82%
	9	櫻山公園入口（桜山公園入口）	-	1.4	13.3	92%
	10	武雄溫泉樓門（武雄温泉楼門）	0	1.2	14.5	100%
第8天 唐津 路線	1	道之驛桃山天下市（道の駅桃山天下市）	40	-	0	0%
	2	前田利家陣營地（前田利家陣跡）	-	0.2	0.2	2%
	3	堀秀治陣營地（堀秀治陣跡）	-	1.9	2.1	19%
	4	茶館「海月」（茶苑「海月」）	50	1.6	3.7	33%
	5	肥前名護屋城遺跡天守台	90	0.8	4.5	40%
	6	唐津燒窯元炎向窯	30	1.4	5.9	53%
	7	波戸岬少年自然之家 （波戸岬少年自然の家）	-	1.1	7	63%
	8	波戸岬自然遊歩道		2.5	9.5	85%
	9	烤海螺屋台（サザエのつぼ焼き屋台）	0	1.7	11.2	100%
第9天 平戸 路線	1	平戸港交流廣場	0	-	0	0%
	2	最教寺		1.2	1.2	9%
	3	川内峠資詢中心 （川内峠インフォメーションセンター）	200	3.5	4.7	36%
	4	川内峠野營場（川内峠デイキャンプ場）	190	2.1	6.8	52%
	5	平戸市綜合運動公園	110	2.4	9.2	71%
	6	平戸福爾德紀念教會 （平戸ザビエル記念教会）	-	2	11.2	86%
	7	平戸溫泉足湯溫泉（平戸温泉あし湯）	0	1.8	13	100%
第10天 南島原 路線	1	口之津港	0	-	0	0%
	2	八雲神社	80	0.8	0.8	8%
	3	豊乳河童（西郷子安観音）	-	0.3	1.1	10%
	4	野田堤	-	0.8	1.9	18%
	5	烽火山	90	0.5	2.4	23%
	6	幻之野向一本松（幻の野向きの一本松）	60	1	3.4	32%
	7	田尻海岸	0	1.4	4.8	46%
	8	瀬詰崎燈塔（瀬詰崎灯台）	-	0.8	5.6	53%
	9	赤榕樹群（あこう群落）		0.8	6.4	61%
	10	口之津燈塔（口之津灯台）	30	3.6	10	95%
	11	口之津歴史民俗資料館	0	0.5	10.5	100%
	1	千崎巴士站（千崎バス停）	20	-	0	0%
	2	藏藏漁港（蔵々漁港）	-	2.5	2.5	20%

第11天 天草 · 維和島 路線	3	維和櫻・花園（維和桜・花公園）	120	3.0	5.5	45%
	4	高山	160	0.9	6.4	52%
	5	外浦自然海岸	20	2.7	9.1	74%
	6	下山地區	-	1.6	10.7	87%
	7	千束天滿宮（千束天満宮）	20	1.6	12.3	100%
第12天 天草 · 松島 路線	1	知十觀音	0	-	0	0%
	2	知十海岸	-	1.7	1.7	15%
	3	山道入口	10	2.6	4.3	39%
	4	千元森嶽	233	1.2	5.5	50%
	5	熊本縣立天草青年之家	-	0.6	6.1	55%
	6	千嚴山山頂	150	1.2	7.3	66%
	7	巨石	-	0.5	7.8	70%
	8	松島觀光飯店岬亭（松島観光ホテル岬亭）	20	1.5	9.3	84%
	9	龍足湯（龍の足湯）	10	1.8	11.1	100%
第13天 天草 · 苓北 路線	1	富岡港	0	0	0	0%
	2	富岡城	60	1	1	9%
	3	權現山遊步道	30	1.6	2.6	24%
	4	富岡海水浴場	-	1.9	4.5	41%
	5	岡野屋旅館	0	0.8	5.3	48%
	6	富岡神社	-	0.7	6	55%
	7	黒瀬製菓	-	0.4	6.4	58%
	8	吉利支丹供養碑	-	0.4	6.8	62%
	9	白木尾海岸	0	0.4	7.2	65%
	10	志岐城跡	50	3.3	10.5	95%
	11	溫泉中心（温泉センター）	30	0.5	11	100%
第14天 出水 路線	1	嚴島神社（厳島神社）	150	-	0	0%
	2	米之津川流域的水田地帶 （米ノ津川流域の水田地帯）	110	3.5	3.5	25%
	3	高川水庫湖（高川ダム湖）	120	2.5	6	43%
	4	山岳遊步道	60	2.4	8.4	61%
	5	米之津川清流（米ノ津川清流）	-	0.8	9.2	67%
	6	五万石溝跡	40	2.4	11.6	84%
	7	出水麓武家屋敷群	40	2.2	13.8	100%
第15天 指宿 · 開聞 路線	1	JR 西大山站	50	-	0	0%
	2	松林	20	3.2	3.2	25%
	3	Leisure Center Kaimon （レジャーセンターかいもん）	-	1.9	5.1	40%
	4	川尻海岸	0	0.5	5.6	43%

	5	川尻漁港	-	0.5	6.1	47%
	6	開聞山麓香料園	30	1.3	7.4	57%
	7	JR 東開聞站	-	2.1	9.5	74%
	8	鏡池	40	1.5	11	85%
	9	枚聞神社	50	1.6	12.6	98%
	10	JR 開聞站	40	0.3	12.9	100%
第16天 霧島 ・ 妙見 路線	1	妙見溫泉街	60	-	0	0%
	2	和氣湯	-	1	1	9%
	3	犬飼瀑布（犬飼滝）	120	1	2	18%
	4	山路、河岸路	-	3	5	45%
	5	和氣神社	150	2	7	64%
	6	塩浸溫泉龍馬公園	150	4	11	100%
第17天 高千穂 路線	1	高千穂觀光諮詢處（まちなか案内所）	330	-	0	0%
	2	高千穂神社	-	0.9	0.9	7%
	3	高千穂峽・神橋	220	0.6	1.5	12%
	4	高千穂峽・真名井瀑布 （高千穂峽・真名井滝	-	0.5	2	16%
	5	高千穂太郎之墓（高千穂太郎の墓）	-	1.3	3.3	27%
	6	仲山城跡露營場（仲山城跡キャンプ場）	380	0.2	3.5	28%
	7	向山神社参道入口	500	2.6	6.1	50%
	8	丸小野地區茶園（丸小野地区の茶園）	350	0.9	7	57%
	9	舊・向山北小學校（旧・向山北小学校）	-	1.8	8.8	72%
	10	音之谷吊橋（音の谷吊り橋）	190	1.8	10.6	86%
	11	Gamadase 市場（がまだせ市場）	330	1.7	12.3	100%
第18天 佐伯 ・ 大入島 路線	1	食彩館	0	-	0	0%
	2	舟隠	-	1.5	1.5	14%
	3	賀茂社	-	2	3.5	33%
	4	天空瞭望台（空の展望所）	60	2	5.5	52%
	5	白浜海岸	0	1	6.5	62%
	6	袋鼠廣場（カンガルー広場）	-	0.5	7	67%
	7	A、B 路線分岔點（A／Bルート分岐）	40	1	8	76%
	8	A 路線：遠見山瞭望台 （Aルート：遠見山展望所）	200	1	9	86%
	9	石間港	0	1.5	10.5	100%

第19天 奧豐後 路線	1	JR 朝地站	250	-	0	0%
	2	用作公園	300	1.8	1.8	15%
	3	普光寺	-	2.2	4	34%
	4	明專寺下分道	260	1.7	5.7	48%
	5	十川溶柱（十川の柱状節理）	-	1.2	6.9	58%
	6	岡城下原門	-	1.2	8.1	69%
	7	近戶口	-	1	9.1	77%
	8	岡城停車場	260	1.5	10.6	90%
	9	十六羅漢	-	0.7	11.3	96%
	10	JR 豐後竹田站	260	0.5	11.8	100%

※1.大分縣別府、九重 Yamanami路線路線已封閉，因此本章節中也刪除此路線。

※2.根據二○二○年四月的最新消息，下列事項已更改，惟此部分未來得及反映於本書內容中：

▶全路線除了作者介紹的19條，近期新增了福岡・新宮（11.9km）、宮崎・小丸川（14.3km）、島原（10.5km）3 條路線，總共為22條。

▶路線小幅修改：佐賀縣武雄路線（14.5→12.0km）因受自然環境、天氣條件等因素影響，各路線不時會有臨時性 的關閉（不開放通行），出發前建議先至官網查詢最新消息：www.welcomekyushu.jp/kyushuolle/

※3.里程表中海拔高度標示「－」處，為未能確認確切海拔高度者。但幾乎全都是接近平地、對健行上不會造成太大困 難處。

05

英國橫越
東西岸CTC
Coast to Coast Walk

在英國中部的英格蘭北部地區，有一
條從西海岸走到東海岸的橫斷徒步旅
行路線。在美國《史密森尼雜誌》的
「Great Walks of the World」報導
中，這條路線名列第三。行走英國，與
在倫敦等大城市觀光差非常多。需橫越
湖水及溪谷，越過低山，經過清心芳香
的草原及稜線後，會看到十九世紀文物
般的鄉村房屋。浪漫派詩人威廉・華茲
渥斯深愛的土地位於湖區，並走在艾蜜
莉・勃朗特的《咆哮山莊》背景所在的
荒野大地上。

（蘇格蘭）

北愛爾蘭　聖比斯　羅賓漢灣

愛爾蘭

都柏林

利默里克　英國（英格蘭）

越過咆哮山莊直到北海，
英國橫斷CTC

英國地形與韓國半島稍微有點像，蘇格蘭讓人聯想到38度休戰線另一邊的北韓，英格蘭則是南方的大韓民國。CTC（Coast to Coast Walk）是在島國英國的中部地區，由西邊往東邊橫越的徒步旅行路線，由旅行作家阿爾弗雷德‧溫賴特（Alfred Wainwright）在半世紀前開拓後聞名於世。

從英國的西海愛爾蘭海的聖比斯（Saint Bees）出發，往東走15天左右，抵達廣闊的北海前羅賓漢灣，結束路途。數百年前起便延續下來的各條路線，在一位旅行作家的熱情下，得以連結為一，以CTC之名重新誕生。此後數十年間，這條路線因許多人們的足跡而變得更加堅實，也成為更好的路線。對歐洲人來說，這條路線是代表英國的長距離健行路線，受到許多人的喜愛。然而在亞洲至今卻仍不太有知名度。

CTC最大的魅力，是會連續通過三個英國政府指定為自然保護區的國家公園。分別是英格蘭西部的「湖區」（Lake District）、中部的「約克郡谷地」（Yorkshire Dales），以及東部的「北約克沼澤」（North York Moors），三個國家公園包圍了島國的腰部，像腰帶一樣連結在一起。三個地區都有各自的自然環境及歷史文化，是蘊含了獨特之美的知名景點。

英國全國共有十四個國家公園，其中三個接連在CTC路線上，而這三個國家公園的面積加起來，是韓國的雪嶽山國家公園、智異山國家公園、

漢拏山國家公園全部加起來的面積的超過六倍。可以推測CTC到底會經過多麼廣闊的地區。

　　CTC路線蜿蜒的前三分之一是「湖區」，是廣大的湖水地區，也被評為是將十九世紀英國面貌保存得最好的地方。這裡也是英國的浪漫派詩人威廉‧華茲渥斯的故鄉所在，他大力稱讚其為「人類發現的最迷人之地」（The loveliest spot that man hath ever found）。詩人的故鄉位於湖區中間的小鎮格拉斯米爾（Grasmere），鎮上有詩人的墓、故居及博物館，前來參觀的人絡繹不絕。

　　旅行指南《孤獨星球》中將湖區介紹為「步行的心臟及靈魂」（The heart and soul of walking）。作家艾倫‧狄波頓（Alain de Botton）在他的書《旅行的藝術》當中，用非常多的篇幅描寫於湖區旅行的感想。光是看到他描寫的蘭代爾山谷（Langdale Valley）部分，都讓人覺得樸實親切。

　　「來到湖區後，我們初次進入深深的山谷。這是個自然比人類更顯而易見的地方。小路兩邊長著橡樹，每棵樹與其他樹木間，從影子起便離得遠遠地生長。樹下的原野可能是特別刺激羊兒食慾的地方，被羊群啃咬後，形成了完美的草皮。」

　　約克郡谷地擁有得天獨厚的自然景觀，由眾多溪谷及高高低低的丘陵所組成，被稱為「神所降臨之地」，每年有超過八百萬名的觀光客湧入此處。北約克沼澤也不遑多讓，在有美麗的野生石楠花（Heather）自然生長的英國荒野中，這是最大的地區。包含這兩個國立公園在內的約克郡地區，往英格蘭北部的中間及東方寬廣地延伸出去。

　　這一帶寬廣的草原地區以高沼地（Moorland）而特別知名。以三十歲的年輕年紀便逝世的作家艾蜜莉‧勃朗特，以及她的姊姊夏綠蒂‧勃朗特生活的家園也是在約克郡，描繪兩姐妹悲傷故事的背景，也是這裡──約克郡的荒原沼地。這裡是讓名作《咆哮山莊》及《簡‧愛》誕生的土地。

指稱英格蘭北部荒地的「Moor」一詞，含有某種讓所有人都成為詩人的詩意成份在。迎著高沼地的強風，走在紫色石楠花田間時，您可能會遇上小說《咆哮山莊》中，一起騎著馬奔馳的男女主角悲傷幻影也說不定。

CTC還有另一個特徵，它被稱為西班牙聖地牙哥朝聖之路減少一半的縮小版。以教堂及十字架為代表的朝聖之路上的宗教氛圍，在CTC路線上則由西歐歷史及文化的人文氣息取代。只看得見地平線及金黃麥田的西班牙梅塞塔高原，則由覆蓋了美麗石楠花的英國荒地高原來替代。

朝聖之路的住宿是由修道院等改建，擁有悠久傳統的庇護所，但在CTC上，guest house或民宿形態的Bed&Breakfast十分普遍。在西班牙是從東側開始往西走，所以每天下午會正面被灼熱的陽光照射，這也是苦行修鍊的一種。在英國是從西側海岸出發，因此會向著東邊的海岸行走。雖然會正對早上的太陽，但是每天下午是背對著陽光行走的，因此更加舒適愜意。

英國橫越東西岸CTC地圖

朝聖之路中蘊含了千年的歷史，但CTC路線的歷史只有不過數十年。走這條路線的人數，與聖地牙哥朝聖之路無法相比地少，行走時的孤獨感也會更大。相反地，獨自思考的時間會變得更長，省察得更深。

一般來說，通常英國旅行會以大城市的觀光景點為主，如果是倫敦的話，那就會去看大笨鐘、白金漢宮、柯芬園或是或是西敏寺，往北去到蘇格蘭的話，必去愛丁堡城堡。但是橫斷CTC的徒步旅行，是與這些觀光景點完全不同層次的旅程。會遇上英格蘭東西兩側的海岸，會一一走過內陸的山、湖水、溪谷以及城市原野、鄉村等。特別是透過住在B&B，能夠最直接地一窺英格蘭鄉村人們的生活。

在行走英國之前，讓我們來濃縮端詳一下英國歷史吧。「大英帝國的歷史開始於西元前五十五年八月二十六日」英國首相溫斯頓・邱吉爾這麼說。西元前的這一天，正是凱撒大帝的羅馬軍首次登上英國的土地的日

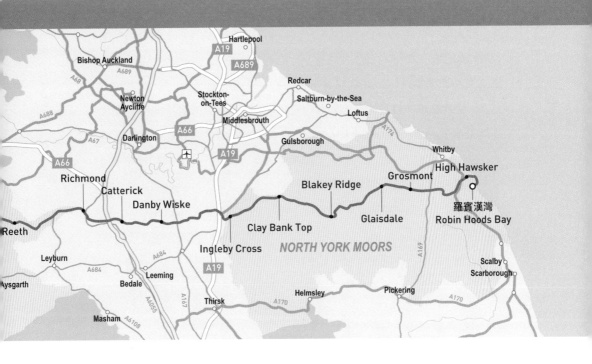

子。當時這座島被稱為「不列顛尼亞」（Britannia），意思是不列顛族居住的土地（從大陸跨海而來的凱爾特人（Celts）一夥就是指他們）。不列顛這個名詞到現在依舊留存，用來指稱英國，但真正的不列顛族或凱爾特族作為島的主人的時期，只有西元前的幾世紀而已。

拉丁民族的羅馬以凱薩為首攻入後，這塊土地被支配了三百五十年。之後日耳曼人的盎格魯-撒克遜族從大陸過來，開始支配這座島。島的南方要塞之地全都被他們佔為己有，賦予英格蘭之名，身為原住民的凱爾特族漸漸被排擠到遙遠的邊疆地區。

現在的英國是由四個地區所組成的聯合王國：構成大不列顛尼島的蘇格蘭、英格蘭、威爾斯，加上附近島嶼部分的北愛爾蘭。其中在當時的三個偏僻地區中，北方的蘇格蘭及南方的威爾斯，以及附近島嶼的愛爾蘭，就是凱爾特族被排擠後的定居之地。

歷史以英格蘭為中心不斷流動，從今日算起的三百年前，隨著英格蘭及蘇格蘭合併，整個島這才合而為一。島的名稱也從原本的不列顛尼亞升格為「大不列顛」（Great Britain）。

　　一百年後再與旁邊的島國愛爾蘭合併，兩個島統一成為「大不列顛及愛爾蘭聯合王國」（United Kingdom of Great Britain and Ireland）。再過了一百多年後的一九二二年，愛爾蘭島的南方獨立出來，只有北愛爾蘭留在英國領土中。當時制定、至今依舊使用的正式國名，與英國複雜的歷史一樣長：「大不列顛暨北愛爾蘭聯合王國」（United Kingdom of Great Britain and Northern Ireland），簡稱UK或聯合王國。如前所述，今日人們稱之為「英國」的國家型態，其歷史還不到一百年。

　　但邱吉爾卻說過從羅馬的凱薩大帝登島的那天起，英國的歷史就開始

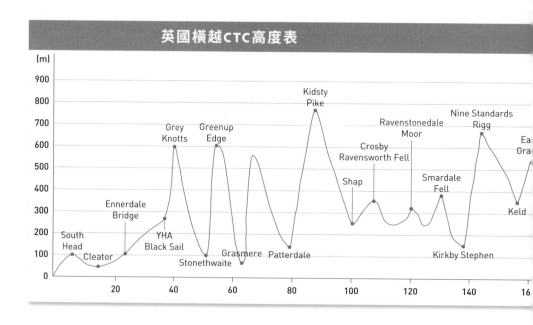

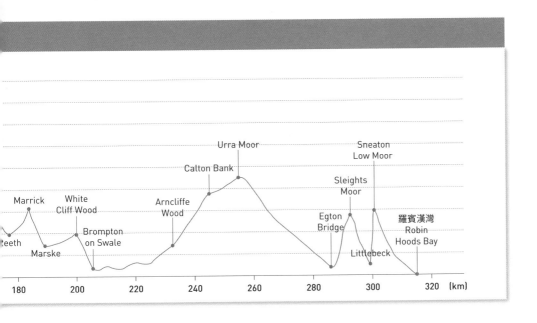

Marrick

White
Cliff Wood

Brompton
on Swale

Arncliffe
Wood

Urra Moor

Calton Bank

Egton
Bridge

Sleights
Moor

Sneaton
Low Moor

羅賓漢灣
Robin
Hoods Bay

Littlebeck

eeth

Marske

180   200   220   240   260   280   300   320   (km)

了。從歷史上來看，英國是凱爾特人、拉丁人、日耳曼人的後代子孫改朝換代、爭鬥並共存下來的國家。除了斯拉夫族圈以外的歐洲地區，大部分都被這三個民族所佔據。從邱吉爾的話中，隱隱能看出英國即代表歐洲的自負心。

源於古希臘羅馬的西歐文明能蓬勃發展至今日，英國扮演了重要的角色。網羅了我們不知不覺間習慣的西歐文化各種面貌的英國，也是欲支配全歐洲的拿破崙及希特勒始終無法征服的土地。以雙腳一步一步走過這座

島中間的腰部地區，橫越東西海岸的CTC路線，等於體驗了歐洲的內涵，
是英國旅行的精髓所在。

聖比斯 Saint Bees ／ St Bees

　　聖比斯位於英格蘭北部海岸，是位於坎布里亞郡（Cumbria County）、面對愛爾蘭海的小小漁村。身為徒步旅行者暨旅行作家的阿爾弗雷德‧溫賴特（1907~1991）開發了從愛爾蘭海走到北海、橫越英格蘭的徒步旅行路線CTC，將這個城鎮的海岸作為出發點。離開聖比斯鐵道，來到愛爾蘭海邊的懸崖前，會看到寫著「CTC出發點」的標示牌及路線說明。

　　這條路在旅行作家於一九七三年出版的書籍中公諸世人，路線指示牌的牆上大大地印著他晚年的照片。繪有地圖及資料的這面牆，被稱為「溫賴特之牆」（Wainwright Wall），四周有露營區及公園，風景很棒，只是路過就太可惜了。出發前一天下午遊覽整個聖比斯時，可以先來這裡看看。在倫敦的尤斯頓車站（Euston）搭乘往蘇格蘭格拉斯哥方向的火車北上，於中途的卡萊爾（Carlisle）站下車，等一個小時後換乘地方列車，就會抵達終點的聖比斯。

| | 0.9km | 2.9km | | 5km | | 2.4km | 2.1km | 1.8km | | 3.4km | | 1.8km | 2.1km | 1.9km |

| St Bees 0m | South Head 100m | Fleswick Bay 20m | Sandwith 70m | Railway 10m | Moor Row 70m | Cleator 50m | Dent Fell 353m | Nannycatch Gate 140m | Stone circle 220m | Ennerdale Bridge 105m |

距離 **23.3km** 累積距離 **23km** 進度 **7%** 所需總時間 **8小時**

　　CTC起始的海岸線是陡峭的懸崖。到經過聖比斯南壁（South Head）及北壁（North Head）為止，只要沿著海邊峭壁路走就可以了。到峭壁稜線路結束的內陸入口為止，會呈現戲劇性的景色：左側是刀削般的懸崖，下面有愛爾蘭海的巨浪湧來，右邊則是羊群們在啃草的青翠草原。總是不斷地被背後越來越遠的聖比斯鎮吸引目光。在抵達南壁的盡頭後，路會稍微往下坡，再次變成上坡時，就到了北壁高地，這是英格蘭西邊土地的盡頭。雖然只是相似的海岸峭壁，但想到這是與海另一邊的愛爾蘭最近的位置，從這層意義來看又會有新的感受出現。

　　懸崖附近黏了數百隻的海鳥，像是在歡迎行經的健行者般，一瞬間唰～地全部飛起，唧唧喳喳地叫著。傾斜的草原上有數十隻的羊兒，以沈穩的姿態吃著草。走過白色的燈塔後，便與愛爾蘭海道別。離開海岸線進入冷清的鄉間小路，到達雅緻的小鎮。鄉村小鎮桑威治（Sandwith）有成排小巧可愛的房子，但卻看不到村民。道路及房屋之間成片的綠色草地清新有活力。離開桑威治鎮後，爬上今天的重點登特丘（Dent Fell），雖然不是困難的路段，但既是第一天、又是獨自行走的話，很容易會走錯路。

　　從第一個城鎮桑威治前往下一個城鎮克里特（Cleator）時要穿越農地和林地，因此路線並不明確。如果沒有GPS的話，先在路上暫停一下，等到有人一起同行較佳。過了布萊克豪林（Black How Wood），到登特山丘頂為止的路較陡峭。在353公尺的丘頂上，多少會有些搞不清楚下山的路，因此一定要準確定位好東北方。在下山到一半左右時，會遇上很短但很陡峭的區間，是要小心膝蓋受傷及滑倒的地點。

恩納代爾橋 Ennerdale Bridge ⋯⋯▶ 博羅代爾 Borrowdale

8.1km	5.6km	2.7km	2.1km	3.2km	2.4km
Ennerdale Bridge 105m	YHA Ennerdale 120m	YHA Black Sail 280m	Grey Knotts 595m	YHA Honister Hause 360m	Seatoller 130m	Borrowdale 80m

距離 24.2km 累積距離 47km 進度 15% 所需總時間 8.5小時

　　從恩納代爾橋走30分鐘冷清的柏油路後，會抵達恩納代爾湖（Ennerdale Water），沿著湖水是可供一人通行的羊腸小道。走完直線距離4公里的湖水南側道路後，不久後會出現露營區，路會在這裡分為兩條。進入左側的越過Red Pike的高階路線。筆者則選擇原路線（右側），是舒服好走的直線路線，這是為了減少初期的體力消耗。

　　走上一陣子人煙稀少的平地後，型態巍峨的格雷諾茨山（Grey Knotts）聳立在前方。在爬上山之前，在山下的獨棟建築黑帆青年旅館（YHA Black Sail）中稍微休息一下喘口氣。格雷諾茨山從入口開始為陡峭的上坡山路。在經過兩小時大汗淋灕後抵達山頂，廣闊的景色氣勢壓倒所有感官──大大小小的群山如同科幻電影中的場面一樣延伸出去，山與山之間填入了神秘的湖水群。稜線與稜線、谷地與溪谷間有好幾條路，像青蛇一樣蜿蜒出去。四周豁然開朗的高原連綿了好一陣子，涼爽的風冷卻了汗水，英國的湖區景色既美麗又有異國風情。

　　山頂是廣闊的平原，路線不明確。在幾番錯誤徘徊迷失後，下山的路突然出現。陡峭山腰上的建築物及車輛進入了視野，是採石場暨觀光景點的霍尼斯特礦山。四億年前大規模火山爆發時產生的地質變化至今仍持續著，讓其實只是個採礦場的此處聚集了觀光客。

博羅代爾 Borrowdale ⋯⋯▶ 格拉斯米爾 Grasmere

1.6km	1.9km	3.2km	1.3km	1.3km	3km	1.3km	1.6km
Borrowdale 80m	Rosthwaite 90m	Stonethwaite 100m	Greenup Edge 605m	Two Streams 490m	Calf Crag 538m	Helm Crag 380m	Easedale 90m	Grasmere 70m

距離 15.3km 累積距離 63km 進度 20% 所需總時間 5小時

　　離開史東斯威特（Stonethwaite）後，沿著出現在右手邊的史東斯威特小溪（Stonethwaite Beck）行走。經過露營場後，河水會暫時分成兩條，沿著繼續延伸下去的小小溪谷Green up Gill走，爬上最高點Green up Edge Pass後，得再往下走到格拉斯米爾（Grasmere）。但筆者「走錯」進入往右邊岔的朗斯特拉斯小溪（Langstrath Beck）了，這裡是會連接上另一條長距離健行步道坎布里亞路線（Cumbria Way）的路徑，因此事先如果不注意的話，用肉眼來看很容易搞錯。

　　爬到路的最高點Stake Pass後，會從Great Langdale下山，走到格拉斯米爾為止，會是比本來的路線要多花兩三小時的繞道遠路。為了順利進入本來的路線，要注意的地點是經過露營

區後，史東斯威特小溪尾端河水分成兩道處。不要走更顯眼且為平地的右側溪流朗斯特拉斯小溪，而是要沿著直線方向，往上坡路的方向繼續走才行。這是爬到最高點海拔620公尺的Greenup Edge的正確CTC路線。

從山頂往Calf Crag（537m）峰的方向下山，經過Helm Crag往格拉斯米爾下山。如果走錯成另一條往坎布里亞線路的路徑時，會多花兩三個小時繞路才到格拉斯米爾。

另外，下山時走到Great Langdale之前的蘭代爾山谷，也帶來另一種感動。作家艾倫‧狄波頓在他的著作《旅行的藝術》中，曾詳細地描寫他走過這裡的感想。

第4天 ▶ **格拉斯米爾 Grasmere ‧‧‧‧‧‧▶ 佩特代爾 Patterdale**

| | 5.2km | | 1.8km | 1.4km | 1.3km | | 6.4km | |

Grasmere
70m

Grisedale
Tarn
590m

Dollywaggon
Pike
840m

Nethermost
Pike
890m

Hevenllyn
950m

Patterdale
140m

距離 **16.1km** 累積距離 **79km** 進度 **25%** 所需總時間 **6小時**

詩人威廉‧華茲渥斯的故鄉格拉斯米爾，是個被山與湖水包圍、充滿浪漫之處。城鎮中心有以華茲渥斯的詩標題取名的水仙花園。有茂密樹林和舒適的散步路徑，有五顏六色的野生花朵和憨厚老樹綿密成排的休息處。在庭園一角有詩人威廉‧華茲渥斯的墓碑。從墓碑前人們的模樣來看，可以一窺英國人們對這位詩人的情感。附近有詩人的故居Dove Cottage，是詩人與親妹妹及妻子一起住了很久的地方，是個展現出詩人及其家人們享受過小小日常的空間。故居旁邊也有華茲渥斯博物館。

格拉斯米爾湖及附近的散步路徑也很棒。Sarah Nelson的薑餅麵包店（The Grasmere Gingerbread Shop）也是很多觀光客去的名勝。到下一個地點佩特代爾（Patterdale）為止，除了走正規路線的克里斯戴爾溪谷（Grisedale Valley）路線以外，還有另一條多越過一座山的高階路線。但筆者跳過了這條路線。事前如果已經預約好所有住宿的話，就會有這種問題。如果在某個區間出了差錯，拖到很多時間的話，就只能跳過下一個區間，以車輛來移動了。

格拉斯米爾北方有一條主幹道，連接格拉斯米爾與安布賽德鎮，越過這條主幹道後，就進入山路了。翻越山頂葛里斯戴爾湖（Grisedale Tarn）後，本來應該要沿著克里斯戴爾溪谷，往佩特代爾預約好的住宿前進，但因為天漸黑了，所以叫了計程車。原因是因為在格拉斯米爾花了半天下午尋找詩人的蹤跡。從羅斯偉特（Rosthwaite）到佩特代爾的路線別只排一天，安排在格拉斯米爾住一晚的兩日行程較佳。

第**5**天　　　　佩特代爾 Patterdale ……▶ 沙普 Shap

	3.5km		2.1km	2.4km	2.9km		6.6km		5.8km		2.4km	

Patterdale
140m

Angle
Tarn
480m

The
Knott
550m

Kidsty
Pike
784m

Hawes
Water
250m

Burnbanks
220m

Shap
Abbey
230m

Shap
250m

距離 **25.8km** 累積距離 **105km** 進度 **33%** 所需總時間 **9小時**

離開佩特代爾，越過Goldrill橋後，陡峭的上坡路就開始了。這是湖區最後要爬的山。海拔567公尺的安格坦峰（Angletarn Pikes）是將過去幾天走來的路一眼看盡的最後機會。可以一眼望見山下昨晚投宿的佩特代爾鎮。接著馬上會遇上的安格爾湖（Angle Tarn），是座落在山中的寬廣湖水。越過地納特（The Knott），到抵達奇德斯地山（Kidsty Pike）為止是連續的平緩稜線路。因為非常寬廣，所以如果方向抓不對的話，很容易在稜線上脫離路徑。從山頂稍微往下走一點後，山下寬廣的湖水就展現出其雄壯的模樣。在湖區的二十座湖當中，這是第六大的霍斯沃特湖（Hawes Water）。從陡峭的下山路徑下來後，會抵達既是湖也是水庫的霍斯沃特湖南端。沿著湖畔走6公里，會抵達伯恩班克鎮（Burnbanks）。沿著田及林間小路走，越過小小的河畔小橋，經過沙普修道院（Shap Abbey）後，就離開湖區國家公園了。至今為止滿滿湖水及群山的景色，從這裡慢慢開始改變。我們進入英國內陸深處了。

3.2km	3.2km	5.6km

Shap
250m

Oddendale
330m

Crosby Ravensworth Fell
340m

Orton
240m

距離 **12.1km** 累積距離 **117km** 進度 **37%** 所需總時間 **3.5小時**

　　走上天橋，同時越過鐵路及高速公路，離開沙普鎮。瞬違一周見到了高速奔馳的交通工具。往返倫敦及蘇格蘭的火車及車輛，一眨眼間就從天橋底下通過了。不知為何依稀覺得，這是個充滿前往某個陌生地方時的期待，以及回到懷念地方時悸動的地點。之後的路，與前一天為止於湖區的氛圍完全不同，寬廣的荒野於此拓展而開。之前每天都會越過一兩個山頭、經過湖水，現在則是完全不同的地形，四周只有地平線的荒野沼地開始，前些時間在行走途中偶爾會看到的野生石楠花，現在則是開滿整片原野的壯觀花海。風強到難以移動腳步，但將眼睛瞇細、低下頭的話，就變得無比爽快。迎著充滿能量鼓動肺與心臟的沼地強風行走。奧頓鎮（Orton）位於兩個高沼地區之間，是個與「位於坎布里亞心臟地區的美麗鄉鎮」的宣傳文句正合適的城鎮。雖然稍微脫離了CTC路線，但很值得一訪。早上從沙普出發的話，在不晚的白天的時間就能抵奧頓鎮。下午時間若還有餘裕，先掌握一下隔天早上健行路線的會合點較佳。

1.6km	3.7km	2.4km	7.1km	2.4km	1.6km	2.9km

| Orton
240m | Orton Scar
280m | Sunbiggin
Tarn
280m | Ravenstonedale
Moor
330m | Smardale
Bridge
210m | Smardale
Fell
350m | 鐵路
240m | Kirkby
Stephen
150m |

距離 **21.7km** 累積距離 **138km** 進度 **44%** 所需總時間 **7小時**

　　從奧頓鎮起長長的石牆綿延不絕，石牆內又有另一道石牆做出區隔，牧草地一望無際地延伸出去。遠處草原上吃著草的羊群們，就像散落在綠色畫布上的白色水彩般難以計數。路在石牆與石牆之間橫越翠綠的草原中央。在快進入柯比史蒂芬（Kirkby Stephen）之前，完全沒有柏油路，一路上都是原野路徑。長久歲月中有許多人踩過，腳印累積並重疊，在牧草地上開拓出一條細細長長的路。

　　在路跡變模糊的地方，如果沒有掌握好方向的話，很容易會脫離路線。幸好到處都立著里程牌，成了確切的指引。在厚重的木頭柱子上寫著「Coast To Coast」的木製標示牌始終如一地接受風吹日曬，顏色變得黝黑。從長了滿滿綠色苔蘚的樣子來看，可以感受到數十年歲月的痕跡。從善比金湖（Sunbiggin Tarn）到經過雷文斯通代爾沼地（Ravenstonedale Moor）的區間，是很容易迷失方向走錯路的路段。在沒有GPS、前後也看不到任何健行者的情況下，停下來等其他健行者一起同行是最佳上策。因為在廣闊荒原上路的痕跡既模糊，里程牌也不多。越過史瑪戴爾橋（Smardale Bridge）後，會出現丘陵上坡。坎布里亞地區的最後一個荒野史瑪戴爾丘（Smardale Fell），也是與英格蘭內陸另一個世界初次相遇的地點。站在海拔350公尺的低山上往下俯瞰，會看到從明天起要走的第二個國家公園——約克郡谷地（Yorkshire Dales）一望無際的景色。靜靜坐落在前方的柯比史蒂芬鎮，是從CTC路線開走以來遇到的第一個城市。與里奇蒙（Richmond）同為CTC路線在內陸經過的城市中規模最大的。看起來厚重堅固的中世紀建築物，訴說著這個城市過去曾經有過相當繁榮的歲月。

0.8	0.8	6.4km	1.6km	6.8km	4.5km

| Kirkby
Stephen
150m | Frank's
Bridge
140m | Hartley
採石場
250m | Nine Standards
Rigg
662m | 岔路
640m | Ravenseat
Farm
410m | Keld
350m |

距離 **20.9km** 累積距離 **159km** 進度 **51%** 所需總時間 **8小時**

　　市場街A685是柯比史蒂芬的主要幹道，沿著這條市場街走，進入右側巷子，越過伊登河（Eden River）後就是哈特里（Hartley）地了。哈特里山（Hartley Fell）擋住了前方去路。爬上山的路雖然坡度陡峭，但在找路上倒是沒有什麼問題。哈特里採石場附近為柏油路，過了這

裡之後就是崎嶇的山路了。先是一小段平緩的上坡，過了片刻，變得陡峭的上坡路會持續兩個小時以上。每當癱坐下來回頭看時，山下鋪展開的風景，也每每有些微的變化。逐漸遠離的柯比史蒂芬城鎮依舊像是鮮豔的靜物畫，但前一天走過的史瑪戴爾山丘，成了遠方朦朦朧朧的抽象畫。

海拔667公尺的哈里特山位於英格蘭的脊梁本寧山脈（The Pennines）的中心位置。這裡是個分水嶺，往西流的河水會進入遙遠的愛爾蘭海，相反方向的河流則往東奔流而去，與北海匯合。是與韓國的白頭大幹山脈*是同樣概念的山脈。在哈里特山的山頂上，有被稱為Nine Standards的九個石塔排排站著，石塔的高度是人身高的兩三倍高。這是過去英格蘭人們的偽裝用的設施，為了要讓山下的蘇格蘭人覺得這裡看起來像有軍隊駐屯一樣。

現在的Nine Standards有兩個功能：象徵走完CTC總距離315公里一半的分水嶺，以及為區分英格蘭北部兩個郡的界線。經過這裡後，就離開英格蘭的坎布里亞郡，踏入約克郡了。山頂的平原就像在其他山頂上一樣，路的輪廓並不明顯，得用指南針或GPS好好掌握下山方向才行。到抵達山下的城鎮雷文錫特（Ravenseat）為止，為了防止侵蝕等自然毀損，會依據季節分成三條路徑走。八～十一月為藍線，五～七月為紅線，以及剩下的十二～四月要走綠線。下山抵達雷文錫特鎮後，到下一個城鎮凱爾德（Keld）為止，都是連續好走的平地。

* 朝鮮人在朝鮮日據時期前對朝鮮半島的地理概念，指的是朝鮮半島的山脈由白頭山到智異山是半島的脊樑。（維基百科）

第9天　　　　**凱爾德 Keld ……▶ 里斯 Reeth**

| 3.5km | | 2.9km | | 1.9km | | 3.2km | | 3.5km | | 2.6km |

| Keld
350m | East
Grain
560m | Melbecks
Moor
540m | Level House
Bridge
450m | Surrender
Bridge
360m | Healaugh
250m | Reeth
200m |

距離 **17.7km** 累積距離 **177km** 進度 **56%** 所需總時間 **7小時**

從Nine Standards下來後，CTC的第二個國家公園約克郡谷地（Yorkshire Dales）開始。「Dale」的意思是溪谷，指的是「丘陵地帶的廣闊山谷」。就像意指荒原沼地「Moor」及意為低山的「Fell」一樣，這些都是主要通用於英格蘭北部的單字。「湖區」正如其名，是湖水多的國家公園，而在橫越英國的第八天進入的約克郡谷地，則是有二十幾個溪谷及荒原沼地共存的國家公園。

從凱爾德走到里斯（Reeth）有兩條路線：經過梅貝克斯高沼地（Melbecks Moor）的高線，以及沿著斯韋爾河（River Swale）走的低線。梅貝克斯高沼地是在高地地帶上一望無際的荒野。貧瘠的大地持續不斷，但不知不覺間周遭開始變化成綠色草原。不久後原野被紫色的野生花海覆蓋了。以不慢的腳步、像變色龍一樣改變顏色的變身沼地，給人夢幻的感覺。

艾蜜莉‧勃朗特姊妹的生活根據地就是約克郡，小說《咆哮山莊》的背景就是約克郡沼地一帶。高線路線會上上下下山與溪谷多次，越過崎嶇的荒原不毛之地，走過石楠花滿開的原野等，是變化多且充滿活力的路段。斯威戴爾谷（Swaledale）自古羅馬時代起便以採鉛礦而聞名，留有許多近現代盛況時期的痕跡。沿著岡納賽德沼地（Gunnerside Moor）及思維納峽谷（Swinner Gill）走，煉鉛工廠的建築物就像廢墟一樣，留在廢礦村四處。雖然看起來陰森森的，但會讓人產生走在某個電影荒涼場景裡的錯覺。

第10天	里斯 Reeth ⋯⋯▶ 里奇蒙 Richmond

	5km		3.7km	1km	3.2km		4km	
Reeth 200m		Marrick 320m		Marske 170m	● Paddy's Bridge 180m	● White Cliff Wood 200m		Richmond 110m

距離 **16.9km** 累積距離 **194km** 進度 **62%** 所需總時間 **5小時**

里斯是個典雅的小鄉鎮，道路周遭古色古香的建築及綠色草皮波浪讓人印象深刻。人們坐在露天咖啡廳，桌上擺放著啤酒或咖啡杯，讓人意識到這個城鎮平穩的氛圍。從里斯走到里奇蒙（Richmond）的路段會沿著斯韋爾河走，路過鄉村城鎮，是單調且容易的路段。經過梅里克鎮（Marrick）、馬斯克鎮（Marsk）及白克里夫樹林（White Cliff Wood）後，就開始看得到里奇蒙了。

首先是里奇蒙的塔樓進入了視野，過了片刻，整座城及整個城市的全貌顯現出來。再往下走前往里奇蒙的山丘上，放著開拓出CTC路線的阿爾弗雷德‧溫賴特的長椅。椅背上刻著作家的著作《A Coast to Coast Walk》中的兩句話，扮演里程碑的角色：「可以率先看到里奇蒙輝煌景象之處。從聖比斯走了183公里至此，到羅賓漢灣還剩123公里」。是個可以放下背包坐在椅子上，回想至今走過的路程，並思考接下來要走的路的地方。

里奇蒙是個古意盎然的城市，滿滿浸透了英格蘭中世紀的歷史。威廉一世（又稱征服者威廉）征服了十一世紀混亂的英格蘭，鎮壓了約克郡地區的叛亂後，在此處建立了里奇蒙城。里奇蒙走過千年的歷史，起始於英格蘭開啟了諾曼第王朝，左右了大不列顛島歷史的「征服者威廉」。

英格蘭北部的河流是深褐色的，因為含有泥炭質的土壤。在里奇蒙看到的斯韋爾河河水，也是特別深的褐色。第二個國家公園約克郡谷地國家公園，結束於此地。

第11天　里奇蒙 Richmond ┈┈▶ 丹比維斯克 Danby Wiske

5.5km	3.4km	3.5km	7.2km	3.1km

Richmond
110m

Colburn
70m

Catterick
Bridge
40m

Brompton on Swale
40m

Streetlam
30m

Danby Wiske
30m

距離 **22.7km** 累積距離 **217km** 進度 **69%** 所需總時間 **6小時**

里奇蒙到丹比維斯克（Danby Wiske）只有海拔一百公尺左右的高低差，是整條CTC路線上最容易的一段區間。因為是連接城鎮與城鎮的持續平地，所以不會有迷路或徘徊的狀況。

走過科本（Colburn）及布隆普頓昂斯威爾（Brompton on Swale），越過卡特里克橋（Catterick Bridge）後，就與河流分開了。波頓鎮（Bolton）的聖母教堂前院墓地也讓人印象深刻，是段可以如實感受到英格蘭北部典型鄉村小鎮風韻的區間。

從波頓到丹比維斯克是連續的安靜路段。雖然是沿著柏油路走的路，但幾乎看不到車輛。道路兩邊草叢茂密，一邊是廣闊的旱田，另一邊是蓊鬱的樹林。田裡已經結束秋收，乾草堆就像美麗的藝術雕像一樣展示在那裡。樹林中，夏末的鳥兒們被經過的健行者腳步聲嚇到，嘰嘰喳喳地飛上天。也有戴著安全帽全副武裝的三四名單車客成群經過。他們邊奔馳邊吹出的口哨聲與鳥鳴聲相互交織，成了動聽的迴響。這是條可以不去想任何事、腦袋放空行走的鄉間路。

在亨利‧斯特德曼（Henry Stedman）的CTC指南書*中，不是單純用路名，而是用一句話來表現這條極溫暖又充滿感情的路：「這是條道路沒錯，但是是非常、非常寧靜的路。」

---

* 此書原名為「Coast to Coast Path: St Bees to Robin Hood's Bay」，初版發行日期為二〇〇八年三月。

2.7km	3.5km	4.8km	3.4km	1.6km
Danby Wiske 30m	Oaktree Hill 50m	鐵路 Railway 70m	A19 高速公路 70m	Ingleby Cross 90m

Arncliffe Wood 140m

距離 **16.1km** 累積距離 **233km** 進度 **74%** 所需總時間 **4.5小時**

　　經常要穿越鄉村旱田或走過原野，路標不明確的地點也很多，是容易脫離路線或走錯路的區間。會經過兩次鐵道。前往英格比阿恩克里夫鎮（Ingleby Arncliffe）時，得要越過A19高速公路，這是整條CTC上最危險的地點，交通量非常大，車輛行駛的速度也極快，所以要相當小心謹慎地越過。英格比阿恩克里夫是花的城鎮，從入口處就有紅、黃、粉紅色小巧可愛的花朵盛開。雖然是開在路邊的花，但似乎是有人下功夫在精心照顧的樣子。從這個鎮開始，CTC路線上的第三個國家公園，北約克沼澤國家公園（North York Moors）就開始了。直到面向北海近海的CTC終點羅賓漢灣為止，會一直走在國家公園中。

　　離開城鎮後，越往阿恩克里夫林（Arncliffe Wood）走，上坡路的坡度變得越陡峭。樹林路段結束時，視野一下子開闊起來，廣闊的大地出現在眼前。這是接下來四五天要行走的約克郡北部地區。如果天氣晴朗的話可以看到大地另一邊的北海，但大多時候都被水霧和雲擋住，看起來模糊不清。在已走出樹林的這附近區間，雖然視野會變得開闊，看到一望無際的壯闊風景，但也是很容易迷路的地點。為了避免要到很遠的地方找住宿的麻煩，比起奧斯曼特利（Osmotherley），在英格比十字路口（Ingleby Cross）住一晚，隔天早上再悠哉走過樹林較佳。

	3.2km		3.2km		3.2km	
Arncliffe Wood 140m		Scarth Wood Moor 280m		Huthwaite Green 120m		Live Moor 310m

1.9km	1.6km	0.6km	1.6km	1.1km	2.7km
Clay Bank Top 230m	Hasty Bank 380m	Wain Stones 380m	Kirkby Bank 390m	Lord Stones Cafe 270m	Calton Bank 380m

距離 **20km** 累積距離 **253km** 進度 **80%** 所需總時間 **8小時**

　　這一天要反覆上下五座山，是最辛苦的區間。但只要天氣好，就可以享受石楠花滿開的高沼地（Moor）及視野遼闊的壯麗景觀。早上會正面迎著陽光爬上山坡，往下俯瞰，下方一片樂園展開，是讓人聯想到亞當及夏娃穿梭於伊甸園的風景。

低淺的丘陵及稜線反覆層層疊疊，長長的石牆形成了一道嚴明的界線。這裡叫做「Scarth Wood Moor」，是極度英國的風景──廣闊草原上整片紫色滿溢的燦爛光景。切開紫色石楠花波浪的細長小路上，形形色色的健行者零零星星地成列走著，所有人都向著遙遠的地平線走去。

涵蓋至英格蘭約克郡-亨伯（Yorkshire and the Humber）東北地區的巨大荒原沼地，北約克沼澤國家公園區段正式開始。再往上升海拔200公尺會抵達Live Moor頂上，看到呈現出神聖姿態的三座石墳。這是能更加莊嚴地眺望約克郡北部地區的瞭望台。下山後再次上山，會抵達第三個荒原沼地Calton。在離開眺望愛爾蘭海的聖比斯後的第十三天，於這個地點初次模模糊糊地看到橫越英格蘭另一邊的北海。

第四個荒原沼地克靈果（Cringle Moor）的天空中點綴著各式各樣的飛行傘。經過克靈果沼地來到Wain Stones時，體力可能已經幾乎用盡了。走過最後的上坡路，上到Hasty山丘後，這才出現了平緩的下坡路，之後馬上就會往下走到克雷貝克塔（Clay Bank Top）了。

第14天　**克雷貝克塔 Clay Bank Top ·····▶ 布萊基山脊 Blakey Ridge**

1.8km	4km	6.4km	2.4km	0.9km
Clay Bank Top 230m	Urra Moor 454m	Bloworth Crossing 380m	Farndale Moor 350m	Lion Inn 400m	Blakey Ridge 400m

距離 **15.5km** 累積距離 **268km** 進度 **85%** 所需總時間 **5小時**

克雷貝克塔是劃分前一天最後越過的Hasty山丘及當天遇到的烏拉沼地（Urra Moor）之間的道路地區。從這裡出發，爬上烏拉沼地的最高點，海拔454公尺的Round Hill後，之後就是坡度非常平緩的大平原了。這是整條CTC路線上高地荒原最一望無際的區間。因為視野非常遼闊，所以完全不需要擔心脫離路線。大部分都是穿越平原的碎石路，所以可能會覺得這段路程乏味，但另一方面可以放下所有思緒，以無牽無掛的心向前邁出步伐。

大平原的中間橫越著鐵軌，過去曾經有蒸汽火車一邊噴著煙，一邊奔馳而過。將平原劃分為南及北的CTC路線，與這條區分東與西的鐵軌在平原的中間相交會。平原上的這個交叉點被稱為「布洛烏斯交叉點」（Bloworth Crossing）。從奧斯曼特利起的CTC路線，與這個地區的另一條長距離健行步道克利夫蘭（Cleveland Way）完全重疊合一。這條克利夫蘭路線是穿梭過三分之二個北約克沼澤國家公園的環狀路線，從國家公園的西南方開始，朝著東北海岸方向穿越過內陸，沿著北海海岸延伸至斯卡布羅（Scarborough）後方。

克利夫蘭路線與CTC路線分開後，經過往北方轉向的布洛烏斯交叉點，抵達Farndale Moor，然後看見另一個莊嚴的景色。抵達下一個High Blakey Moor後，遠方的終點獅子旅館（Lion Inn）就像海市蜃樓一樣進入視野。

| | 第15天 | 布萊基山脊 Blakey Ridge ……▶ 格羅斯蒙特 Grosmont |

| 2.4km | 3.2km | 3.4km | 4.8km | 1.6km | 2.6km | 3.7km |

| Blakey Ridge 400m | Fat Betty 420m | Glaisdale High Moor 430m | Glaisdale Rigg 350m | Glaisdale 150m | Beggar's Bridge 70m | Egton Bridge 40m | Grosmont 20m |

距離 **21.7km** 累積距離 **290km** 進度 **92%** 所需總時間 **7小時**

從布萊基山脊到格羅斯蒙特（Grosmont）的整段路都是連續下坡，路分為四個階段：從獅子旅館就開始的柏油路為第一階段；接著進入荒野，經過格萊斯代爾高沼地（Glaisdale High Moor）的第二階段；走在規模不小的格萊斯代爾街道上的第三階段；以及最後走過埃斯克河（River Esk）河邊林間道路及鄉村艾格頓橋（Egton Bridge）、到格羅斯蒙特車站的第四階段。前三個階段都是各式各樣形態的下坡路，有柏油路、荒野平原、鄉間小鎮、鄉村小路、林間道路等，可以沿著下坡路舒適地往下走。在第四階段的路上，會經過樹林中的小小火車站。流過鐵道旁的埃斯克河河水、草原上吃草的羊群、被裹在白茫茫霧氣中的艾格頓橋、在樹林之後出現的羊腸小路，以及小屋煙囪中冉冉上升的煙，所有景色形成了一幅協調的畫作。

在CTC路線開拓者溫賴特的書中如此描述這段區間：「過去幾日間的孤獨，現在都結束了。高原地帶的寂靜不再，文明的聲音進入耳中。房屋增加，也看到許多店舖，周遭景色不再荒涼，蓊鬱的樹林充滿翠綠的清新芳香。不久後就抵達格羅斯蒙特，這是個依舊有蒸汽火車行駛的雅緻鄉鎮。」

| | 3.2km | | 3.2km | | 1.6km | | 2.4km | | 3.2km |

Grosmont
20m

Sleights Moor
280m

Littlebeck
50m

Falling
Foss
100m

Sneaton Low Moor
240m

| | 1.6km | | 3.2km | | 3.2km | | 1.6km | | 1.6km |

Robin Hoods
Bay
0m

North Cheek
30m

北海前懸崖
50m

High Hawsker
110m

Rigg
Farm
150m

Graystone Hills
190m

距離 **25km** 累積距離 **315km** 進度 **100%** 所需總時間 **9小時**

　　從格羅斯蒙特搭蒸汽火車，到看得到北海的城鎮惠特比為二十五分鐘，到內陸南方城鎮皮克林（Pickering）需要七十分鐘。火車行駛的班次根據季節有所不同，一天為四到八個班次。稍微暫停步行，多停留一天搭乘蒸汽火車去旅行也不錯。

　　從格羅斯蒙特到史萊茲沼地（Sleights Moor）頂端，是CTC路線上最後一個需要費力往上爬的陡峭上坡。再來到里透貝（Littlebeck）為止都是好走的連續下坡，最後會連接到林間路徑。在樹林中有小小的瀑布Falling Foss，旁邊有個戶外的庭園茶舖（Falling Foss Tea Garden）。經過史尼頓低沼地（Sneaton Low Moor）及灰石丘（Graystone Hills），往下走到平地後為低霍斯克（Low Hawsker），接著馬上就會抵達高霍斯克（High Hawsker）。在高霍斯克鎮沿著往北海方向的路行走，會經過名為Northcliffe Holiday Parks的巨大露營場。過了一會兒抵達莫威克懸崖（Maw Wyke Hole），往下俯視，北海的波濤就在眼下。沿著懸崖往南方走4公里，中間會經過白石懸崖（White Stone Hole）、赫默羅懸崖（Hommeril Hole）、North Cheek 這三座陡峭岩壁，然後抵達羅賓漢灣。抵達莫威克懸崖後，要花將近兩小時的時間下來。在陡峭的懸崖下擠滿了橘色屋頂及漆成白色磚牆的房屋。沿著長長的海岸線，好幾層的波浪靜靜湧來。想像一下過去坐在小小船上的羅賓漢，搖著槳向大海航行的畫面吧，這位過去的英雄不知道是實際存在還是虛構的人物，但因為傳說這位英雄是以此處為根據地活動，所以成了城鎮名字的由來。沿著主幹道Station Road B1447往下走，進入名為新路（New Road）的窄小傾斜下坡路，接著走過密集擁擠的的商店建物群後，就會抵達CTC的終點站。

　　窄小巷弄末端的北海前，立著最後的里程牌：「The End.Coast to Coast Walk. St Bees to Robin Hoods Bay.192miles.」附近的牆上貼著好幾張CTC及阿爾弗雷德‧溫賴特的照片、地圖及資料。就在正旁邊的Bay Hotel二樓放有留言本，裡面是走完CTC路線的人們寫下的感言。

健行基本資訊

旅遊時間

沼地原野上石楠花滿開的八月及九月是最佳時期。英國荒野上石楠花滿開與不開的風景及氛圍差非常多。英國是經常下雨的國度，不像韓國一樣另外有特定時間的雨季，大致上三四天就會遇到一次下雨，最好先做好準備，大多為毛毛細雨。

交通

前往倫敦希斯洛機場（Heathrow Airport, LHR）的航班有很多。從倫敦搭火車前往CTC起始點聖比斯最容易。從位於倫敦市中心北部的尤斯頓（Euston）站出發，搭乘往蘇格蘭北上的格拉斯哥（Glasgow）方向列車，到達英格蘭北部後，在卡萊爾（Carlisle）站下車，換乘前往聖比斯的地方列車。從尤斯頓到卡萊爾需三小時十五分，在卡萊爾等待約一小時左右後，換搭車到聖比斯會花一小時三十分鐘。

住宿

英國的青年旅館（Youth Hostel）對背包客來說是最便宜且方便的住處。以英格蘭來說，全區約有一百八十幾處青年旅館，但可惜的是在CTC路線附近的只有七個左右。其他的行程會住在被稱為B&B（Bed and Breakfast）的guest house或民宿形式的住宿，得支付相對來說較貴的住宿費。是一個可以直接體驗英國鄉村生活各種風貌的機會。必須事先預約。

用餐

如果是B&B的話，大部分一日的住宿費中都會包含隔天早上的早餐費，大多是提供傳統的英式早餐。因為早上紮紮實實地吃飽了才出發，所以午餐會吃三明治等，比早餐還要簡便地解決。午餐要吃的三明治前一天晚上可以在住處事先訂購。晚餐會在住處或附近餐廳付費用餐。

預算

在英國的住宿，便宜的青年旅館YHA與B&B之間的價差非常大。如果住青年旅館的話，大約在20至25英鎊左右，但如果是住B&B的話，要40至50英鎊，剛好是兩倍。位在CTC路線附近的青年旅館總共有七間，如果全都有住到，而剩下的天數住在B&B的話，一天平均的住宿費約為33英鎊，也就是台幣約1,300元。B&B的住宿費含早餐。因為英國的高物價及英鎊匯率之故，所以餐費也相當昂貴。

以筆者的情況來說，十五天橫越英國的CTC徒步旅行，加上十多天的觀光時間，總共為二十六天二十五夜的行程，共支出了台幣約11萬元。這是包含來回機票台幣約25,000元，城市之間移動所花費的火車及巴士費台幣約20,000元，與餐費、住宿費台幣65,000元，全部加起來的金額。一天平均的住宿費約為台幣1,400元，平均餐費約為台幣1,100元左右。也就是說光是在吃與睡上面，一天就要花台幣約2,500元。

英國的交通費偏貴，從倫敦前往健行出發地聖比斯要搭乘火車移動，中間會換乘一次，車票為121英鎊，也就是台幣約4,700元。在健行結束後從羅賓漢灣北上到蘇格蘭後，經過格拉斯哥與曼徹斯特再返回倫敦，車票要約台幣6,300元以上。

TREKKING INFO

旅遊小秘訣

因為英國經常下雨，因此應付雨天的裝備很重要。要準備輕巧且高性能的雨具。如果每次下雨都要穿雨衣可能會很麻煩，所以如果是毛毛雨的話，準備輕且小支的雨傘使用亦佳。因為有非常多泥濘路段，所以也需要長筒的防水登山鞋。路線指示並不是太親切，濟州偶來及聖地牙哥朝聖之路約五至十分鐘就會看到路線指示牌，但CTC則是半小時一次，有時候甚至隔一小時才看到路標。但與其說是路線指引做得不親切或是不重視，不如說是因為更強調維持自然的路況及自行找路的概念。雖然會為了找路而吃上好幾次苦頭，但這並不是排排站跟在嚮導後面似地沿著路標走的旅行，而是能好好體驗到自行找路的妙趣的自由行，當然，一定要攜帶詳細地圖、GPS及指南針。

健行後的觀光景點

如果說CTC是用走的橫越英國的話，那麼現在用大眾交通工具或租車縱貫這個島如何呢。在羅賓漢灣結束健行後，建議可以搭三十分鐘的巴士，造訪北邊的惠特比（Whitby）。而稍微往南邊走一點的話，也有以賽門與葛芬柯（Simon & Garfunkel）的歌曲而聞名的斯卡布羅（Scarborough），兩者都是面向北海、英格蘭北部的觀光名勝。之後搭長途火車往北部蘇格蘭方向去旅行最佳。經過愛丁堡，到更北邊的高地（Highland）去旅行後，再往下回到格拉斯哥。然後再次進入英格蘭，途經曼徹斯特，最後抵達倫敦結束旅行。十六天的CTC橫斷徒步旅行，再加十四天以車輛縱貫城市的旅行，這樣一個月的旅程，就能完全遊遍英國。

里程表

天數	NO	途經地點	海拔高度 (m)	距離(km)	累積	進度
第一天	1	聖比斯 St Bees	0	0	0	0%
	2	南壁 South Head	100	0.9	0.9	0%
	3	弗雷斯威克灣 Fleswick Bay	20	2.9	2.9	1%
	4	桑威治鎮 Sandwith	70	5	7.9	3%
	5	鐵路 Railway	10	2.4	10.3	3%
	6	摩爾羅 Moor Row	70	2.1	12.4	4%
	7	克里特鎮 Cleator	50	1.8	14.2	4%
	8	登特山 Dent Fell	353	3.4	17.5	6%
	9	奈尼卡其門 Nannycatch Gate	140	1.8	19.3	6%
	10	石圈 Stone circle	220	2.1	21.4	7%
	11	恩納代爾橋 Ennerdale Bridge	105	1.9	23.3	7%
第二天	12	恩納代爾青年旅館 YHA Ennerdale	120	8.1	31	10%
	13	黑帆青年旅館 YHA Black Sail	280	5.6	37	12%
	14	格雷諾茨山 Grey Knotts	595	2.7	40	13%
	15	霍尼斯特豪斯青年旅館 YHA Honister Hause	360	2.1	42	13%
	16	錫托勒 Seatoller	130	3.2	45	14%
	17	博羅代爾 Borrowdale	80	2.4	47	15%
第三天	18	羅斯韋特 Rosthwaite	90	1.6	49	16%
	19	史東斯威特 Stonethwaite	100	1.9	51	16%
	20	格林昂艾居 Greenup Edge	605	3.2	54	17%
	21	兩條河流 Two Streams	490	1.3	56	18%
	22	凱夫岩 Calf Crag	538	1.3	57	18%
	23	兩山之間低處	350	2.7	60	19%
	24	海姆岩 Helm Crag	380	0.3	60	19%
	25	易斯代爾 Easedale	90	1.3	61	19%
	26	格拉斯米爾 Grasmer	70	1.6	63	20%
第四天	27	葛里斯戴爾湖 Grisedale Tarn	590	5.2	68	22%
	28	多利韋根山 Dollywaggon Pike	840	1.8	70	22%

第四天	29	涅特莫斯山 Nethermost Pike	890	1.4	71	23%
	30	海分倫 Hevenllyn	950	1.3	72	23%
	31	佩特代爾 Patterdale	140	6.4	79	25%
第五天	32	安格爾湖 Angle Tarn	480	3.5	82	26%
	33	地納特 The Knott	550	2.1	85	27%
	34	奇德斯地山 Kidsty Pike	784	2.4	87	28%
	35	霍斯沃特湖 Hawes Water	250	2.9	90	29%
	36	伯恩班克 Burnbanks	220	6.6	96	31%
	37	沙普修道院 Shap Abbey	230	5.8	102	32%
	38	沙普 Shap	250	2.4	105	33%
第六天	39	奧登代爾 Oddendale	330	3.2	108	34%
	40	克羅斯比雷文沃思山 Crosby Ravensworth Fell	340	3.2	111	35%
	41	奧頓 Orton	240	5.6	117	37%
第七天	42	奧頓斯卡 Orton Scar	280	1.6	118	38%
	43	善比金湖 Sunbiggin Tarn	280	3.7	122	39%
	44	雷文斯通代爾沼地 Ravenstonedale Moor	330	2.4	124	40%
	45	史瑪戴爾橋 Smardale Bridge	210	7.1	132	42%
	46	史瑪戴爾丘 Smardale Fell	350	2.4	134	43%
	47	鐵路 Railway	240	1.6	136	43%
	48	柯比史蒂芬鎮 Kirkby Stephen	150	2.9	138	44%
第八天	49	法蘭克橋 Frank's Bridge	140	0.8	139	44%
	50	哈特里採石場 Hartley	250	0.8	140	44%
	51	九座石塔 Nine Standards Rigg	662	6.4	147	47%
	52	岔路	640	1.6	148	47%
	53	瑞芬席特農場 Ravenseat Farm	410	6.8	155	49%
	54	凱爾德 Keld	350	4.5	159	51%
第九天	55	東格蘭 East Grain	560	3.5	163	52%
	56	梅貝克斯高沼地 Melbecks Moor	540	2.9	166	53%
	57	瑞佛豪斯橋 Level House Bridge	450	1.9	168	53%

第九天	58	色蘭德橋 Surrender Bridge	360	3.2	171	54%
	59	希洛 Healaugh	250	3.5	175	55%
	60	里斯 Reeth	200	2.6	177	56%
第十天	61	莫里克 Marrick	320	5	182	58%
	62	馬斯克 Marske	170	3.7	186	59%
	63	沛蒂橋 Paddy's Bridge	180	1	187	59%
	64	白克里夫林 White Cliff Wood	200	3.2	190	60%
	65	里奇蒙 Richmond	110	4	194	62%
第十一天	66	科本 Colburn	70	5.5	199	63%
	67	卡特里克橋 Catterick Bridge	40	3.4	203	64%
	68	布隆普頓昂斯威爾 Brompton on Swale	40	3.5	206	66%
	69	史翠特蘭 Streetlam	30	7.2	214	68%
	70	丹比維斯克 Danby Wiske	30	3.1	217	69%
第十二天	71	橡樹丘 Oaktree Hill	50	2.7	219	70%
	72	鐵路 Railway	70	3.5	223	71%
	73	A19 高速公路	70	4.8	228	72%
	74	英格比十字路口 Ingleby Cross	90	3.4	231	73%
	75	阿恩克里夫林 Arncliffe Wood	140	1.6	233	74%
第十三天	76	史卡夫林沼地 Scarth Wood Moor	280	3.2	236	75%
	77	哈斯偉特綠林道 Huthwaite Green	120	3.2	239	76%
	78	活沼地 Live Moor	310	3.2	242	77%
	79	卡爾頓貝克 Calton Bank	380	2.7	245	78%
	80	洛石咖啡 Lord Stones Cafe	270	1.1	246	78%
	81	科比貝克 Kirkby Bank	390	1.6	248	79%
	82	溫恩石 Wain Stones	380	0.6	249	79%
	83	黑斯提貝克 Hasty Bank	380	1.6	251	80%
	84	克雷貝克塔 Clay Bank Top	230	1.9	253	80%
第十四天	85	烏拉沼地 Urra Moor	454	1.8	255	81%
	86	布洛烏斯交叉點 Bloworth Crossing	380	4	259	82%
	87	法恩代爾沼地 Farndale Moor	350	6.4	265	84%
	88	獅子旅館 Lion Inn	400	2.4	267	85%
	89	布萊基山脊 Blakey Ridge	400	0.9	268	85%

	90	菲特貝蒂 Fat Betty	420	2.4	271	86%
	91	格萊斯代爾高沼地 Glaisdale High Moor	430	3.2	274	87%
	92	格萊斯代爾瑞格 Glaisdale Rigg	350	3.4	277	88%
第十五天	93	格萊斯代爾 Glaisdale	150	4.8	282	90%
	94	貝格斯橋 Beggar's Bridge	70	1.6	284	90%
	95	埃頓橋 Egton Bridge	40	2.6	286	91%
	96	格羅斯蒙特 Grosmont	20	3.7	290	92%
	97	史萊茲沼地 Sleights Moor	280	3.2	293	93%
	98	里透貝 Littlebeck	50	3.2	296	94%
	99	弗林福斯 Falling Foss	100	1.6	298	95%
	100	史尼頓低沼地 Sneaton Low Moor	240	2.4	301	95%
第十六天	101	格雷史東丘 Graystone Hills	190	3.2	304	96%
	102	里格農場 Rigg Farm	150	1.6	305	97%
	103	高霍斯克 High Hawsker	110	1.6	307	97%
	104	北海前懸崖	50	3.2	310	98%
	105	North Cheek 懸崖	30	3.2	313	99%
	106	羅賓漢灣 Robin Hoods Bay	0	1.6	315	100%

06

阿根廷&智利/

巴塔哥尼亞步道
Patagonia Trail

菲茨羅伊峰&托雷峰／百內塔W路線
Fitzroy & Cerro Torre / Torres del Paine

　　呈倒三角形的南美大陸，最下面的頂點部分就是「風之土地」巴塔哥尼亞（Patagonia）。位於流過南緯40度線附近的科羅拉多河以南，土地面積超過韓國的十倍。在這塊廣闊的土地上，進入世界各地人們喜愛的健行地區之前，有兩個重要關口，一個是阿根廷的埃爾卡拉法特（El Calafate），一個是智利的納塔萊斯港（Puerto Natales）。進入這兩個關口後，就可以體驗巴塔哥尼亞三大步道的精髓：菲茨羅伊峰、托雷峰、百內塔W路線，一訪被稱為「南美最美秘境」的旅途了。

委內瑞拉
哥倫比亞
秘魯
巴西
玻利維亞
智利　巴拉圭
阿根廷
菲茨羅伊峰&托雷峰
百內塔

與南美最高秘境相遇的夢幻之路，
巴塔哥尼亞三大步道

　　以延伸至南美大陸最下方的安第斯山脈為中心，西側三分之一為智利的土地，東側三分之二為阿根廷的土地。智利南方土地盡頭的城鎮為蓬塔阿雷納斯（Punta Arenas），是前往南極的前哨基地，位於連接大西洋及太平洋的麥哲倫海峽中間。在這個港口城市市中心的穆諾斯加梅羅廣場（Plaza Muñoz Gamero）上，立著人類首次環世界一周的麥哲倫銅像。麥哲倫踩著船上的大砲站著，以帥氣模樣眺望大洋遠處。

　　銅像下方有體格看起來為一般人兩倍左右的兩個巨人舉著大刀坐著，護衛著英雄。兩名巨人中有一人的右腳是往下垂放的，而只有那隻右腳閃著光亮的金色，因為來這個地方的觀光客們，全都會伸手去摸的緣故。據說他們相信，只要摸了被稱為Big Foot的原住民的銅像腳，就會獲得庇蔭變得健康或所願成真。

　　五百年前麥哲倫首次抵達此處時，當時的原住民們都有著如這兩名銅像護衛兵般巨大的腳掌及身軀。但是在騎著馬、由槍、鎧甲、大砲以及精明狡滑所武裝起來的少數歐洲人面前，這些原住民巨人們就只是溫馴的羊兒。一開始被巨人外貌嚇到的麥哲倫部下們，稱呼他們為「Patagon」，也就是「大腳族」之意，亦是這個地區被稱為Patagonia的由來。

巴塔哥尼亞地區光是在Google地圖上看，就足以明顯看出，往智利方向為安地斯山脈的冰河形成的複雜峽灣地形，往阿根廷方向，則是雖不廣闊但很單純的大平原。這個地區是地球上至今仍少有人類踏足的地區，在這裡，由兩個國家指定保護的國立公園就有二十幾處。其中有兩處國立公園特別受到世人的關注及喜愛，那就是阿根廷一側的「冰河國家公園」（Parque Nacional Los Glaciares），以及智利一側的「百內塔」（Parque Nacional Torres del Paine）。

　　阿根廷「冰河國家公園」包含數十個安地斯山脈周遭萬年積雪融化後的形成的冰川湖、巨大的冰原及冰川峭壁在內。因位於與智利國境接壤處，因此有部分地區至今依舊面臨著國境糾紛。公園內垂直拔起的石山中，最高峰為海拔3,405公尺的菲茨羅伊峰。佩里托莫雷諾冰川（Glaciar Perito Moreno）為最具代表性的冰川。與南方的巨大阿根廷湖下方相接的埃爾卡拉法特是此公園的關口，北方有別德馬湖（Lago Viedma）的查爾騰鎮（El Chaltén）是最後一個城鎮。

　　而智利的百內塔，不管怎麼說，這裡無庸置疑地是有著南美最美秘境之處。與阿根廷南端國境相接，公園內垂直拔起的花崗岩岩山十分獨特，是個讓人驚嘆其超現實氛圍的地方。阿根廷一側相對來說較平坦，有大規模的土地及湖水，相反地，智利一側從高度及規模上來看，盡是相對來說

較低且小的岩山及湖水。如此複雜多元的地形，更顯現出生動的自然風貌。包含公園在內的這塊地區名稱為「烏爾蒂馬-埃斯佩蘭薩省」（Ultima Esperanza），是含有「最後的Ultima 希望Esperanza」之意在內的地名，可以感受到南美最頂端地區的極端氛圍。港口城市「納塔萊斯港」是烏爾蒂馬-埃斯佩蘭薩省的首府，也是百內塔的關口。

在阿根廷的冰河國家公園中，有兩座知名山峰特別受到全世界登山家及健行者的關注：巴塔哥尼亞的最高峰「菲茨羅伊峰」，以及位於數公里距離外的「托雷峰」。兩個高峰與百內塔同為代表巴塔哥尼亞的山群。對並非專業登山客的一般健行者來說，能走到兩座名山附近的兩條健行路線特別受到他們喜愛。兩條都是花一天時間當日來回，爬到山下參觀湖水、冰川及萬年積雪後再回來的路線。

在阿根廷巴塔哥尼亞的關口埃爾卡拉法特搭乘巴士，往北方奔馳三個小時後，就會抵達健行起始點的「查爾騰鎮」。至少要在這個鎮上停留三天兩夜，才能進行兩天的健行。兩條路線往返各為20公里左右，一天約需花八到九小時。遠處高聳矗立的雪山漸漸變近，時時刻刻都在變化的風貌相當宏偉。抵達雪山正下方，站在被萬年冰雪覆蓋的冰川及湖水前，不禁看得出了神。

大部分的高峰雪山，峰頂部分被白雪及冰川包圍而山腳沒有是正常的。巴塔哥尼亞的高山峰頂則是赤裸裸的禿山，但相反地，山腰下方部分卻被冰川包圍。菲茨羅伊峰及托雷峰也是一樣的，馬上就會見到的百內塔也是——褐色的花崗岩峰頂赤裸裸地呈現出來，只有下方部分被厚厚的冰川包圍著，與湖水相連在一起。再次提醒眾人此處是風之大地。因為巴塔哥尼亞的強風，刮得高山山頂上降下的雪還來不及結凍，就被往四周吹散了。也因為山頂部份不廣，且像錐子一樣尖銳，所以當雪落下時，沒有面積足以讓雪堆積。兩條路都是往返路線，且互相位置與方向不同，所以想要一次巡迴走完兩條路線是沒有意義的。

菲茨羅伊峰&托雷峰 路線地圖

Laguna de los Tres
Cerro Fitz Roy 3405m
Laguna Sucia
Cerro Poincenot 3002m
Cerro Stanhardt 2700m
Torre Egger 2685m
Cerro Torre 3128m
托雷冰川
托雷湖 Laguna Torre

Campamento Rio Blanco
Campamento Poincenot
Mirador del Fitz Roy
菲茨羅伊步道 Fitz Roy Trek
Laguna Capri
麥耶斯翠瞭望台 Mirador Maestri
托雷峰觀景台 Mirador del Cerro Torre
Campamento de Agostini
查爾騰鎮 El Chalten
Fitz Roy River
托雷峰步道 Cerro Torre Trek

　　如果已經走完巴塔哥尼亞阿根廷地區國立公園的菲茨羅伊峰及托雷峰，那麼現在該往智利的方向下去了。這裡有被全世界健行者們認為這輩子一定要來一次的夢幻路線——百內塔步道。爬上爬下幾乎垂直向上拔起2,000至3,000公尺的岩山附近的「名勝步道」廣受好評。

　　「百內塔」（Torres del Paine）是國立公園中無數山當中一座代表性的山名。這座山有三個山峰，依據方向分別稱為北峰、中峰、南峰。高度將近海拔3,000公尺，就像三兄弟一樣並排相連站著。與其說是山，長得更像尖尖突起的三座巨塔，這也是其名稱的由來。「Torre」是「塔」，「Paine」是「藍色」或「蒼白的」之意。百內塔也與菲茨羅伊峰及托雷峰一樣，因為山形尖銳地垂直拔起，因此雪落下時無法堆積，山體呈現出原本赤裸的狀態，所以看起來「很蒼白」。稍微意譯一下就會知道，可以把

百內塔W路線地圖

Campamento Paso

拉斯特瑞斯觀景台
Mirador Las Torres

切雷諾山屋
Refugio Chileno

拉斯特瑞斯山屋
Refugio Las Torres

Mirador
Britanico

百內塔三峰 Torres del Paine

Glaciar Grey

百內格蘭德三峰 Paine Grande

百內角三峰 Cuernos del Paine

Frances溪谷

Refugio Grey

Campamento Italiano

Refugio Cuernos

Domos Frances

Lago Nordenskjold

Lago Grey

Laguna Los Patos

Lago Skottsberg

Refugio Paine Grande

Pudeto碼頭

Lago Pehoe

百內塔解釋成「蒼白的三座巨塔」。

　　代表公園的三兄弟山山名成為國家公園的名字，也成了健行步道的名字。在百內塔健行中，有兩條路線可供選擇：繞著巨大岩山周圍走一圈的七八天環狀路線，以及沿著英文字母W型的路線走四五天的路線。時間有餘裕的話，能走一百多公里的環狀路線當然很棒，但如果是行程緊湊的南美之旅的話，光是走W路線，就足以體會到巴塔哥尼亞的精髓了。可以走在幾乎垂直矗立的岩山附近環狀線上，享受南美最頂級的祕境。

　　智利的悠閒城市「納塔萊斯港」是進入百內塔的關口。大部分人會在這裡停留一兩天，進行訂住宿等行山準備，早上搭一個半小時的巴士移動，在公園入口下車。在看完行山相關的教育影片後，搭十幾分鐘的巴士移動至W字的右下方頂點處的Torre Central，第一天的健行即開始。

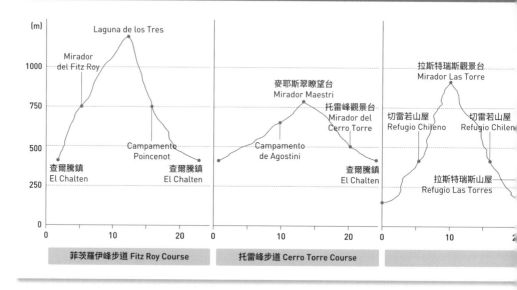

巴塔哥尼亞三大健行步道高度表

菲茨羅伊峰步道 Fitz Roy Course
托雷峰步道 Cerro Torre Course

　　每天會依序經過一個點：百內三塔瞭望台（Mirador Las Torres）、布利塔尼可觀景台（Britanico）、格雷冰川（Glacier Grey），最後一天在W字左邊頂點的百內格蘭德山屋（Refugio Paine Grande）結束健行。之後搭船越過佩霍依湖（Lago Pehoe），回到納塔萊斯港。這是一般行程，但也有很多人是反方向進行的。W路線的總距離只有50公里，但因為有三個往返的區間，因此實際上走的總距離為79公里。四天三夜的行程會有點趕，五天四夜的話較從容。

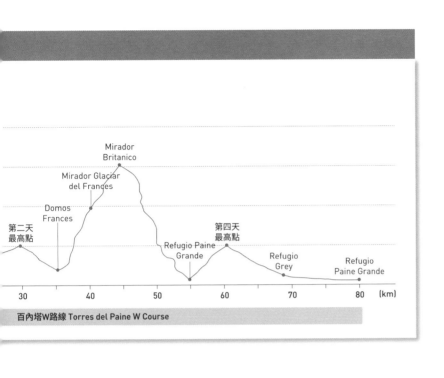

Mirador
Britanico

Mirador Glaciar
del Frances

Domos
Frances

第二天
最高點

Refugio Paine
Grande

第四天
最高點

Refugio
Grey

Refugio
Paine Grande

30   40   50   60   70   80   (km)

百內塔W路線 Torres del Paine W Course

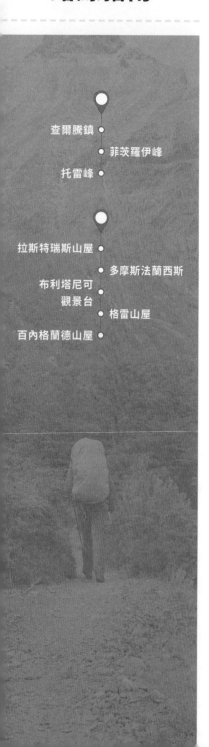

查爾騰鎮

菲茨羅伊峰

托雷峰

拉斯特瑞斯山屋

多摩斯法蘭西斯

布利塔尼可
觀景台

格雷山屋

百內格蘭德山屋

查爾騰鎮 El Chaltén

　　要抵達阿根廷巴塔哥尼亞的關口埃爾卡拉法特（El Calafate），要從布宜諾斯艾利斯（Buenos Aires）搭三個小時的飛機。往南飛呀飛呀，來到埃爾卡拉法特機場降落，踏出風之大地巴塔哥尼亞旅程的第一步。距此處200公里的北方，是菲茨羅伊峰及托雷峰的據點城鎮查爾騰鎮，要搭三個小時的巴士才能抵達。抵達查爾騰鎮後，巴士會在最後一個休息站稍微暫停一下，這裡立著與世界各城市之間距離的標示牌。標示牌上面寫著此地距離首爾有17,931公里，距離東京是21,041公里。

| 4.3km | 4km | 0.7km | 1.5km |

El Chalten
400m

Mirador del Fitz
Roy
730m

Campamento
Poincenot
720m

Campamento
Rio Blanco
760m

| 3.8km | 4.5km | 0.7km | 1.5km |

El Chalten
400m

Laguna Capri
760m

Campamento
Poincenot
720m

Campamento
Rio Blanco
760m

Laguna de
los Tres
1180m

距離 **21km** 所需總時間 **10小時**

　　從海拔400公尺高的查爾騰鎮出發，目標是攀升至海拔將近1200公尺的洛思特瑞斯湖（Laguna de los Tres），眺望湖後方海拔3,405公尺的菲茨羅伊峰後再下山，是條往返路線。也有另一條路線是中途先抵達海拔750公尺的菲茨羅伊瞭望台，再從卡普里湖（Laguna Capri）回來的一半長度簡易版路線。沿著維爾塔斯河（Rio Vueltas）的溪谷路走，在三岔路進入左邊的路徑，不久後會經過寫著「Sendero Al Fitz Roy」的菲茨羅伊路線入口。木頭牌子上的導覽文標示著「至洛思特瑞斯湖10.2公里」。

　　沿著稜線往上走的林間路徑大致上平緩。過了3公里處會有一個三岔路。往左走會通往卡普里湖，往右走會通往菲茨羅伊瞭望台，但反正過了5公里處後會再次在波因賽諾特（Poincenot）三岔路會合。不久後瞭望台的指標出現，遠方菲茨羅伊山峰展現出其雄壯的姿態。左右為由波因賽諾特（Poincenot，3,002m）及梅爾莫茲（Mermoz，2,732m）率領的尖銳岩山，在一片岩山當中，菲茨羅伊獨自像虎牙般突出，姿態流露出威嚴感。巨大的雲包圍著虎牙周遭，增添了神秘感，白色冰川就像護衛的武士一樣，包圍住山的下方部分。這個位置能將全部景色一眼看盡，所以馬上就領悟到為什麼這裡被稱為瞭望台了。

　　交錯踩著粗糙的石頭路及鬆軟的泥土路，但坡度依舊不陡峭。接著到了8公里處後，在大樹之間有成排色彩繽紛的帳篷，這裡是波因賽諾特營地。河畔貼的告示牌內容吸引了人們的目光：「冰川水可以喝。若要清洗的話，請在容器中裝水後，到距離河畔至少三十步遠處！」

越過清澈帶嫩綠色的布蘭蔻河（Rio Blanco）後，路這才變得陡峭。只有碎裂的石頭鋪在四周的石坡路持續著。在這段路上，再次體驗到巴塔哥尼亞是塊風的土地。從額頭上滴落的汗珠，在掉到地上之前，就已經被強烈冷風吹得破碎飛往空中。持續攀爬重點路段的石坡路一個小時以上，最後抵達洛思特瑞斯湖。菲茨羅伊峰壯闊地矗立在湖水前。

因為經常被雲霧遮住，因此菲茨羅伊峰也被稱為「Cerro Chalten」，意思是「冒煙的山」。回過頭往查爾騰鎮的方向看去，巴塔哥尼亞的山、河水及溪谷等粗糙的大地，呈現出一幅莊嚴的風景。從湖水的位置垂直拔起2,000公尺以上的菲茨羅伊峰，很難見到峰頂脫下雲朵帽子的模樣。為了等待山頭脫下白色的雲帽，健行者們在湖水前的亂石堆之間避風，找位置坐定等待。

大概要以這個姿勢等待一兩個小時以上，運氣好的話，有些人可以看到乾淨無雲的峰頂後再下山，也有很多人是到最後都沒看到下山回來的。冰川湖水總是結凍的，經常覆蓋著白色的雪。走完石坡路後開始，下山路線可以走與上山時不同的路徑，從原路旁邊經過卡普里湖，繞路一下會更有新意。

第2天 托雷峰健行步道 Cerro Torre Trekking

	5.5km		0.5km		2.5km		2.5km

El Chalten 400m　Mirador del Cerro Torre 510m　Campamento de Agostini 610m　Laguna Torre 630m　Mirador Maestri 790m

	3.5km		5.5km		0.5km

El Chalten 400m　Mirador del Cerro Torre 510m　Laguna Torre 630m　Campamento de Agostini 610m

距離 24km（單程 12km 來回）所需總時間 7.5小時

這趟旅程會走到海拔3,128公尺的托雷峰前、海拔630公尺的托雷湖再回來。爬升的高度差只有兩百多公尺，感覺幾乎與平地無異。菲茨羅伊峰步道入口在查爾騰鎮北邊的盡頭，但要前往托雷峰的路，得要往鎮的西南方前進。把溪谷下方大大小小的房屋聚集著的城鎮拋在背後，爬上山後，彎彎曲曲的上坡路會持續一陣子。

經過卡斯卡達瑪格麗塔瞭望台（Mirador Cascada Margarita）後會遇上菲茨羅伊河，抵達托雷峰瞭望台後，尖銳突起的岩山托雷峰首次進入視野中。托雷峰與巴塔哥尼亞最高峰的菲茨羅伊峰相鄰近，位在菲茨羅伊峰往西南側的智利地區數公里之內。是阿根廷及智利之間仍處於國境糾紛中的一塊地區，所以在Google地圖上，至今都還沒有畫上國境線。

上坡結束後，有好一陣子都是平地。即使是在高原地帶以南，周遭的草木仍乾巴巴地毫無生機。越往前走，枯死的樹木增加得越明顯。經過阿戈斯蒂尼營地（Campamento de Agostini），走完一小段上坡路後，接著托雷湖就會在腳下展開。這是離開查爾騰鎮四小時後。像錐子一樣尖尖聳立的高山高高低低地排列著，群山中最高的山頭就是托雷峰了。雖然比菲茨羅伊峰矮300多公尺，但如同其「巨塔」之名所散發出的氛圍，對想攀登上山的人類來說，它以地球上最險峻高峰而惡名遠播。

在托雷峰的右側有兩座它帶領的兄弟山頭，依序是托雷埃格峰（Torre Egger）及史丹阿勒特（Cerro Standhart）。冰川垂至山下湖水對面，將近垂直的冰壁似乎下一秒就會瓦解覆蓋住湖水一般巨大。觀賞湖後方展開的托雷峰及它的兄弟峰群與冰川交織成的風景後，現在該是時候更往他們身邊走近了。

爬上湖水右側的稜線丘陵。這是由岩石及碎石塊所形成的完美石坡路。巴塔哥尼亞的風比昨日在菲茨羅伊健行步道上的風更強。要完全壓低身體才能夠往前走。因為坡度相當陡峭，所以要是被風吹到往湖水方向摔倒時，會毫不留情地墜落冰川湖中。彎著腰攀爬了將近一個小時，抵達托雷湖的最末端，麥耶斯翠瞭望台（Mirador Maestri）。雖然只是從湖水下方沿著稜線走2.5公里，但卻花了很多時間。因為有墜落的危險，所以也有警告標示寫著不要再往前走。格蘭德冰川（Glaciar Grande）伸出長長冰涼舌頭至瞭望台下方，像溪谷一樣垂直落下，光用看的就給人冷飀飀的感覺。下山時沿著上山的路，走同樣距離返回即可。

埃爾卡拉法特……▶ 納塔萊斯港

在查爾騰鎮結束至少三天兩夜的旅程後，首先還是得要再次回到查爾騰鎮。連接兩個地區的路只有一條。沿著三天前前來的道路，經過兩個巨大的湖別德馬湖（Lago Viedma）及阿根廷湖（Lago Argentino），搭乘三個小時的巴士移動。回到阿根廷巴塔哥尼亞的關口埃爾卡拉法特後，接下來要進行的旅程是智利的百內塔健行。

首先要南下至智利巴塔哥尼亞的關口，納塔萊斯港。沿著40號公路越過荒涼的原野，往南再往南走，巴士會在國境辦公室前停下。所有乘客都要下車，出境阿根廷的審查十分簡單，排成長長隊伍，輪到自己時出示護照就結束了。再次搭上巴士不久後，這次換成下車進行智利的入境審查。填寫一張入境資料提交後，通過手提行李檢查即可通過。離開阿根廷的埃爾卡拉法特七個小時後，抵達智利的納塔萊斯港。會在這裡停留一或兩天，為百內塔W路線健行進行各種準備。

首要任務是預約健行當地四天三夜或五天四夜的住宿。如果已經用網路預約好了的話就沒什麼問題，但如果沒有的話，就得跑一趟納塔萊斯港市區的旅行社預約住宿。位在市中心的「Patagonia」及「Fantastico Sru」等各家旅行社十分顯眼。就算住宿已經全都被訂滿沒位置了，也不會有太大問題。每條路線上都有露營營地，也設有租借用的帳篷，所以可以到當地再搭帳。健行結束後要移動前往下一個地點時，還是得先回到納塔萊斯港。因為這裡既是百內塔的關口，也像查爾騰鎮及埃爾卡拉法特一樣，只有唯一的一條路。

1km	0.7km	3.5km	1.2km	3.6km

Refugio Las Torres 150m　　Hotel Las Torres Patagonia 135m　　三岔路 150m　　Refugio Chileno 409m　　Campamento Torres 570m　　Mirador Las Torres 880m

◀ 10km(原路下山)

Refugio Las Torres 150m

距離 20km(來回；單程10km) 所需總時間 **8小時**

早上八點之前從納塔萊斯港搭乘巴士，兩小時後會抵達終點站阿馬加湖（Portería Laguna Amarga）。下車處前方就是百內塔的出入園辦公室。跟著長長的隊伍一起排隊，輪到順序時，填寫一張簡單的的入山申請書，支付約台幣800元的入場費。跟著引導進入團體視聽室，看十幾分鐘預防山林火災等的教育影片後，入山申請程序全數結束。

換乘接送巴士，十五分鐘後會在健行起始點的拉斯特瑞斯山屋（Refugio Las Torres）前站牌下車。前往前一天在納塔萊斯港已經預約好的山屋，check in之後會被分配到多人室的床位。將大背包放在房間，以輕裝離開山屋，第一天的路線從這個海拔150公尺的山屋出發，走到百內三峰前海拔880公尺的拉斯特瑞斯觀景台（Mirador Las Torres），來回為20公里。四天當中要走的路線就像英文字W一樣，第一天要走的是W字最右邊一條斜槓的路線來回。

不久後會經過與拉斯特瑞斯山屋格調不同的拉斯特瑞斯飯店（Hotel Las Torres Patagonia）前，接著會越過跨越兩個冰川的木橋，來到前往奎諾斯（Cuernos）及切雷若（Chileno）的三岔路口。走右邊往切雷若方向的路，就會開始正式進入上坡路。出發時稍微露出一點的百內三峰中，其中有兩峰完全被巨大的雪山擋住了。

前後相連的健行者中，有部分的人背著與自己身高一樣大的背包，他們是要在切雷若營地野營的健行者們。兼有營地的切雷若山屋位在到頂點一半距離的位置，抵達山屋前的一公里路段是陡峭的稜線路。左側可能會有落石要多加注意，如果被強風吹得失去重心，可能會一口氣墜落至右邊的溪谷下方。

從切雷若山屋開始，會持續走在左側阿仙西歐河（Rio Ascencio）流過的溪谷路，舒適好走的林間路徑結束後，就會抵達特瑞斯營地入口（Campamento Torres）。從這裡開始到頂點為止，是高度差300公尺的陡峭上坡重點路段。出發時稍微看到的百內中峰，在這裡稍微展露出一點姿態。撥開覆蓋著雪的石塊，爬上陡峭的石坡路，在最後的汗流光時，終於抵達湖水所在的拉斯特瑞斯觀景台前。

碧綠的的冰川湖及後方高聳突起的百內北峰、中峰、南峰，三座山頭形成了科幻電影般的場景。四周的健行者們全都張著嘴，被眼前的湖水及山峰吸走了視線。下山的路與上山同一條。上來時花了約四五個小時，下去的時候約三四個小時就夠了。

1km	0.7km	7.8km	2.5km	3km
Refugio Las Torres 150m	Hotel Las Torres Patagonia 135m	三岔路口 150m	今日 最高點 243m	Refugio Cuernos 78m	Domos Frances 90m

距離 15km 所需總時間 5小時

　　第二天與前一天不同，只要沿著與平地無異的湖畔路走15公里即可。從山屋出發，經過拉斯特瑞斯飯店，越過兩個冰川後來到三岔路。到這裡為止的30分鐘路程與前一天走的是同樣路段。前一天走右邊往切雷若的上坡山路，但今天要走的是直線前進的平地。是往第一個抵達地點奎諾斯前進的單行道。遠處四方被雪山群給包圍，但附近連一棵樹都沒有，視野非常遼闊。略有上下坡的大草原路持續了好一陣子。右邊出現不知名的湖水，在此休息一下再走也不賴。

　　不久後，這次路的左邊出現了巨大的湖。與剛才坐下來休息的平凡小湖格調完全不同。看起來就像是往湖中倒入滿滿深綠色水彩似地。巴塔哥尼亞乾淨的天空、遠處長長延伸出去的白色雪山群山，包圍近處湖水的低淺綠色及白色雪山，還有湖周遭盛開的紅色野花，形成了美麗的和諧。這種與周遭呈現對比的湖景風光，越看越讓胸口滿溢感動。

　　從湖水出發，走一段上坡林間路徑後，抵達奎諾斯山屋。從出發的山屋走到這裡，快的話三個半小時、慢慢邊休息邊走的話，約為四五個小時的距離。如果早先在網路上預約好這個山屋

當然最好，但如果是迫在眉睫的兩天前，才想要在納塔萊斯港進行預約的話，有很大的可能已經被訂滿了。已經預約好或先抵達的健行者們坐滿了室內咖啡廳，晚到的人們只能坐在陽台欄杆上休息。沒有預約到這裡的人，得再走3公里，前往剛蓋好沒多久的新山屋。

從山屋出來走一段短暫下坡，再次抵達嫩綠色的大湖。廣闊的湖水周遭不是白沙灘，而是被可愛圓潤的鵝卵石覆蓋。脫掉鞋子赤腳走一段路，腳底板傳來滑溜溜的觸感相當舒服，讓人心情愉快。這個名字很複雜的諾登舍爾德湖（Lago Nordenskjold），只用嫩綠色來表現湖水顏色就太可惜了，用翠綠色或翡翠色來形容正適合。

一個小時後抵達的多摩斯法蘭西斯山屋（Domos Frances）是新蓋好的山屋，外型相當有風格，是會讓人聯想到蒙古包（Ger）的大型圓篷屋。從名稱上來看，可以解釋成「位在法蘭西斯溪谷下的圓頂山屋」。從旁邊看起來不怎麼樣，但內部非常地實在，即使在風強的湖畔，防風與保溫效果也十分完美。八人房的每個床都設有個人床頭燈，這也是這段時間難得看到的特別優點。躺上床入睡之前，可以不用擔心其他床的人，打開自己的床頭燈做些事情。

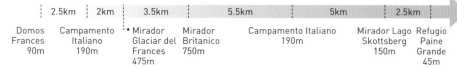

第3天　百內塔 W 路線：**多摩斯法蘭西斯山屋 Domos Frances**

⋯⋯▶ 百內格蘭德山屋 Refugio Paine Grande

| | 2.5km | | 2km | | 3.5km | | 5.5km | | 5km | | 2.5km | |

| Domos Frances 90m | Campamento Italiano 190m | Mirador Glaciar del Frances 475m | Mirador Britanico 750m | Campamento Italiano 190m | Mirador Lago Skottsberg 150m | Refugio Paine Grande 45m |

距離 **21km** 所需總時間 **9小時**

今日路線與昨天不同，是有點距離、且高度差也相當高的路線。是逆著W字中間部分的法國谷（Valle del Frances）往上走到布利塔尼可觀景台後再下來，接著走到百內格蘭德山屋的21公里路線。離開多摩斯法蘭西斯山屋40分鐘後，會抵達義大利營地（Campamento Italiano）。每個早上露營或暫時路過的健行者們擠滿此處。因為爬升到觀景台後會再次往下回到此處，所以放下背包再爬較佳。但沒有顧包包的人，像其他健行者一樣，只拿出護照及錢包等貴重物品帶在身上，將背包塞入辦公室牆前面擺一整排的背包當中就行了。如果擔心來回的幾個小時當中背包會遺失的話，那麼只有背上去，別無他法。

連接義大利營地下方到布利塔尼可觀景台為止的法國谷路段開始，雖然說是W，但準確

來說是從「山」字中間的一豎往上爬再下來。在法蘭西斯冰川觀景台（Mirador Glaciar del Frances）上觀賞眼前展開的冰川景觀。從溪谷頂點的百內格蘭德峰（Paine Grande，也有人稱其為百內主峰群）起到山腰為止，垂著長長的冰河。冰河右方為百內角（Cuernos del Paine）三峰中的兩峰，兩個峰頂都展現出奇異的姿態。與第一天爬上頂端湖畔，站在湖邊看著前方百內三峰時相比，這裡更加具有異國風情。

百內角與百內塔同樣是三兄弟山峰，名字也相似。一邊是「蒼白的Paine三座巨塔Torres」相對地這邊是「蒼白的Paine三支角Cuernos」。因為與犀牛的角（Cuerno）相似，所以被稱為「Cuernos」。眼前出現的兩座山峰是百內角的的北峰（2,200m）及中峰（2,600m）。

前一天漫步在諾登舍爾德湖湖畔時展露風貌的東峰（2,000m），在這個位置被中峰擋住了看不到。之後回想起百內塔的健行時，比起第一天看到的百內三峰，更會率先回想起第三天看到的兩座百內角山峰。它的地勢看起來就是如此陌生且異國風情地讓人印象深刻。

在還剩一公里路就抵達的布利塔尼可觀景台前，路被封了起來，沒有辦法上到最高點法蘭西斯溪谷觀景台（970m）。有時候會在一定期間內，或罕見地因研究、自然保護等因素而有封閉特定區間的情況發生。回到放置背包的義大利營區，來回約花了五個小時。

越過營地旁邊流著的法蘭西斯河以後，持續是觸感佳的泥土路。走在平緩的下坡路上，是世界上最舒適靜謐的路。因為百內角的北峰及中峰樣貌實在太過奇特，深深留在腦海裡，所以在這段路上也經常引人回頭去看。經過小小的斯科茨貝格湖（Lago Skottsberg），不久後會抵達巨大的佩霍伊湖（Lago Pehoe）前。之後就是在寬廣營地前的百內格蘭德山屋。從義大利營地到這裡為兩個半小時的距離。

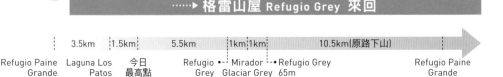

第4天　百內塔 W 路線：**百內格蘭德山屋 Refugio Paine Grande**
┈┈┈➤ 格雷山屋 Refugio Grey 來回

| 3.5km | 1.5km | 5.5km | 1km | 1km | 10.5km(原路下山) | |
| Refugio Paine Grande 45m | Laguna Los Patos 210m | 今日最高點 250m | Refugio Grey 65m | Mirador Glaciar Grey 40m | Refugio Grey 65m | Refugio Paine Grande 45m |

距離 23km（單程 10.5km 來回）所需總時間 7.5小時

筆者是抵達納塔萊斯港後，才前往旅行社預約百內三晚的住宿。只有第一天的拉斯特瑞斯山屋有空床；第二天與第三天因為預約全滿了訂不到，所以毫無對策地就出發了。因為我相信旅行社說的話：就算沒有床位了，到當地還有廣闊的營地可以借帳篷。第二天的百內角山屋就跟預想的一樣沒有人取消床位，但幸好附近新建的多摩斯法蘭西斯山屋有空床位。如果連那裡都沒有位置的話，那麼可以在旁邊的營地租借帳篷。

昨晚的百內格蘭德山屋果然也沒有空床位，但廣闊的營地上有許多租借的帳篷。與睡在室內床位相比，望著巴塔哥尼雅高原的夜晚星空，反而度過了更有情調的一晚。早上時位在營地一邊的廚房與淋浴間很熱鬧，健行者們朝氣蓬勃地做著早上的準備。出發的準備結束後，與前一天一樣將大背包放在帳篷中，只帶了護照及錢包等貴重物品就輕裝出發健行了。在百內塔最後一天的路線，是往W字最左側斜槓攀升，再從同一條路回來的行程。爬到格雷湖後，接著走到

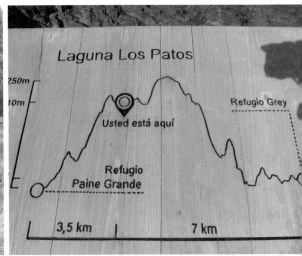

W字最左上角的冰川前再回來。如果條件上還有多一天的時間，可以事先預約位在格雷湖的格雷山屋（Refugio Grey），多住一晚會更舒服且有餘裕。出發後過了40分鐘，來到 3.5公里處一個小小的洛斯帕托斯湖（Laguna Los Patos），是個可以稍微休息一下再走的地點。再走個1公里後，接著會抵達格雷湖觀景台。開始看得到遠方格雷冰川的模樣，也會發現湖水的顏色確實與之前稍微不同。

　　周遭景色與遠方美麗的湖水及冰河不同，有好一陣子都是陰森荒涼的景色。燒得焦黑的枯木就像某部電影中的死亡之地一樣，在一段區間內怪異地持續出現。這是幾年前因為以色列健行者失手引發的山火造成的。想到一個小小的火種被巴塔哥尼亞的強風颳走，然後火勢席捲燒毀草木的景象，就令人不寒而慄。

　　出發三小時左右會抵達格雷山屋。這條路線只爬升爬降200公尺的高度差，在沒有大背包的輕裝狀態下完全不吃力。再走個約1公里的平地就會抵達冰川前。爬上與冰川湖前觀景台無異的巨大岩石後，格雷湖以及對面的冰川在眼前神秘地展開。

　　百內塔W路線有兩個方向，以筆者來說，走的是由東向西移動的方向，第一天最累，景觀也最極端，來到第二天與第三天時難易度減弱，景觀的感動也漸漸變得較少，最後第四天的路線相對來說最舒適，也可能會感到平淡無趣。從西向東走的反方向感受就是相反的，第一天最平淡，但隨著時間推進，景觀會變得越來越感動，難易度也會漸漸變得越來越高，即使最後第四天是最吃力的，但站在百內三峰前時，看到最極致的景色後，感動會最大。不論走哪個方向都有優缺點，但可能與筆者走相反方向會比較好。

　　下山時走與上來時同樣的路回去，下到百內格蘭德山屋的路程一樣無負擔。早上八點左右出發的話，最晚五點左右就會抵達帳篷。要回到納塔萊斯港，得越過山屋前的佩霍伊湖，越過湖面往返普德托（Pudeto）的渡輪一天有三班。最後一天結束健行後，搭乘下午六點半的船，不久後在湖東側盡頭的普德托碼頭下船。碼頭前面的站牌可以搭乘返回納塔萊斯港的巴士，巴士會配合船抵達的時間在站牌等候。巴士會經過第一天入山申請時經過的阿馬加湖，兩個半小時後抵達納塔萊斯港轉運站。

健行基本資訊

旅遊時間

相當於南半球夏天的十一月到隔年二月為止都適合健行。巴塔哥尼亞是知名的風大之地，因為這個特性，所以雖然是盛夏，但不會那麼炎熱。且冬天國立公園的夜晚會早早降臨，相比之下夏季白天時間長，是個有利的特性。特別是巴塔哥尼亞的冬天極為酷寒，有許多路段會結凍，不適合健行。秘魯的印加古道與之相反，印加古道反而在冬天雨較少，適合健行。如果想要在一趟旅程中走完巴塔哥尼亞及印加古道的話，旅程時間的選擇就需要多思考一下了。

交通

巴塔哥尼亞健行並非長距離路線，是時間花費不到一週的短程路線。加上南美並不是簡單下定決心就可以去一趟的地方，所以如果只以短短的巴塔哥尼亞健行為目標前往南美旅行的話並不划算。可以的話，最好與其他觀光景點連結，制定有效率的旅遊動線較佳。也就是說，以整個南美大陸作為旅遊目標，構想符合目標的大致動線後，再巴塔哥尼亞地區整個放進行程中，詳細制定最有效率的移動路線。

住宿

菲茨羅伊峰與托雷峰健行的出發地查爾騰鎮上有hostel等許多住宿，步道周遭也有好幾個營地。百內塔W路線上有的山屋有限，有切雷若山屋、奎若斯山屋、多摩斯法蘭西斯山屋、格雷山屋、百內格蘭德山屋等六七個住宿處。盡可能事先預約好再前往為上。各個住宿附近也另外有付費的營地。

■ 切雷若山屋El Chileno Refugio
網站 www.fantasticosur.com/mountain-lodges/chileno-mountain-lodges

■ 奎若斯山屋Los Cuernos Refugio
網站 www.fantasticosur.com/mountain-lodges/cuernos-mountain-lodges-and-camping

■ 多摩斯法蘭西斯山屋Domos Frances
網站 www.fantasticosur.com/mountain-lodges/domos-frances

■ 格雷山屋Refugio Grey
網站 https://www.vertice.travel/camping-grey/

■ 百內格蘭德 山屋Refugio Paine Grande
網站 https://www.vertice.travel/refugio-paine-grande/

用餐

可以在住宿付費吃早餐，也可以在廚房烤土司來吃，或可以準備鍋粑帶去等做簡單的料理來吃。中餐的話，通常會在前一天晚上準備三明治及水果等簡單的點心帶著，健行途中稍微休息時解決掉。晚餐可以在住宿處的廚房煮來吃，也可以在住宿處的餐廳付費用餐。因為地處偏僻，所在出發前往健行地點之前，先備妥體積小、重量輕、高卡路里的點心再出發會十分有益。

預算

巴塔哥尼亞健行有兩條代表性的路線：三天兩夜的阿根廷菲茨羅伊峰及托雷峰健行，以及智利的四天三夜百內塔健行。因為南美地區本身幅員遼闊，所以事先計劃高效率的動線是最重要的，才能讓行程安排及花費最精簡化。

前往菲茨羅伊峰及托雷峰健行的查爾騰鎮來回巴士約為台幣1,800元，埃爾卡拉法特及查爾騰鎮四晚的住宿費，若以便宜的hostel為基準，一人一晚約為台幣500元左右。住宿費加上交通費，五天四夜約需台幣3,800元。當然，五天當中的餐費及飲料費每人花費習慣不同，此金額不包含餐飲費在內。

從埃爾卡拉法特智利進入智利，在健行的關口納塔萊斯港住一晚，第二天移動至百內塔進行四天三夜的健行後，再次回到納塔萊斯港住一晚，讓我們來看一下這樣的費用吧。

納塔萊斯港的住宿費如果也是以便宜的hostel為基準，一人一晚約為台幣500元左右，百內塔健行地點的住宿費一人約為台幣1,300～1,800元左右。從埃爾卡拉法特移動至納塔萊斯港，以及納塔萊斯港到百內塔健行地點來回，這三趟巴士的費用約為台幣2,500元左右，這是包含中間渡湖時會搭一次船的船資在內的金額。住宿費及交通費，加上百內塔入場費約台幣1,000元在內，六天五夜的行程約花費台幣7,600元左右，當然六天當中用餐及飲料費用也是看個人，這是不包含餐飲費在內的金額。

旅遊小秘訣

南美旅行時，比起獨自一人，兩人或四人一組行動較佳。除了安全問題以外，交通費等經費方面會特別有效益。雖然巴塔哥尼亞健行時間不過六天而已，但考慮到每個區間移動的時間，最少會需要九天。再加上，如果把來到此地一定要去走走的佩里托莫雷諾冰川及蓬塔阿雷納斯加入行程，那麼巴塔哥尼亞的總旅行天數最少需要十二天較恰當。

健行後的觀光景點

從百內塔再次回到納塔萊斯港後，休息個一天左右，再南下前往去南極的前哨基地蓬塔阿雷納斯。有時間的話，也可以再往南到烏斯懷亞（Ushuaia）去轉轉。之後搭飛機往北回到智利的首都聖地牙哥後，也可以規劃去玻利維亞的烏尤尼鹽沼（Salar de Uyuni），或為了印加古道前往秘魯的庫斯科。這是將巴塔哥尼亞行程放在中間來規劃前後旅程時，最一般也最恰當的動線。從秘魯的利馬或智利的聖地牙哥南下的相反行程也無妨，只要以相反的順序移動即可。

里程表

	NO	途經地點	海拔高度(m)	距離(km)	累積	進度
第一天 菲茨羅伊	1	查爾騰鎮 El Chalten	400	0	0	0%
	2	菲茨羅伊瞭望台 Mirador del Fitz Roy	730	4.3	4.3	20%
	3	波因賽諾特營地 Campamento Poincenot	720	4	8.3	40%
	4	里歐布蘭蔻營地 Campamento Rio Blanco	760	0.7	9	43%
	5	洛思特瑞斯湖 Laguna de los Tres	1,180	1.5	10.5	50%
	6	里歐布蘭蔻營地 Campamento Rio Blanco	760	1.5	12	57%
	7	波因賽諾特營地 Campamento Poincenot	720	0.7	12.7	60%
	8	卡普里湖 Laguna Capri	760	4.5	17.2	82%
	9	查爾騰鎮 El Chalten	400	3.8	21	100%
第二天 托雷峰	1	托雷峰觀景台 Mirador del Cerro Torre	510	3.5	3.5	15%
	2	阿戈斯蒂尼營地 Campamento de Agostini	610	5.5	9	38%
	3	托雷湖 Laguna Torre	630	0.5	9.5	40%
	4	麥耶斯翠瞭望台 Mirador Maestri	790	2.5	12	50%
	5	查爾騰鎮 El Chalten	400	12	24	100%

	NO	途經地點	海拔高度(m)	距離(km)	累積	進度
第一天 百內塔	1	阿馬加湖 Portería Laguna Amarga	-	0	0	0%
	2	拉斯特瑞斯山屋 Refugio Las Torres	150	0	0	0%
	3	拉斯特瑞斯巴塔哥尼亞飯店 Hotel Las Torres Patagonia	135	1	1	1%
	4	三岔路	150	0.7	1.7	2%
	5	切雷若山屋 Refugio Chileno	409	3.5	5.2	7%
	6	特瑞斯營地 Campamento Torres	570	1.2	6.4	8%
	7	百內塔觀景台 Mirador Las Torres	880	3.6	10	13%
	8	拉斯特瑞斯山屋 Refugio Las Torres	150	10	20	25%
第二天 百內塔	9	拉斯特瑞斯巴塔哥尼亞飯店 Hotel Las Torres Patagonia	135	1	21	27%
	10	三岔路口	150	0.7	21.7	27%
	11	今日最高點	243	7.8	29.5	37%
	12	奎諾斯山屋 Refugio Cuernos	78	2.5	32	41%
	13	多摩斯法蘭西斯山屋 Domos Frances	90	3	35	44%

MILE POST

第三天 百內塔	14	義大利營地 Campamento Italiano	190	2.5	37.5	47%
	15	法蘭西斯冰川觀景台 Mirador Glaciar del Frances	475	2	39.5	50%
	16	布利塔尼可觀景台 Mirador Britanico	750	3.5	43	54%
	17	義大利營地 Campamento Italiano	190	5.5	48.5	61%
	18	斯科茨貝格湖觀景台 Mirador Lago Skottsberg	150	5	53.5	68%
	19	百內格蘭德山屋 Refugio Paine Grande	45	2.5	56	71%
第四天 百內塔	20	洛斯帕托斯湖 Laguna Los Patos	210	3.5	59.5	75%
	21	今日最高點	250	1.5	61	77%
	22	格雷山屋 Refugio Grey	65	5.5	66.5	84%
	23	格雷冰川觀景台 Mirador Glaciar Grey	40	1	67.5	85%
	24	格雷山屋 Refugio Grey	65	1	68.5	87%
	25	百內格蘭德山屋 Refugio Paine Grande	45	10.5	79	100%

07

秘魯 /
印加古道
Inca Trail

說到「印加路網」（Inca Roads），指的是從厄瓜多的首都基多（Quito）開始，縱貫秘魯與智利首都聖地牙哥，綿延四萬公里的長距離路線。這是南美的印地安人*為了躲避冷酷無情的歐洲人，依附並躲藏穿梭於安地斯山脈的生存之路，也是年輕時期的切・格瓦拉以一台古董摩托車奔馳了八個月，睜眼看世界的路程一部分。但在今日提到「印加古道」（Inca Trail）時，指的則是前往「消失的空中城市──馬丘比丘」的45公里山路。這條路雖然帶給過去的印地安人苦難，但卻是讓今日的健行者們擁有感動與喜悅的路。

* 　在西班牙文中稱呼當地原住民為「印地安人」（indio）。

委內瑞拉
哥倫比亞
秘魯
印加古道
巴西
玻利維亞
智利
巴拉圭
阿根廷

造訪消失的空中城市馬丘比丘之路，
印加古道

　　西班牙殖民者法蘭西斯克・皮薩羅建設了南太平洋沿岸的新城市，使今日秘魯的首都利馬誕生，但實際上比起利馬，有更多人為了造訪印加帝國過去的首都庫斯科而前往秘魯。座落於海拔3,400公尺的安地斯盆地，既是歷史悠久的印加文明搖籃，也是曾經被稱為「世界的肚臍」之處。亦是今日行走在印加古道上人們，欲前往馬丘比丘的前哨基地。

　　在一百年前美國的考古學者海勒姆・賓厄姆三世（Hiram Bingham）發現馬丘比丘之前，它有四百多年間的時間都嚴密地藏得好好的。這個巨大的空中城市是何時、是如何、是因為何種緣由建造的，為什麼會以如此完好無缺的狀態變成空城，至今仍未被確實查明，只有各式各樣的解釋流傳。有可能是因為最後的帝王阿塔瓦爾帕被殖民者皮薩羅處刑後，帝國沒落，印加人們為了躲避歐洲人的壓迫，躲進深山中，建造只有族人知道的城市。

　　看到庫斯科及附近的遺跡便會知道，印加人搬運巨大的石頭打磨後堆疊成大型建築物，他們的石砌建築技術近乎神奇。印加人在這個他們自己建造的山中偏僻城市過了一段安全且和平的生活。但某一天，可能是聽到歐洲人發現此處並馬上要攻打進來的傳聞，因此害怕的馬丘比丘印加人們緊急地四散逃亡。這雖然不是已被驗證的事實，但仍是說明馬丘比丘的眾多傳說其中之一。

下到馬丘比丘參觀三四個小時後，不論是誰都會被這古代城市的纖細、宏偉及精巧所折服並感到震驚。但某一瞬間便會被一個理所當然的疑問包圍：這些隨隨便便就超過數十噸重的巨石，究竟到底是從何處取得，又是怎麼搬到如此高的地方呢？看到庫斯科的十二角石或薩克塞瓦曼城垣（Saqsaywaman）時，不禁好奇這些巨大的石塊是如何做出來的，就像被鋒利的刀喀嚓切開似地。石頭與石頭之間連放一張紙進去的縫隙都沒有，完美地咬合堆疊在一起的秘訣究竟是什麼呢。

　　當時的印加人們並不知道鐵是什麼。在沒有鐵器的情況下，只以青銅器及巨大的岩石，就建造出了這般的山中城市。只要是行走印加古道抵達馬丘比丘的健行者，不論是誰都一定會有這樣的疑問。這些都凸顯出印加人們的偉大，對他們的敬畏感越來越大。

印加古道是秘魯當局嚴格保護與管理的區域，禁止個人健行者，一定要透過旅行社，跟著有導遊同行的團體套裝行程才行。必須攜帶護照，並在出發點及中間經過三次檢查哨以確認身份。入山人數限制在一天五百人以內。但其中導遊及搬運工就佔了將近一半名額了，所以實際上健行者數一天可說只有二百五十人左右。一組團體的人數不算導遊與搬運工的話為十五至二十人。

　　根據旅行社不同，行程有幾個選項可選，但大致上四天三夜的縱走路線是最普遍的。第一天凌晨從庫斯科搭乘兩個半小時的巴士移動，抵達奧揚泰坦博（Ollantaytambo）。在一個小時的等待時間吃完早餐後檢查裝備完，會換乘一次巴士。在附近的皮斯卡庫喬（Piscacucho）下車，於「km82」檢查哨進行入山審查，之後便開始健行。km82是「從庫斯

科起，鐵路距離82公里處」之意。第一天經過印加遺趾「亞可塔帕塔」（Llactapata）等後，會在海拔3,000公尺的瓦伊拉邦巴（Wayllabamba）野營。

第二天會越過以「死亡女子之丘」而聞名，海拔4,215公尺的瓦魯米瓦奴斯卡（Warmi Wanuska），這是印加健行中要登上最高高度的難關。第三天參觀完普尤帕塔瑪爾卡（Phuyupatamarca）等各個印加遺跡後，會在維奈維納（Winaywayna）野營。最後一天為了看日出，清晨就出發了，在「太陽門」（Intipunku）觀賞馬丘比丘莊嚴的景色。之後走下去參觀馬丘比丘內部三四個小時，結束跟團行程。

所有行程都包含住宿用餐，所以只要準備好個人服裝及睡袋即可。印地安的搬運工們各自會背負30公斤左右的帳篷及食材，緊跟在團隊前後。從矮小的身材中透露出他們的堅毅剛強，不禁讓人驚訝讚嘆，但另一方面自己的內心也有些過意不去。跟團費用根據合約條件的不同，費用大約落在台幣18,000到23,000元左右。三四個月前先在國外網站上或透過國內旅行社事先預約較佳。

印加古道地圖

馬丘比丘
achu Picchu ○

○ 阿瓜斯卡連特斯 Aguas Calientes

● 太陽門 （Intipunku）

檢查哨
● Winaywayna

● Phuyupata Marka

● Conchamarka
Sayaqmarka

● Runkurakay

● Pacaymayo

Llactapata ●

km82
（皮斯卡庫喬，Piscacucho）
○

奧揚泰坦博
Ollantaytambo ○

Rio Urabamba

Rio Ahobamba

Rio Sayamarca

Rio Pacaymayo

Rio Urabamba

Rio Ahobamba

○ 瓦魯米瓦奴斯卡 （Warmi Wanuska，死亡女子之丘）

● Llullucha Pampa

檢查哨

Wayllabamba

　　時間跟體力都不夠的人，可以選擇不走四天三夜的健行，在阿瓜斯卡連特斯（Aguas Calientes）搭乘巴士上馬丘比丘的當日來回觀光較佳，這也是一項人氣套裝行程。參觀馬丘比丘三四個小時後，返回阿瓜斯卡連特斯，再搭乘火車及巴士回到庫斯科。

　　在庫斯科市區內轉個一兩天，會發現有兩座銅像特別吸引目光。一座在觀光客們最愛去的市中心武器廣場（Plaza de Armas），以及往廣場東南方連接的太陽大道（Av.De Sol）盡頭十字路口的另一座銅像。兩處都在

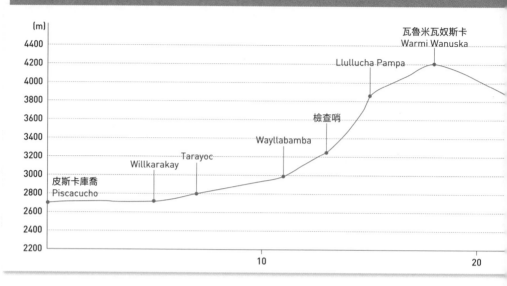

庫斯科市中心要地，兩座銅像都是印加皇帝帕查庫特克（Pachakuti Inca Yupanqui）。這位統一帝國、建設首都庫斯科的偉大印加皇帝向著太陽舉起雙臂，展現出無比威嚴。

行走印加古道，與馬丘比丘相遇，回到庫斯科看到皇帝銅像後，感受到了奇妙的虛無感。帕查庫特克死後不過六十年印加便沒落了，燦爛偉大的文明因少數歐洲人而被虛無地踐踏，後世代代子孫受到壓迫。這是距現今不過五百年前的事。在這段時間中，侵略者及原住民之間不斷混血並反覆傳承下去，現在印加的土地上，已經沒有對過去侵略者的憎惡。他們也是祖先的一部分。現在在秘魯，混血的麥士蒂索人（Mestizo）及白人佔了人口的一半以上。

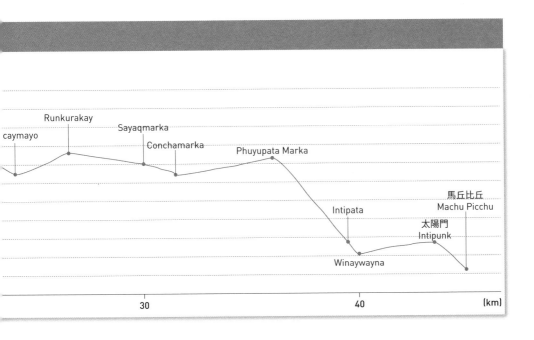

caymayo
Runkurakay
Sayaqmarka
Conchamarka
Phuyupata Marka
Intipata
Winaywayna
馬丘比丘
Machu Picchu
太陽門
Intipunk

30 40 (km)

印加古道
路線指南

皮斯卡庫喬
km82

瓦伊拉邦巴

瓦魯米瓦奴斯卡

帕凱瑪又營地

維奈維納營地

馬丘比丘營地

第1天　皮斯卡庫喬 Piscacucho ……▶
瓦伊拉邦巴 Wayllabamba

5km	2km	4km

Piscacucho（km82）　Willkarakay　Tarayoc　　　　Wayllabamba
2680m　　　　　　　2750m　　　2800m　　　　　2950m

距離 11km 累積距離 11km 進度 24% 所需總時間 6小時

　　以越過烏魯班巴河（Rio Urabamba）作為健行的開始。堅固吊橋下方土色的濁流洶湧。從上游起被雨水沖刷下的泛紅黃土，連沈澱至河床的時間都沒有，就乘著激烈的水流被捲往下流。矮小的印第安搬工背著比身高還高上許多的大背包，快步走在前方。跟團健行者們在四天三夜當中吃與睡必要的食材及帳篷等，都由他們背負搬運。也有將沈重行李駝在驢子上的個人原住民邊哼著歌邊走過。

　　與流過右側溪谷的烏魯班巴河完全分開後，不久會抵達威爾卡拉凱（Willkarakay）。堅固且緊密堆疊出的城牆雖然崩塌了，但維持著樣貌作為遺址留了下來。路右側數百公尺的懸崖下壯觀的景致展開——看起來有十幾間小小的房屋的農村亞可塔帕塔（Llactapata），與韓國南海的加川梯田村相似的階梯式梯田呈現出宏偉的風光。據說是過去建設馬丘比丘的人們開墾田地生活的村莊。

　　早上十點左右出發的話，下午兩三點左右會抵達塔拉悠（Tarayoc），有幾棟牆磚上包覆著馬口鐵的破爛房屋，前面有河流過。雖然乍看之下，比起河更覺得像是條小溪，但毋庸置疑的是條有名字的河。這是不久前分開的烏魯班巴河的

支流庫西查卡河（Rio Cusichaca）。河畔有寬廣的空地，是可以吃午餐的地方。大致上搬工都已經先抵達準備好午餐了。用餐時可以花1新索爾（PEN / Peruvian New Sol，台幣約9元左右），買與韓國小米酒相似的秘魯玉米酒來喝。

走在庫西查卡河旁的溪谷路上攀升兩小時後，右邊丘陵上會出現寬廣的營地。這是印加古道第一天的住宿地瓦伊拉邦巴（Wayllabamba），通常搬工已經先抵達把雙人帳先按照團員人數搭好了。抵達後多多少少會有些自由時間，之後會在長長的餐桌上與二十人左右一起用餐，結束第一天的行程。因為海拔將近3,000公尺，所以也要做好高山症的預防對應措施。天氣好的話，有機會在營地前的溪谷之間，看到戴著冰川帽子的薩康泰山（Salkantay，6,271m）。

第2天　瓦伊拉邦巴 Wayllabamba ……▶ 帕凱瑪又營地 Pacaymayo

2km	2km	3km	6km	
Wayllabamba 2950m	檢查站 3250m	Llullucha Pampa 3840m	Warmi Wanuska 4215m	Pacaymayo 3550m

距離 **13km** 累積距離 **24km** 進度 **53%** 所需總時間 **8小時**

四天當中要爬上最高高度的困難區間。從一開始就是陡峭的上坡。早上八點之前出發，經過裊裊白煙升起的山谷村落房屋，可以聞到印地安人們炊早飯的香氣。不久後，所有人都得在穿著平民服裝的人坐著、像是檢查哨一樣的地方停下。招牌上以西班牙文寫著意為「國立自然保護地區管理署」的字眼。這裡是確認昨天在健行入口申請入山的人員是否相同的檢查哨。管理署的員工檢查各個健行者遞交的護照，像是大發慈悲似地，在空白的紙上碰一聲地蓋下大大的印章。

從瓦伊拉邦巴出發後三小時左右，會抵達吃午餐的地點崙盧洽潘帕（Llullucha Pampa）。四天當中每天都會有兩小時的午餐時間。健行者們在用餐後可以充分享有休息時間，對搬工們來說是為了要快點移動至晚餐場所而進行整理的時間。正當隱約覺得這裡和韓國普通的山中林間道路沒什麼兩樣的時候，異國風貌的樹林、枯木及印地安人的茅屋進入視野，讓人產生這裡就是印加古道的實感。特別是尖尖聳立在雲上的山頂威容，讓人感受到與韓國山勢極大的差異。

當路變得相當陡峭時，就抵達山頂了，這是海拔4,215公尺的瓦奴斯卡峰（Wanuska）。包含兩小時的午餐時間在內，花了七個小時攀登海拔1,200公尺的高度差，站在超過韓國漢挐山白鹿潭兩倍的高度上。在當地安地斯高原部落克丘亞族（Quechua）的語言中，「瓦魯米」（Warmi）指的是「女人」，「瓦奴斯卡」（Wanuska）的意思是「死亡」，瓦魯米瓦奴斯卡峰的意思就是「死亡女子之丘」。可能蘊含著很久很久以前某個女人悲傷的死亡故事，或是因為長長橫倒的坡頂輪廓與女子的姿態相似而賦予這個名字等等，有各種解釋這獨特名字的說法。山頭下方鋪著厚厚的雲，讓人沈浸於彷彿身處某個天上世界般的氛圍。

從山頂到終點的帕凱瑪又營地為一個半小時的距離。可以感受到在雲上停留後，進入雲中下來，輕輕回到地上的輕鬆感。從海拔3,000公尺開始，越過 4,215公尺的山頭，下到 3,500公尺的營地。結束四天當中最辛苦的旅程。

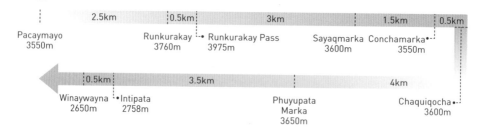

第3天 帕凱瑪又營地 Pacaymayo ⋯⋯▶ 維奈維納營地 Winaywayna

	2.5km		0.5km	3km		1.5km		0.5km
Pacaymayo 3550m		Runkurakay 3760m	• Runkurakay Pass 3975m		Sayaqmarka 3600m	Conchamarka• 3550m		

	0.5km		3.5km			4km	
Winaywayna 2650m	• Intipata 2758m			Phuyupata Marka 3650m		Chaquiqocha• 3600m	

距離 **16km** 累積距離 **40km** 進度 **89%** 所需總時間 **10小時**

可以看到印加各個遺跡的路段。一般來說團體會在早上七點半到八點之間出發。從開始就是急遽傾斜的上坡路，從海拔3,550公尺的露營場往上爬到3,975公尺的第二個山頭為止。光是看到這些精巧的石階，都能推測出印加人們的石砌有多麼厲害。抵達第一個遺跡「魯庫拉凱伊」（Runkurakay），海拔3,760公尺，此處英文被稱為「Strong Construction」，近來被作為休息處、觀景台或市場等多功能用途。據說沿著幾萬公里的原印加古道走，幾乎每十五公里就建有這種設施。特定日子裡，這裡會擺市場進行交易，或擔任地區間通信往來的訊息傳達基地。

出發後兩小時左右，會越過繼「死亡女子之丘」後第二高的山頭，海拔為3,975公尺。為了與之前經過的魯庫拉凱伊建築（Runkurakay Construction）做出區別，因此稱這裡為「魯庫拉凱伊隘口」（Runkurakay Pass），從這個山頭開始，到馬丘比丘及車輛可以下去的阿瓜斯卡連

特斯為止，大致上為連續的下坡路。

不久後會抵達第二個遺跡「沙亞克瑪卡」（Sayaqmarka）。要走上路左邊出現的陡峭階梯，爬到城郭上再下來，因此大多人會把背包放在城牆下再爬上去。要爬上一百多階石階的此處，是為了大地之神Pachamama而建的神聖場域，並兼任要塞角色。堅固的石牆堆疊，劃分出幾個區域。「沙亞克Sayaq」是「高」之意，「瑪卡Marka」指的是「地點、位置或村落」。

第三個遺跡「昆查瑪卡」（Conchamarka）。為了向曾廣為支配南美大陸的印加首都庫斯科通知帝國各地情況，因而配置驛使，他們叫做「查斯奇」（Chasqiy）。當時的印加因為沒有馬匹，所以他們只能奔跑擔任傳令的角色。昆查瑪卡兼具這些驛使們暫時休息一下再走的休息處，神殿、以及軍事要塞功能。

抵達查快寇查（Chaquiqocha），在兩個多小時的午餐時間後再次出發。過了印加隧道後不久，會經過多階式的巨大城池普尤帕塔．瑪卡（Phuyupata Marka）。從沙亞克瑪卡開始是不太有高低起伏的平地，但這裡是微微的上坡。之後有急劇的下坡在等著。一口氣下降1,000公尺高度差的最後關頭，經過立著因提帕塔（Intipata）指標的三岔路口，不久後就會看到山谷印地安村落烹煮晚餐的炊煙在迎接我們，是維奈維納營地（Winaywayna）。這是超過十個小時的路程。明日清晨出發，到馬丘比丘還剩下5公里的路。

3.5km	1.5km

Winaywayna
2650m

Intipunku
2745m

Machu Picchu
2430m

距離 **5km** 累積距離 **45km** 進度 **100%** 所需總時間 **2小時**

　　最後第四天會在清晨四點左右起床，五點左右出發，因為要配合日出時間抵達馬丘比丘入口。維奈維納營地正下方就是印加步道第三個檢查哨。有許多人想要早點進入馬丘比丘而排成長長的隊伍，因此從營地早十分鐘出發與否的差別可不小。

　　第一天分開的烏魯班巴河再次在遠遠的溪谷下方展露姿態。像蛇一樣蜿蜒曲折、長長延伸出去的河道，上方輕覆蓋著幾點低低漂浮的雲。從檢查哨出發過了一個小時左右，陡峭的石階擋住了前方去路。擠出最後的力氣爬上去，某個瞬間視野突然變得開闊，熟悉的風景在眼前展開。不論是誰都曾在照片上看過多次的馬丘比丘，在這瞬間見到了本尊實貌。

　　爬到能看到馬丘比丘全貌的「太陽門」（Intipunku）上，這裡是馬丘比丘的重要關口。往下眺望下面的馬丘比丘時，看起來就像是太陽從這裡照射下去似地，因此稱為「太陽Inti門Punku」。跟團的成員互相擁抱，祝賀慰勞這段時間的辛苦後，坐在石階上吃早餐兼點心。馬丘比丘後方巍峨拔起的瓦納比丘（Wayna Picchu），與變得更靠近一些的烏魯班巴河景色交織，形成極致莊嚴的畫面。特別是連接到阿瓜斯卡連特斯的彎彎曲曲稜線路，光是用看得都覺得驚險得令人頭暈目眩，同時也美得像幅畫。

　休息結束後，隨著一行人再次背上背包。沿著窄小的石牆路一步步朝馬丘比丘前進。首先會在茅草瞭望屋（Viviendas de los Guardianes）上停留一下，這是能將整個馬丘比丘樣貌看得最清楚的位置。大部分的遊客會站在這裡拍紀念照。附近被稱為葬禮石（Roca Funeraria）的大石頭，現在雖然看起來很平凡，但在過去可是神聖的祭壇。從瞭望屋下來後不久，會經過梯形模樣的四角大門。從中央廣場（Plaza Principal）開始，依序參觀馬蹄形太陽神殿拴日石（Intihuatana），據說為連接太陽的柱子，以及有三個窗戶的三窗神殿、禿鷹神殿（Templo del Cóndor）等。從神聖的石頭到廣大的階梯形耕地，看完一整圈通常要花上三四個小時。全部參觀完畢後，帶團嚮導會與一行人在出口附近解散。沒有走印加古道而是當日來回、只參觀馬丘比丘的觀光客，會從這個出入口進來，參觀完後再從這個出口出去。從出口離開後，搭乘巴士，沿著彎彎曲曲的車道行駛20分鐘左右，在美麗的小鎮阿瓜斯卡連特斯下車。如果有時間的話，也可以在這裡悠哉地多休息一天。要回到庫斯科，先搭火車到奧揚泰坦博，在這裡換乘前往庫斯科的巴士，交通上最便宜也最方便。

健行基本資訊

旅遊時間

夏天經常下雨，因此有景觀上的限制等許多不便之處。選擇雖然冷，但好天氣的日子多的冬天行走印加古道較佳。與北半球季節相反，冬季的五月到九月雨下得最少、天氣最晴朗。此外的其他時間，則約兩三天會有一天下雨。每年二月的一整個月為休養期，為了讓自然能休息而禁止入山。一月及三月烏魯班巴河會氾濫，根據現場實際情況，有可能會被禁止入山。在跟團時，務必要先與旅行社討論好這部分。

交通

要前往印加古道的關口庫斯科，從台灣並沒有直航班機。根據航班不同，可能會在洛杉磯、巴拿馬、利馬等城市轉機兩三次才行。如果是跟團旅遊的話，會在庫斯科搭乘當天凌晨旅行社安排的巴士出發。如果是個人的話，則在武器廣場搭乘等待發車的巴士。也會在前一天於特定場所預先集合，進行行前說明會。一般來說會在早上六點前從庫斯科出發。

住宿

四天三夜中會與嚮導及搬工同行，且為有提供食宿的跟團行程。搬工們會事先抵達定好的營地搭好帳篷。通常會按照團員人數搭好雙人帳。睡袋要自行攜帶，餐具或炊煮器具等食材等則不需要。

用餐

皆包含在團費當中。除了住宿的帳篷以外，三餐也全由搬工們準備。透過外國旅行社訂購，被安排進外國人組別中的話，只會提供秘魯當地料理。大致上還不錯，但根據個人喜好不同，也有可能會不合口味。如果不是特別嘴刁的人，與陌生外國人一起度過四天三夜的行程可能更好。

預算

要走印加古道，只能參加有嚮導在內的跟團健行行程。所以支付給旅行社的團費，就幾乎是總費用的全部了，因為在健行途中，完全沒有個人用錢的機會或環境。可以透過國外網站預約，也可以透過國內旅行社申請。兩者各有優缺點，前者會與外國人一起旅行，所以語言及餐飲上可能會有所不便。相反地，後者因為會與本國人組成一團，雖有語言相通的領隊，相對地費用會貴上20～30%。

四天三夜的團費，根據旅行社及跟團內容的條件不同，大約在500至700美金左右。至少三四個月前就要先透過國外網站或國內旅行社預約。

TREKKING INFO

旅遊小秘訣

五到九月適合旅行，但六到八月為嚴冬，非常寒冷。一定要準備品質好的防寒衣物及睡袋。因為會攀升至海拔4,200公尺高，所以備妥丹木斯等高山症藥物較佳，在當地也可以便宜購得。

健行後的觀光景點

如果只走了印加古道就回家，沒有逛逛庫斯科會很可惜。在健行前或後一定要去參觀庫斯科及附近的遺址。庫斯科之後的旅程有兩種：為了返國而前往利馬，或者要前往南方旅行的話，最推薦往玻利維亞首都拉巴斯（La Paz）走的動線。

里 程 表

天數	NO	途經地點	海拔高度(m)	距離(km)	累積	進度
第一天	1	皮斯卡庫喬 Piscacucho（km82）	2,680	0	0	0%
	2	威爾卡拉凱 Willkarakay	2,750	5	5	11%
	3	塔拉悠 Tarayoc	2,800	2	7	16%
	4	瓦伊拉邦巴 Wayllabamba	2,950	4	11	24%
第二天	5	檢查哨	3,250	2	13	29%
	6	崙盧洽潘帕 Llullucha Pampa	3,840	2	15	33%
	7	瓦魯米瓦奴斯卡 Warmi Wanuska	4,215	3	18	40%
	8	帕凱瑪又營地 Pacaymayo	3,550	6	24	53%
第三天	9	魯庫拉凱 Runkurakay	3,760	2.5	26.5	59%
	10	魯庫拉凱隘口 Runkurakay Pass	3,975	0.5	27	60%
	11	沙亞克瑪卡 Sayaqmarka	3,600	3	30	67%
	12	昆查瑪卡 Conchamarka	3,550	1.5	31.5	70%
	13	查快寇查 Chaquiqocha	3,600	0.5	32	71%
	14	普尤帕塔瑪卡 Phuyupata Marka	3,650	4	36	80%
	15	因提帕塔 Intipata	2,758	3.5	39.5	88%
	16	維奈維納營地 Winaywayna	2,650	0.5	40	89%
第四天	17	太陽門 Intipunku	2,745	3.5	43.5	97%
	18	馬丘比丘 Machu Picchu	2,430	1.5	45	100%

08

法國、義大利、瑞士 /

白朗峰環線
Tour du Mont Blanc

由阿爾卑斯山最高峰白朗峰及其鄰近十幾座山環繞成橢圓形的路線，被稱之為「白朗峰環線」。與馬特洪峰（Matterhorn）及羅莎峰（Monte Rosa）等組合成的阿爾卑斯山脈分布於歐洲四個國家，屬於其中一部分的白朗峰環線均勻地經過法國、義大利、瑞士三國的土地，連接成一條線。與韓國的智異山環線會經過全羅南道、全羅北道、慶尚南道三個地區一樣。如同在一個國家的三個地區之間也會有微妙的文化差異，同樣地，在經過歐洲的三個國家時，也可以在文化上、地理上甚至人的氛圍上去比較並感受各種差異。

瑞士

白朗峰

法國　　　　　　　　　義大利

穿梭於阿爾卑斯三國的傳統山岳步道，

白朗峰環線

　　歐洲的屋頂阿爾卑斯山脈，其眾多名山中，最高峰為海拔4,807公尺的「白朗峰」（Mont Blanc），與海拔2,744公尺的韓國白頭山名字相似，兩者都是「白頭的山」。因萬年冰雪或火山石覆蓋，使峰頂一年四季看起來都是白的，成為山名由來。

　　白朗峰環線Tour du Mont Blanc（TMB）或稱環百朗峰步道，是從法國的萊蘇什（Les Houches）開始，經過義大利與瑞士後，再次回歸原點萊蘇什，總距離176公里的環狀路線。國家與國家之間古老的路徑接成一條線，連結山與山、溪谷與山谷村落，最終回到最初的出發點。雖然是橢圓形、雙方通行的環狀路線，但比起順時針方向，一般來說會走逆時針方向一圈。

　　法國西南部的國境城市「夏慕尼」（Chamonix），正式名稱為「夏慕尼白朗峰」（Chamonix-Mont-Blanc），是攻頂白朗峰的前哨基地，也與人類登山歷史的聖地無異。在日內瓦國際機場搭乘一個小時的巴士抵達此處後，會看到與白朗峰相關的三英雄銅像。首先是登頂白朗峰的兩人之一雅克‧巴爾瑪（Jacques Balmat），以及讓歐洲人懷抱登上白朗峰頂的夢想的瑞士登山家奧拉斯-貝內迪克特‧索敘爾（Horace-Bénédict de Saussure）並肩站著登場。附近還有與雅克‧巴爾瑪一起登上白朗峰的米

歇爾-加百利・帕卡德（Michel-Gabriel Paccard）孤單地獨自坐著的銅像。取兩個人的名字，命名此地為巴爾瑪廣場，正前方的鬧街就成了「帕卡德大街」（Rue du Docteur Paccard）。

　　夏慕尼是白朗峰攻頂的基地營，也是人類登山歷史的聖地，瞻仰過這個阿爾卑斯小鎮的中心地帕卡德大街及巴爾瑪廣場上三英雄的蹤跡後，該前往白朗峰健行了。走在阿爾卑斯眾山的稜線上環行一圈，十天後再次回到原點。

　　從夏慕尼到健行起始點的萊蘇什為搭巴士20分鐘的距離。走完白朗峰環線通常需要花十天左右，但時間因人而異，有可能九天就走完，或慢慢走的話，抓十二天的行程也可以。越過溪谷與吊橋來到萊孔塔米訥（Les Contamines），如果是七月之前的話，就會在邦霍姆山（Bonhomme）上

首次踏上阿爾卑斯的雪地。第三天越過塞涅山（Seigne），往下走到義大利時，可能會陷入奇幻新世界的幻想中。

經過貝尼（Veni）溪谷及美麗的山城庫馬約爾（Courmayeur），第六天時越過費雷（Ferret）溪谷，踏上瑞士的土地。在經過拉芙里（La Fouly）及尚佩（Champex）的四天瑞士行程中，美麗的山谷小鎮及木造住宅會吸引目光讓腳步緩慢下來。

經過特里安（Trient），越過巴爾姆山口（Col de Balme），於第八天再次回到法國的土地。在海拔2,352公尺的美麗山頂白朗湖（Lac Blanc）度過在阿爾卑斯的最後一晚，第十天越過布列文山（Planpraz）及布雷旺山（Brévent），再次往下回到萊蘇什，走完一圈橢圓形的白朗峰環線。

除了白朗峰以外，可以在相似的高度觀賞大喬拉斯峰（Grandes Jorasses）及「巨人的牙齒——巨人齒峰」（Dent du Géant）等4,000公尺

級的雪山，享受邊就近眺望邊行走的趣味，與尼泊爾喜馬拉雅健行相比有過之而無不及。白朗峰環線是從最低海拔960公尺到最高2,600公尺之間，每天反覆上上下下的山岳健行路線。和地形上與平地健行相近、足足要花上一個月時間聖地牙哥朝聖之路呈現極度鮮明的對比。

雖然是山岳路徑，但路標和聖地牙哥朝聖之路一樣做得很好，在找路上沒有困難。白朗峰環線高度差1,000公尺左右的上坡與下坡每天反覆不斷，上升的高度差全部加起來超過10,000公尺。大約是每天爬上再爬下一次韓國漢拏山白鹿潭，十天當中反覆上下山的程度。與從最低海拔820公尺爬到最高海拔5,416公尺，十天當中幾乎沒有下坡、持續上攀的安納普爾納環線做個比較。十天當中高度差10,000公尺與4,596公尺，可以放大解釋為白朗峰需要比安納普爾納還多兩倍以上的能量。當然，這是在不討論安納普爾納環線因高山症而極度消耗能量的狀況才是這樣。

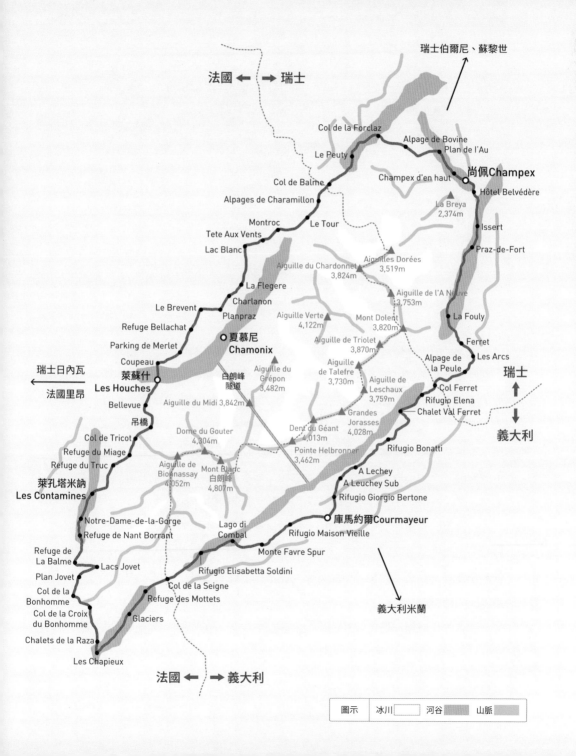

瑞士伯爾尼、蘇黎世

法國 ← → 瑞士

Col de la Forclaz
Alpage de Bovine
Le Peuty
Plan de l'Au
尚佩Champex
Col de Balme
Champex d'en haut
Hôtel Belvédère
Alpages de Charamillon
La Breya
2,374m
Montroc
Le Tour
Issert
Tete Aux Vents
Praz-de-Fort
Lac Blanc
Aiguilles Dorées
3,519m
Aiguille du Chardonnet
3,824m
La Flegere
Aiguille de l'A Neuve
3,753m
Charlanon
Le Brevent
Aiguille Verte
4,122m
Mont Dolent
3,820m
La Fouly
Planpraz
Refuge Bellachat
Aiguille de Triolet
3,870m
Ferret
Parking de Merlet
夏慕尼
Chamonix
Aiguille
de Talefre
3,730m
Les Arcs
Coupeau
萊蘇什
Les Houches
白朗峰
隧道
Aiguille du
Grépon
3,482m
Aiguille de
Leschaux
3,759m
Alpage de
la Peule
Col Ferret
瑞士日內瓦
Bellevue
Aiguille du Midi 3,842m
Grandes
Jorasses
4,028m
Rifugio Elena
Chalet Val Ferret
法國里昂
吊橋
Dome du Gouter
4,304m
Dent du Géant
4,013m
義大利
Col de Tricot
Refuge du Miage
Pointe Helbronner
3,462m
Rifugio Bonatti
Refuge du Truc
Aiguille de
Bionnassay
4,052m
Mont Blanc
白朗峰
4,807m
A Lechey
A Leuchey Sub
萊孔塔米訥
Les Contamines
Rifugio Giorgio Bertone
Notre-Dame-de-la-Gorge
Lago di
Combal
庫馬約爾Courmayeur
Refuge de Nant Borrant
Rifugio Maison Vieille
Refuge de
La Balme
Lacs Jovet
Monte Favre Spur
Plan Jovet
Rifugio Elisabetta Soldini
Col de la
Bonhomme
Col de la Seigne
Col de la Croix
du Bonhomme
Refuge des Mottets
Glaciers
Chalets de la Raza
Les Chapieux
義大利米蘭

法國 ← → 義大利

圖示 | 冰川 | 河谷 | 山脈

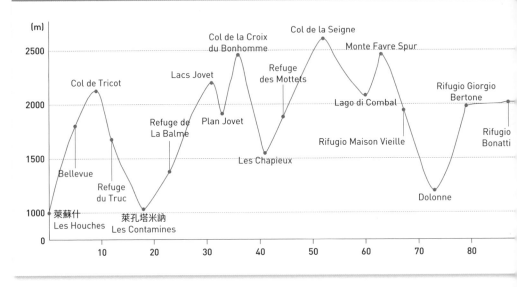

白朗峰環線高度表

(m)

- Col de la Seigne
- Col de la Croix du Bonhomme
- Monte Favre Spur
- Lacs Jovet
- Refuge des Mottets
- Col de Tricot
- Rifugio Giorgio Bertone
- Lago di Combal
- Refuge de La Balme
- Plan Jovet
- Bellevue
- Rifugio Maison Vieille
- Rifugio Bonatti
- Refuge du Truc
- Les Chapieux
- 萊蘇什 Les Houches
- 萊孔塔米訥 Les Contamines
- Dolonne

2500
2000
1500
1000
0

10　20　30　40　50　60　70　80

　　出發之前先花點心思訓練體力的話，旅程會更加享受且愉快。如果是一到週末就蠢蠢欲動想去爬鄰近郊山的體質，那麼平常就有管理好基本體力了。只要再稍微多加強一些體力，不論是誰要走完白朗峰環線都不會有太大問題。即使如此還是擔心自己體力的話，把健行時間拉長，多抓個二至三天也是個方法。除了體力之外，如果被工作或職場綁住，時間上餘裕不多的話，不全都以徒步走完，使用大眾交通工具跳過某些區間也是一種方法。路段選擇得好的話，可以抓成五天或一週的行程。

　　在久遠的人類歷史中，「登山」這個概念出現才不過兩百三十年。在雅克‧巴爾瑪與米歇爾-加百利‧帕卡德首次登頂白朗峰之前，人類沒有任何理由要登上高高的雪山。可能是因為相信山上住著會降下暴風、雨和雪等災禍的神明或惡魔。

　　意指攀登阿爾卑斯山之意的「Alpinism」一詞，在兩個人於一七八六

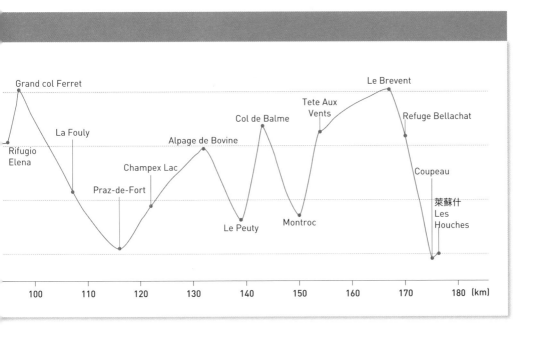

Grand col Ferret

Le Brevent

La Fouly

Tete Aux
Vents

Refuge Bellachat

Col de Balme

Rifugio
Elena

Alpage de Bovine

Champex Lac

Coupeau

Praz-de-Fort

萊蘇什
Les
Houches

Le Peuty

Montroc

100 110 120 130 140 150 160 170 180 (km)

年的某個夏日踏上白朗峰山頂起，其意義變得更廣，成為「攀登高山」之意。此後世上的雪山們對人類來說不再是覺得害怕與神秘的對象，而成了挑戰與探險的領域。阿爾卑斯及白朗峰就是這樣一個近現代人類的登山歷史起點，對登山者及健行者們來說意義重大。

南針峰（Aiguille du Midi）觀景台是走完一圈白朗峰環線的健行者們回到夏慕尼後，必去的最後一個路線。因為在這裡可以約略眺望到過去這段時間，行走白朗峰環線一圈的軌跡。可以看到馬特洪峰，也可以看到包括法國、義大利、瑞士三個國家在內的整個阿爾卑斯完美全景。

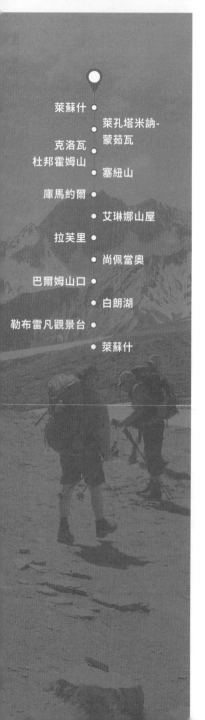

萊蘇什
　　　　　萊孔塔米訥-
克洛瓦　　　蒙茹瓦
杜邦霍姆山
　　　　　塞紐山
庫馬約爾
　　　　　艾琳娜山屋
拉芙里
　　　　　尚佩當奧
巴爾姆山口
　　　　　白朗湖
勒布雷凡觀景台
　　　　　萊蘇什

| 第1天 | 萊蘇什 Les Houches ……▶ |

萊孔塔米訥 - 蒙茹瓦 Les Contamines-Montjoie

5km	1.5km	2km	1.5km	1.5km	6.5km

| Les Houches 1007m | Bellevue 1801m | 吊橋 1720m | Col de Tricot 2120m | Refuge du Miage 1550m | Refuge du Truc 1720m | Les Contamines-Montjoie 1167m |

距離 **18km** 累積距離 **18km** 進度 **10%** 所需總時間 **7小時**

　　夏慕尼河谷從瑞士國境的巴爾姆山口開始。西南邊連接法國的土地，長長延伸出去23公里，直到佛札山（Col de Voza.）為止。白朗峰環線起始與結束的萊蘇什，位於夏慕尼河谷的西側盡頭。從萊蘇什的貝樂芙纜車站（Télécabine de Bellevue）乘車處，沿著道路往西走500公尺距離，即為白朗峰環線出發點。可以從這裡往佛札山（海拔1,653m）上走，但一般來說支付14歐元搭乘纜車到貝樂芙山頂後，再往特里寇山的路線更普遍。但如果是風雨交加的惡劣氣候，就不建議往特里寇山走，走佛札山較佳。

　　搭乘纜車在貝樂芙山下車後，夏慕尼河谷及阿爾沃河（法文：L'Arve／英文：Arve River）進入視野中。按照有五個指標上路標柱指示往特里寇山走，稍微往下走一小段後，經過白朗峰登山列車貝樂芙站。在將近海拔2,000公尺的阿爾卑斯草原上，與美麗的兩節車廂登山火車相遇。在等待列車經過後，跨越鐵道。

　　白朗峰山腰的比歐那希冰川（Glacier de Bionnassay）融化形成冰川河，越過冰川河上的橋後，抵達第一天的重點特里寇山。特里寇山位於朝向比歐那希峰的稜線及弗拉士山（Mont Voras-say）之間。在山頭上往下走一個小時高低落差

為500公尺的陡峭稜線後，抵達米雅吉山屋（Refuge du Miage）。這是被四周的山包圍的盆地地形，在時間上也是個吃午餐再適合不過的地點。

推克山屋（Refuge du Truc）位於能遠望蒙喬里山（Mont Joly）的蒙茹瓦溪谷（Val Montjoie）上。牛群發出的牛鈴聲特別美麗且讓人印象深刻。今日的終點萊孔塔米訥-蒙茹瓦（Les Contamines-Montjoie）是與夏慕尼及萊蘇什不相上下的知名度假勝地。為了供前來享受滑雪等休閒娛樂的人們使用，設有完善的商店及服務設施。到抵達義大利城鎮庫馬約爾（Courmayeur）為止的二至三天當中，是見不到此般大規模的城鎮的。如果有需要準備的東西，最好先在萊孔塔米訥-蒙茹瓦購買。

第2天　萊孔塔米訥 - 蒙茹瓦 Les Contamines-Montjoie
……▶克洛瓦杜邦霍姆山屋 R.Croix du Bonhomme

距離 **18km** 累積距離 **36km** 進度 **20%** 所需總時間 **10小時**

這是朝著45度傾斜的白朗峰環線拋物線一圈下方頂點前進的路段。要爬升將近海拔1,300公尺的高度差才行。離開萊孔塔米訥鎮，沿著本南河（Bon Nant）河谷路逆流而上，看見聖母院修道院後休息一下再走。從這裡開始到羅馬橋為止，是短暫卻陡峭的上坡路。之後再次沿著平緩的路走，在南伯蘭山屋（Refuge de Nant Borrant）喝杯茶休息一下再走。山屋是白色與咖啡色的兩層樓建築，與附近的樹林及藍天交織，勾勒出獨特的美。S型延伸出去的路盡頭，如屏風般擋住前路的，是海拔2,684公尺高的巨大拉佩納峰（Aiguilles de la Pennaz），讓人邊走邊震懾於它的雄偉。第三個遇到的休息處巴爾姆山屋（Refuge de La Balme）是適合解決午餐的好地方。位於莊嚴聳立的拉佩納峰山腳處，也為山屋增添了些威嚴感。在喬貝平原三岔路上，也可以不走直線前進的正規路線，選擇去喬貝湖一趟再回來也行。要爬升300公尺高度差，來回會花三小時，是個可以看到阿爾卑斯雪山下湖泊的機會。爬到湖畔往下望，喬貝平原及拉佩納峰和諧的莊嚴感無與倫比。如果擔心體力的話，當然最好省略喬貝湖，因為要越過邦霍姆山的下一段路可並不簡單。

如果是七月初之前前往的話，從當姆平原（Plan des Dames）起會是一片雪原。在翻越兩個山頭時，如果沒有冰爪是非常危險的。沿著雪地及岩壁路走，艱辛地抵達邦霍姆山後，又再次有陡峭的稜線路在等著。讓人感受到如果滑一跤，似乎就會跌入右邊河谷般的危險。走在稜線上再向上提升150公尺高度後，就會抵達這段路線的最高點克洛瓦杜邦霍姆山。山屋就在山下十幾分鐘的距離。

第3天 克洛瓦杜邦霍姆山屋 R.Croix du Bonhomme ▶ 伊麗莎貝塔山屋 Rifugio Elisabetta Soldini

5km	4.5km	1km	5km	4.5km
R.Croix du Bonhomme 2443m	Les Chapieux 1554m	Glaciers 1789m	Refuge des Mottets 1870m	Col de la Seigne 2516m	Rifugio Elisabetta Soldini 2195m

距離 **20km** 累積距離 **56km** 進度 **32%** 所需總時間 **10小時**

這是越過三次國境機會中的第一次，會翻越塞紐山（Col de la Seigne）進入義大利土地的路段。會經過兩次坡度有些陡峭的下坡，離開克洛瓦杜邦霍姆山屋後，沿著陡峭的Z字路徑下降到海拔2,000公尺處，粗糙又滑的雪路便結束了。越過拉薩牧場（Chalets de la Raza）鐵絲網，穿過數百隻的羊兒之間離開牧場。在出發一個半小時後，下降900公尺高度，來到平地小鎮雷沙皮歐（Les Chapieux），是在廣闊的營地上有小小超市的雅緻河谷小鎮。接下來會有好一段時間會遇不到超市，所以有需要什麼東西的話，在這裡購買較佳。

與景色充滿活力的下山路段不同，有好一陣子得沿著單調的柏油路行走。雖然很平緩但是為上坡路。有時會要閃避一些路過的汽車，所以走這段路時要相當注意。在格拉西耶鎮（Glaciers）前路面會變成山路，再次面對雄壯的阿爾卑斯雪山。海拔3,816公尺的岩山格拉西耶峰（Aiguille des Glaciers）像屏風一樣包圍這個鎮。不久後，抵達像是溫順地被放在綠色裙擺上似的摩帖山屋（Re-fuge des Mottets）。據說這是將作為牧場經營了很久的農家建築物改造，建成現在這般溫馨的休息處。

從山屋開始要往上爬好一段山路，之後廣大的世界在眼前展開。整個格拉西耶溪谷盡收眼底，幾個小時前經過的雷沙皮歐鎮變成了幾個點。脫下鞋子越過水勢湍急的冰川河道，在兩個半小時的艱辛後，終於抵達塞紐山。在基夫‧雷諾茲的白朗峰環線指南*中，形容這座山是「新世界的啟示The revelation of a new world」。國境界碑另一邊義大利的土地，就如同這句話字面上的意思，就像初次見到的「新世界的登場」一樣神秘。從山頂走30分鐘下來後，會看到廣闊的勒布蘭許溪谷平原（Vallon de la Lex Blanche）。緊接著在山頂上的伊麗莎貝塔山屋中，迎接白朗峰環線義大利路段的第一個夜晚。

* 原書名為「Cicerone The Tour of Mont Blanc：Complete Two-Way Trekking Guide」。

3.5km	3.5km	6km	3.5km	1.5km	4.5km

| Rifugio Elisabetta Soldini 2195m | Lago di Combal 2086m | Monte Favre Spur 2436m | Rifugio Maison Vieille 1956m | Dolonne 1210m | Courmayeur 1226m | Rifugio Giorgio Bertone 1989m |

距離 **22.5km** 累積距離 **79km** 進度 **45%** 所需總時間 **11小時**

從伊麗莎貝塔山屋出來後，往東北方延伸的貝尼溪谷，在早晨的陽光下神秘地拓展開。持續一段時間舒適的平路後，會經過看到多處湖底的科伯湖（Lago di Combal），在湖水結束後的三岔路口進入右邊山路。這是條如果在下雨或有強風的情況下，指南書中建議繞路平地的困難路線。毫不間斷的陡峭山路持續著，但當抵達山頂時，就能看見阿爾卑斯的壯闊風景。特別是正面垂直垂下的米亞吉冰川（Glacier de Miage）。上半部的冰川與下面陡峭溪谷四周堆積的灰色岩石沈積物，形成了極致的對照。

馬上緊接著是今天行程的最高點，法夫爾山腰（Monte Favre Spur）。是可以看到白朗峰南壁及群山山頂的位置。視線沿著山下白色的冰川與灰色的岩石往地上看去，會看到貝尼溪谷路（Via Val Veni），像一條又長又粗的毛線一樣，蜿蜒曲折地伸長出去。稜線路再次往右彎了90度，接著是陡峭的下坡。本來看著貝尼溪谷及白朗峰的視線，自然而然地朝反方向看去。長長的下坡路盡頭出現廣闊的雪地擋住去路，上面排成一列的健行者們，就像電影《齊瓦哥醫生》中的西伯利亞列車一樣突破雪地前進著。

經過林木界線後，周遭再次變為綠色。不久後，抵達座落於雪科路伊山（Checrouit）的梅頌比耶山屋（Rifugio Maison Vieille）。可以在這美麗的景色中慢慢休息一兩個小時吃午餐。經過整條白朗峰環線中最陡峭的下坡路段區間，走到多羅內（Dolonne）鎮後，馬上就會抵達義大利的山岳城市庫馬約爾，這是阿爾卑斯山最重要的交通要地，也是只走白朗峰環線一部分路段的健行者上下巴士的中繼站，是美麗且風姿綽約的山中城鎮。雖然下降了1,200公尺高度，但穿越過城市後，得要再次越過陡峭的上坡山路。再往上爬800公尺的高度後，抵達今天的終點貝爾托涅山屋（Rifugio Giorgio Bertone）。

| 2.5km | 2km | 4km | 5.5km | 2km |

| Rifugio Giorgio Bertone 1989m | A Leuchey Sub 1938m | A Lechey 1929m | Rifugio Bonatti 2025m | Chalet Val Ferret 1784m | Rifugio Elena 2062m |

距離 16km 累積距離 95km 進度 54% 所需總時間 8小時

　　貝爾托涅山屋是為了紀念義大利知名登山家喬治‧貝爾托涅（Giorgio Bertone）而建的。居高臨下俯瞰，庫馬約爾市區一覽無遺，是位在白朗峰山頂附近的美麗地點。從山屋左邊的路往上走，抵達海拔2,050公尺的丘陵。在被雪山包圍的平原對面，矗立著彷彿伸手可及的白朗峰南壁。白朗峰與低低排在旁邊的努瓦爾德佩泰雷峰（Aiguille Noire）尖銳鋒利的山型形成對比，看起來非常圓潤寬廣。

　　在進入瑞士之前，這一天先抵達了位於費雷山山腳的艾琳娜山屋（Rifugio Elena）。平緩的上下坡沿著稜線反覆出現，是至今為止的旅程中最舒適好走的區間。越過巨大水流與雪白泡沫一起強勁流動的阿爾米納河谷，被在寬廣草原盛開的黃色野花暫時吸走了目光，走著走著，不知不覺間抵達了博納蒂山屋（Rifugio Bonatti）。是至今經過的山屋中，規模最大，兼具奢華感與穩重感的山屋。

　　從遠方的塞紐山開始，沿著貝尼溪谷綿延的白朗峰群山，在費雷溪谷前與大喬拉斯峰相連。在面對大喬拉斯峰巨大南壁的位置佇立著山屋，這個山屋也是為了紀念偉大的登山家而建的，主角是第一個征服K2（世界第二高峰，喬戈里峰）的一員，沃爾特‧博納蒂（Walter Bonatti）。離開博納蒂山屋一個半小時後，出現有小溪流過、兩棟房屋孤零零地立著的三岔路口，沿著左邊幾乎U型迴轉的陡峭路徑往下走。走到費雷溪谷底部的阿努瓦鎮（Arnuva），下山需要花30分鐘左右。附近是可以開車進入阿爾卑斯山的最後一個地點：在寬廣的停車場及草皮庭園上，餐桌與遮陽傘林立的費雷溪谷山屋咖啡廳，可以在山屋咖啡廳中稍微休息一下。喝杯飲料後再次出發，攀升300公尺高度後，抵達艾琳娜山屋，度過在義大利的最後一個夜晚。

2.5km	3km	3.5km	0.5km	3km

Rifugio Elena 2062m　　Grand col Ferret 2537m　　Alpage de la Peule 2071m　　Les Arcs 1795m　　Ferret 1705m　　La Fouly 1610m

距離 **12.5km** 累積距離 **107km** 進度 **61%** 所需總時間 **6小時**

　　這是越過國境的三次機會當中的第二次，越過費雷山的路段。為了要翻越山頭前往瑞士，需要越過艾蓮娜山屋後方兩座山費雷山（Col Ferret）之一。原文放在山名前面的修飾語「Grand，大的」與「Petit，小的」，意指哥哥與弟弟，就等於是費雷家族的兄弟山。哥哥大費雷山緊接在山屋後方，弟弟小費雷山（海拔2,490m）則在北方稍微有點距離處。想要節省時間的健行者會選擇走距離較短的小費雷山。

　　走上山屋後方朝著大費雷山而去的陡峭稜線路後，過去幾天經過的義大利山頭及溪谷一覽無遺。從越過塞紐山後的伊麗莎貝塔、梅頌比耶、庫馬約爾、貝爾托涅、博納蒂到腳下的艾琳娜山屋為止，可以依稀回首之前走過義大利土地上見到的所有風景。如果是七月初之前來的話，這個山頭上的雪還沒融化，整片都是雪地。就像邦霍姆山時一樣，要經過若無冰爪行走會很危險的冰河山谷，才能爬到山頂。山頭中間立著精美的石塔，兩面刻著意指義大利的「I」及瑞士的「S」英文字母。兩國的國境沿著北方稜線長長延伸出去。

　　瑞士下坡雪原沒有危險區間，短短地結束了。令人高興的泥土路開始，瑞士的大地雖然泥濘，但可以感受到鬆軟柔滑。越過費雷山後一個小時，遇到瑞士的第一間民房。拉波勒牧場（Alpage de la Peule）位在能往下俯視溪谷、遠方瑞士草原盡收眼底的絕妙位置。長長的單層建物前，有兩個蒙古式的帳篷房屋蒙古包，吸引人目光。

　　沿著在綠色帆布上彎彎曲曲地繪有白色線條似的平原路，舒適地走在平緩的下坡路上。隨著跨越法國、義大利、瑞士三個國家的多朗峰（Mont Dolent，海拔3,823m）距離變近，其威嚴的模樣壓倒了周遭的景觀。經過費雷鎮來到拉芙里鎮，接連遇見美麗的瑞士鄉村。

| 8.5km | 2km | 4.5km | 2km |

La Fouly
1610m

Praz-de-Fort
1151m

Issert
1055m

Champex Lac
1466m

Champex d'en
haut
1440m

距離 **17km** 累積距離 **124km** 進度 **70%** 所需總時間 **7小時**

　　拉芙里鎮的雪絨花飯店（Hotel Edelweiss）餐廳與之前的山屋不同，除了健行者以外，也有許多一般觀光客聚集，因為這是這個鎮的巴士終點。連結想要深度享受阿爾卑斯的人們與瑞士各城市的交通要地，就是拉芙里鎮。

　　基夫・雷諾茲的指南書中介紹，今天走的行程是整條環線中最簡單的部分。時間或體力不夠的健行者們，可以在住宿旁的停車場搭巴士。指南書悄悄誘惑著事先斷定這會是個無聊的路段，進而想搭巴士的健行者們。如果想要一窺瑞士田園詩歌般的自然及鄉村生活，那麼絕對不能漏掉這個路段。

　　離開拉芙里鎮，經過數十公尺高的落葉松林後，會遇見人工湖。深綠色的冰川水被水壩攔住，形成像鏡子般光滑的水面。湖水上映照出綠色樹林、藍色天空，與早晨陽光相融合，形成一幅風景畫。越過兼具水門功能的水壩上方後，幽靜的田間小路持續著。到抵達普拉茲德福（Praz-de-Fort）為止的兩個半小時，會經過幾個瑞士典型的山谷小鎮。顏色秀麗的木造住宅在充足的空間中，稀稀落落但井然有序地立著。在山稜線傾斜的草原上，蓊鬱的樹林作為背景，房屋一點一點地散落著，正是電影及照片中總能看到的瑞士山谷如詩如畫的風貌。

　　在伊塞勒鎮馬路旁的夏特樂餐廳（Restaurant du Châtelet）中吃午餐，離開小鎮後，是將近兩個小時的連續上坡山路。之後會抵達有美麗湖水的城鎮尚佩（Champex）。與綠蔭濃厚的周遭群山一起呈現出安樂舒適的氛圍。眾多度假村建築與身著各種服裝的人交織，形成色彩繽紛的城鎮。雖只再爬升了400公尺高度，但給人彷彿從人世踏入天上世界般的錯覺。載著戀人的小船在湖水上悠閒地漂浮，垂下釣竿的人們在堤防上到處打盹坐著的光景。

2.5km	5km	0.5km	5km	1.5km	4.5km	1.5km

| Champex d'en haut 1440m | Plan de l' Au 1330m | Alpage de Bovine 1987m | Collet Portalo 2040m | Col de la Forclaz 1526m | Le Peuty 1328m | Col de Balme 2191m | Alpages de Charamillon 1920m |

距離 **20.5km** 累積距離 **145km** 進度 **82%** 所需總時間 **11小時**

　　尚佩前面矗立著海拔2,814公尺的阿爾佩特山（Clochers d'Arpette），到巴爾姆山有兩條路線可走。一條是沿著山右側平緩稜線走的正規路線，以及越過山左邊險峻山頭的替代路線。前者經過波芬牧場（Alpage de Bovine）後，會越過海拔2,040公尺的山頭，後者要經過海拔2,665公尺的石坡路，翻越阿爾佩特（Arpette）山頭才行。

　　沿著正規路線走，離開尚佩三個小時以後才會抵達波芬牧場。在林木界線位置上，回頭看走過來的路，都成了遙遠的風景。牧場中幾隻小小的馬兒閒適地吃著草，這裡同時也是位於海拔2,000公尺高原上的休息處。牧場對面陡峭的下坡路展開，盡頭是瑞士都市馬爾蒂尼（Martigny）及寬廣的溪谷平原長長地展開。平原後方遠處只有山頂裝飾著白雪的雪山像屏風一樣包圍著。

　　從海拔2,040公尺的克雷柏勒塔露（Collet Portalo）開始下山，一個半小時以後抵達福爾克拉山口（Col de la Forclaz）。這是一個山上的小鎮，位在連接瑞士及法國阿爾卑斯城市的道路中心，在馬路旁的餐廳吃午餐再合適不過。從山頭下來以後經過勒皮蒂鎮，在抵達巴爾姆山口之前，有高度差900公尺的險峻山路在等著。因為身體已經消化了八天的辛苦旅程，這是個會讓人感受到狀態更疲憊的區間。

　　位在巴爾姆山的山屋氛圍有些蕭索。只有國境標牌立在冷清的山頭上，山上僅有一棟灰色建築物，紅色的窗門更塑造出這種氛圍。山屋前的矮石碑上兩面各刻著「SUISSE」及「FRANC」，這是瑞士及法國的國境界標。前幾天一直被擋住未出現在視野裡的白朗峰再次出現在眼前，再次踏上法國的土地。這是越過三次國境中的最後一次機會。夏拉米翁山屋（Alpages de Charamillon）位在下山30分鐘距離處。這一天早上從上尚佩出發，是要花上11個小時左右的漫長旅程。

3.5km	1.5km	0.5km	3.5km	1.5km

| Alpages de Charamillon 1920m | Le Tour 1453m | Montroc 1360m | Tre le Champ 1417m | Tete Aux Vents 2132m | Lac Blanc 2352m |

距離 **10.5km** 累積距離 **155km** 進度 **88%** 所需總時間 **6小時**

　　法國及瑞士的國境線從跨越三國的多朗峰起到巴塞爾（Basel）為止，長長延伸數百公里，巴爾姆山口就位於這條國境線的南端。從山頭下的夏拉米翁山屋走到勒圖勒（Le Tour）要下

降450公尺高度，大約花不到一個小時。數條纜繩以周圍的雪山為背景延伸出去，搖搖晃晃地掛在上面的纜車慢慢地上升下降，景色相當夢幻。

夏慕尼河谷從南邊的佛札山到北邊的巴爾姆山為止，長長地連結了23公里的距離。從佛札山下的萊蘇什出發，睽違九天再次踏上夏慕尼河谷。巴爾姆山下的第一個城鎮勒圖勒，是夏慕尼河谷阿爾沃河起始的最上游地區。沿著寬廣的道路心情愉快地走在下坡路上，經過第二個城鎮蒙拓克（Montroc）後與夏慕尼河谷分開，再次進入山路。15分鐘後抵達特雷勒尚（Tre le Champ），這裡是連接夏慕尼河谷與瑞士其他阿爾卑斯城鎮的關口。道路與特里安、尚佩、拉芙里等地相連結。

到白朗湖為止要往上爬1000多公尺的高度，走了九天的身體狀態加上粗糙不平的上坡路，讓人更加感受到吃力。經過切斯利小屋後，抵達宣告「艾吉耶魯日斯自然保護區」（Aiguilles Rouges Na-tional Nature Reserve）開始的「泰泰奧凡石塔」（Tete Aux Vents），隔著夏慕尼河谷，對面的白朗峰群山排成一隊橫列出現。從切斯利湖（Lac De Cheserys）開始再次出現雪原。爬上被稱為「登天之梯」的二十階鐵梯，片刻後抵達白湖，或稱白朗湖（Lac Blanc）。

第10天	白朗湖 Lac Blanc ┄┄▶ 萊蘇什 Les Houches

	4km		2.5km	2km	1.5km	
Lac Blanc 2352m		Refuge de la Flegere 1875m	Charlanon 1812m	Planpraz 2000m	Col du Brévent 2368m	1.5km
	1km	2.5km	3.5km		2.5km	
Les Houches 1007m	Coupeau 990m	Parking de Merlet 1370m		Refuge Bellachat 2152m		Le Brevent 2526m

距離 **21km** 累積距離 **176km** 進度 **100%** 所需總時間 **10小時**

白朗湖為兩個湖，山屋正旁邊是小的子湖，在距離十幾公尺的較高山丘另一邊，有五倍大的廣闊母湖。從白朗湖到拉富雷傑爾山屋（Refuge de la Flegere）的下山路是粗糙的石坡路，也是白朗峰環線中風景最莊嚴的。只有位置不一樣，眼前展開的是略有不同的夏慕尼河谷與白朗峰群山風景。

拉富雷傑爾（la Flegere）有連接夏慕尼的纜車站。在天氣惡劣的情況下可以在這個地方結束健行，搭纜車下山。往下流至夏慕尼河谷的巨大雄偉冰川特別吸引人注目。在白朗湖時正面面對著的阿讓蒂耶爾冰川（Glacier d'Argentieres）現在已經漸漸變遠在背後了，往夏慕尼方向流動的波松冰川（Glacier des Bossons）則變得更近。兩者之間的蒙特維冰河（Mer de Glace）緊緊地依偎在左邊，既像其名稱「冰之海*」，也讓人聯想到跳台滑雪（Ski Jump）的滑坡。冰川頂點是與義大利接壤的國境線，立著大喬拉斯峰及「巨人的牙齒」巨人齒峰。

---

* Mer在法文中為「大海」之意。

從白朗湖出發將近三個小時左右會抵達沙拉隆（Charlanon）。長長的下坡路結束，從這裡開啟上坡路。爬上普朗普拉茲山（Planpraz）後，對天空中點綴著無數飛行傘的景象驚嘆上好一陣子。布雷凡在七月初之前降雪多，並不好爬上去。如果沒有冰爪等裝備的話，就只能像筆者一樣，在普朗普拉茲搭乘纜車上去了。奧拉斯-貝內迪克特・德索敘爾（Horace-Bénédict de Saussure）就是站在布雷凡山上入迷地眺望著無名雪山，命名其為「白朗峰（Mont Blanc）」的，是能看到白朗峰最卓絕美景的位置。

接下只剩下安全下山的最後路程，要下降1,600公尺以上的高度，抵達阿爾沃河河畔的萊蘇什。出發30分鐘後，邊眺望布雷凡湖邊稍微休息一下再下山，接著會看到山腰上的貝拉夏山屋（Refuge Bel-lachat）。在視野佳的山屋陽台上暫時休息一下，再次往下走一個多小時陡峭的下坡路，越過拉帕茲河谷（Torrent de Lapaz）後，這才抵達安全的林木界線。好走的林間道路持續一陣子，不久後來到梅勒雷公園停車場（Parking de Merlet），開始走柏油路車道。距離白朗峰環線的起點萊蘇什為一小時的路程。

阿爾卑斯最佳觀景台，南針峰（Aiguille du Midi）

夏慕尼的阿爾沃河南方有纜車站，要抵達南針峰觀景台需搭三種工具。中間停留站「針峰平台」（Plan de l' Aiguille）位於海拔2,317公尺，在這裡下車後換搭第二次纜車，在海拔3,777公尺的南針峰北峰下車。山頂共有三個山頭，依照方向稱為北峰、中峰、南峰。北峰上有名為夏慕尼、阿拉比斯（Aravis）、瓦利布蘭許（Vallee Blanche）的三個觀景台。通過與北峰連結的吊橋，搭上前往中峰的電梯爬升65公尺後，抵達山頂海拔3,842公尺的南針峰觀景台。

在白朗峰健行十天中，原本遠遠朦朧眺望的白朗峰是神秘的對象，但在離山頂最近的南針峰觀景台上，所看到的白朗峰卻顯得壯觀與熟悉。「Aiguille du Midi」的意思是「正午的針」。當太陽從東邊的馬特洪峰昇起，然後經過大喬拉斯峰上空，來到這個「針般的尖峰」上方時，正好會是在中午時刻，因此得名。

健行基本資訊

旅遊時間

白朗峰環線上的山屋一般只在六月至九月間開放。如果不是要去野營，就只能選擇這個時間。如果想要多加感受阿爾卑斯的雪原，啪沙啪沙地踩在雪地上，那麼最好帶著基本過冬裝備，在六月中下旬前往。如果是七月中旬以後，雪幾乎已經融化，會最安全，但阿爾卑斯的風情就會少了些。

交通

為了前往位於白朗峰關口的法國的夏慕尼，降落在瑞士日內瓦機場最近也最有效率。台灣目前還沒有直飛日內瓦的航班，因此需要經由莫斯科、蘇黎世、法蘭克福等地轉機。從日內瓦機場到夏慕尼有許多接駁巴士，車程約需一個小時。從夏慕尼搭20分鐘巴士，即會抵達健行出發點萊蘇什的貝樂芙纜車站。

住宿

每個路段都有少則一個、多則三個左右的山屋等住宿。如果不是背包旅行，預訂住宿是「必須」的。除此以外的期間，由於秋季和冬季的阿爾卑斯雪原積雪很深，幾乎沒有健行者前來，所以大部分的山屋都只在六月中旬至九月底營業。且因為有很多地方只在七月初到九月中旬開放，故務必要依據時間確認可以住宿地點後進行預約。

用餐

大部分的山屋在住宿費中即包含第二天早上的早餐費用。白朗峰環線的高度上上下下，難度比任何健行步道都高，因此飲食攝取比什麼都還重要，會提供與之相應的晚餐和早餐菜單。午餐通常會以前一天晚上準備好的三明治和水果等點心，在走路的途中休息一會兒時解決。雖然會成為行李上的負擔，但是如果有準備爐子、微波白飯及泡麵的話，在阿爾卑斯山中的幾頓午餐會變得很滿足。

預算

白朗峰環線的徒步旅行費用，
從抵達瑞士日內瓦機場，移
動至關口的法國夏慕尼後，第二天開始進行十
天的徒步旅行後返回夏慕尼，共需十二天旅程
的費用。從日內瓦機場到夏慕尼的接駁巴士費
用台幣約1,000元，在夏慕尼的住宿費一天約為
台幣1,300元，健行過程中的住宿費一天約台幣
約1,500至2,000元左右，這是包含簡單早餐的
金額。全部加起來，十二天的行程總共台幣約
21,500元，一天平均價約為台幣1,800元左右。
當然，這是不含午餐和晚餐餐費的金額。
以筆者為例，結束十二天的白朗峰環線之旅
後，全身心又投入到十天的義大利之旅中。共
二十二天、二十一夜的旅程，花費了約台幣10
萬元左右。除了在三個月前預訂的來回機票約
台幣25,000元外，其他總共花了合台幣約74,000
元。白朗峰十二晚花費了台幣約38,000元，義大
利九晚花費了台幣約36,000元。白朗峰的費用
裡，只有台幣30,000元是十二晚的住宿費及餐
費，剩下的是旅行保險約台幣3,800元、當地購
買指南約台幣760元、南針峰觀景臺入場費台幣
約2,000元及交通費等。

旅遊小秘訣

到七月初為止冰川區域較多，有
墜落危險的地方也很多，至少
一定要帶上冰爪。雖然是山路，但指引的路標
做得非常清楚。這趟旅程約是每天攀登一次漢
翠山，反覆進行十天的程度。建議要多注意體
力。如果對體力沒有信心的話，就增加兩三天
的健行時間吧。或者比起整圈走完，中間的部
分路段搭乘巴士或計程車跳過，也是個辦法。

健行後的觀光景點

如 果 有 兩 三 天 時 間 的 餘
裕，可以前往夏慕尼附近的瑞士因特拉肯
（Interlaken），增加「少女峰」旅遊行程。如
果還有一週以上的時間，那麼建議可以去義大利
旅行。乘坐巴士越過夏慕尼隧道國境後，按照米
蘭、威尼斯、五漁村、佛羅倫斯、羅馬的順序旅
行，各地區分配一或兩天時間較佳。

里程表

天數	NO	途經地點	海拔高度 (m)	距離 (km)	累積	進度
第一天	1	萊蘇什 Les Houches	1,007	0	0	0%
	2	貝樂芙山 Bellevue	1,801	5	5	3%
	3	吊橋	1,720	1.5	7	4%
	4	特里寇山 Col de Tricot	2,120	2	9	5%
	5	米雅吉山屋 Refuge du Miage	1,550	1.5	10	6%
	6	推克山屋 Refuge du Truc	1,720	1.5	12	7%
	7	萊孔塔米訥 - 蒙茹瓦 Les Contamines-Montjoie	1,167	6.5	18	10%
第二天	8	聖母院修道院 Notre-Dame-de-la-Gorge	1,210	4	22	13%
	9	南伯蘭山屋 Refuge de Nant Borrant	1,460	2	24	14%
	10	巴爾姆山屋 Refuge de La Balme	1,706	4	28	16%
	11	喬貝平原 Plan Jovet	1,920	0.5	29	16%
	12	喬貝湖 Lacs Jovet	2,194	2	31	17%
	13	喬貝平原 Plan Jovet	1,920	2	33	18%
	14	邦霍姆山 Col de la Bonhomme	2,329	2	35	20%
	15	克洛瓦杜邦霍姆山 Col de la Croix du Bonhomme	2,483	1	36	20%
	16	克洛瓦杜邦霍姆山屋 R.Croix du Bonhomme	2,443	0.5	36	20%
第三天	17	雷沙皮歐鎮 Les Chapieux	1,554	5	41	23%
	18	格拉西耶鎮 Glaciers	1,789	4.5	46	26%
	19	摩帖山屋 Refuge des Mottets	1,870	1	47	26%
	20	塞紐山 Col de la Seigne	2,516	5	52	29%
	21	伊麗莎貝塔山屋 Rifugio Elisabetta Soldini	2,195	4.5	56	32%
第四天	22	科伯湖三岔路 Lago di Combal	2,086	3.5	60	34%
	23	法夫爾山腰 Monte Favre Spur	2,436	3.5	63	36%
	24	梅頌比耶山屋 Rifugio Maison Vieille	1,956	6	69	39%
	25	多羅內鎮 Dolonne	1,210	3.5	73	41%
	26	庫馬約爾 Courmayeur	1,226	1.5	74	42%
	27	貝爾托涅山屋 Rifugio Giorgio Bertone	1,989	4.5	79	45%
第五天	28	阿里歐切蘇 A Leuchey Sub	1,938	2.5	81	46%
	29	阿萊切 A Lechey	1,929	2	83	47%
	30	博納蒂山屋 Rifugio Bonatti	2,025	4	87	49%

	31	費雷溪谷山屋 Chalet Val Ferret	1,784	5.5	93	53%
	32	艾琳娜山屋 Rifugio Elena	2,062	2	95	54%
第六天	33	大費雷山 Grand col Ferret	2,537	2.5	97	55%
	34	拉波勒牧場 Alpage de la Peule	2,071	3	100	57%
	35	萊薩爾克 Les Arcs	1,795	3.5	104	59%
	36	費雷鎮 Ferret	1,705	0.5	104	59%
	37	拉芙里 La Fouly	1,610	3	107	61%
第七天	38	普拉茲德福 Praz-de-Fort	1,151	8.5	116	66%
	39	伊賽特 Issert	1,055	2	118	67%
	40	尚佩湖 Champex Lac	1,466	4.5	122	69%
	41	尚佩當奧 Champex d'en haut	1,440	2	124	70%
第八天	42	普朗德優 Plan de l'Au	1,330	2.5	127	72%
	43	波芬牧場 Alpage de Bovine	1,987	5	132	75%
	44	克雷柏勒塔露 Collet Portalo	2,040	0.5	132	75%
	45	福爾克拉山口 Col de la Forclaz	1,526	5	137	78%
	46	勒皮蒂 Le Peuty	1,328	1.5	139	79%
	47	巴爾姆山口 Col de Balme	2,191	4.5	143	81%
	48	夏拉米翁山屋 Alpages de Charamillon	1,920	1.5	145	82%
第九天	49	勒圖勒 Le Tour	1,453	3.5	148	84%
	50	蒙拓克鎮 Montroc	1,360	1.5	150	85%
	51	特雷勒尚 Tre le Champ	1,417	0.5	150	85%
	52	泰泰奧凡石塔 Tete Aux Vents	2,132	3.5	154	87%
	53	白朗湖 Lac Blanc	2,352	1.5	155	88%
第十天	54	拉富雷傑爾山屋 Refuge de la Flegere	1,875	4	159	90%
	55	沙拉隆 Charlanon	1,812	2.5	162	92%
	56	普朗普拉茲 Planpraz	2,000	2	164	93%
	57	布雷凡山 Col du Brévent	2,368	1.5	165	94%
	58	勒布雷凡觀景台 Le Brevent	2,526	1.5	167	95%
	59	貝拉夏山屋 Refuge Bellachat	2,152	2.5	169	96%
	60	梅勒雷停車場 Parking de Merlet	1,370	3.5	173	98%
	61	庫柏 Coupeau	990	2.5	175	99%
	62	萊蘇什 Les Houches	1,007	1	176	100%

09

愛爾蘭 /
威克洛步道
Wicklow Way

愛爾蘭人最愛的徒步旅行之路，就是威克洛步道。在數百萬人餓死的「馬鈴薯大饑荒（愛爾蘭大饑荒）」時期，當時有些飢餓的民眾頭頂著空網袋穿梭在農田和田野，還有為躲避英軍而躲到山裡的IRA武裝隊，他們扛著武器在樹林及山谷中流血流汗。這些古老的路與路連成一條，成為愛爾蘭最早的長距離徒步旅行路徑。多虧了J.B.馬隆（John James Bernard (J.B.) Malone）這位旅行作家的努力，三十五年後的今天，不僅愛爾蘭人，這條路線還變成了許多歐洲人造訪的癒癒系路線。在悲歡的歷史和民族氣質方面，愛爾蘭幾乎是唯一一個與韓國有許多共同點的國家。

北愛爾蘭

英國

愛爾蘭　都柏林

利默里克

威克洛步道

倫敦

愛爾蘭最美徒步旅行路線，
秀麗的威克洛步道

　　愛爾蘭像韓國的忠清、嶺南、湖南等地區一樣分為四個地方：阿爾斯特省（Ulster）、康諾特省（Connacht）、倫斯特省（Leinster）和芒斯特省（Munster）。北部的阿爾斯特省共有九個郡，但只有西南方三個郡是愛爾蘭的土地，其他六個郡屬於英屬北愛爾蘭。西部的康諾特省包括高威（Galway）等五個郡，南部的芒斯特省則包括科克（Cork）和利默里克（Limerick）等六個郡，東部的倫斯特省則由十一個郡所構成。

　　威克洛步道在這些省中隸屬於倫斯特省，貫穿首都都柏林市所在的都柏林郡，以及南邊正下方的威克洛郡，總長132公里。從都柏林郡的南端開始，不斷往南再往南到威克洛郡的中心，連接著山、平原、城鎮與城鎮。

　　在愛爾蘭，適合步行的旅行路線被政府指定為「National Waymarked Trails」，加以嚴格管理。其中，最早的徒步旅行路線威克洛步道，於一九八〇年在J.B.馬隆的主導下開放了部分區間，一九八二年全線完成。此後，隨著第二、第三條步道連續開張，目前在全愛爾蘭範圍內，政府指定的步道已增加到四十三條，全部加在一起的距離遍佈愛爾蘭全國，總長達4,000公里。

　　這些路線中，最受歡迎的地方當然是威克洛步道，但其他如凱利步道

（Kerry Way，214km）、羊頭步道（Sheep's Head Way，88km）、貝拉步道（Beara Way，206km）、西部步道（Western Way，179km）、伯倫步道（Burren Way，114km），以上這五條步道也廣受人喜愛。

馬隆於一九八九年去世。來到威克洛步道起始部分的白山山頂一半時，泰湖就在山下展現出美麗風貌。在山腰岔路口一側，立著J.B.馬隆紀念碑，其位在一個如果事先不知道就會錯過的位置，會在徒步旅行的第二天見到這個碑。

威克洛步道快的話走完大約需要五天時間，但都到愛爾蘭一趟了，沒有必要如此飛奔，悠閒地安排七天行程來走為宜。此步道以都柏林的南郊瑪雷公園（Marlay Park）為起點。第一天登上奇馬秀格樹林，俯瞰遠處海上水霧瀰漫的都柏林港；第二天在威克洛步道最高處，海拔630公尺的白丘上，與草原上的數百隻羊群相遇。被泰湖水的開闊莊嚴景色所懾服；第三天在格蘭達樂聖地莫納斯特城（Monastic City）周遭住一晚。這裡是早期基督教徒的定居地，現在雖然被用作公園墓地，但也是以「雙湖」著名的旅遊勝地。

經常會遇到承載著歷史傷痛的軍事道路（Military Road）。這是在愛爾蘭獨立戰爭時期，英國軍隊為永久剿除躲藏在該地區山中的愛爾蘭共和

軍（Irish Republican Army，IRA）而修建山路作為軍事用路。第六天會經過名為「死去的牛」（The Dying Cow）的鄉村小酒館，這是間歷史悠久的傳統愛爾蘭酒館，經過斯特拉納凱利鎮（Stranakelly）時，不論是誰一定會順路去喝一杯健力士啤酒（Guinness）再走。最後一天下午，到達最終終點克倫加（Clonegall），結束威克洛徒步旅行。克倫加連續兩年被評為「愛爾蘭最舒適的城鎮」。結束一週旅程的心情無比安定舒適。

每天會越過一兩次與濟州的山坡同樣平緩的山，但最高的白丘海拔只有630公尺而已。上坡的總高度加起來不到3,000公尺。經常看得到被稱為「黃色人」（Yellowman）的指引路標，所以幾乎不用擔心迷路。在韓國國內，除了健行狂熱者以外，不太有人知道這條路線。一路上幾乎看不到城鎮，只有時不時會看到相隔甚遠的一兩間鄉村房屋。除了住宿處以外，幾乎沒有其他能取得飲食等物品的地方，最好盡量事先預約好住宿。即使在沒有預約的情況下前往，結果住處客滿沒有空床，也不會有什麼大問題。一般情況下，老闆會聯繫附近的其他住宿開車過來接送。在威克洛步道的任何地方，都能體驗和實際感受到愛爾蘭人有多麼地熱情、多麼地親切。B&B的住宿費中包含早餐，約為40至50歐元左右。在路線上有兩間青年旅館，價格低於B&B的一半。

愛爾蘭的歷史讓人想到「悲歡離合」這個詞。愛爾蘭和英國與韓國和日本的關係非常相似。一九一六年的復活節起義（Easter Rising）讓人回憶起一九一九年韓國的三一獨立運動。雖然解放了，但南北分裂為不同宗教或其他體制的情況也很相似。

英國受到尤利烏斯·凱撒的羅馬軍入侵後，從公元前開始便睜開了眼界。日本比韓國早幾百年接收西方文明薰陶，成為近代強國。愛爾蘭和韓國半島的共同點，就是不幸地有好戰的強國當鄰居。雖然是看似陌生的北歐土地，但流淌於愛爾蘭的情緒與韓國有非常多相通的地方。

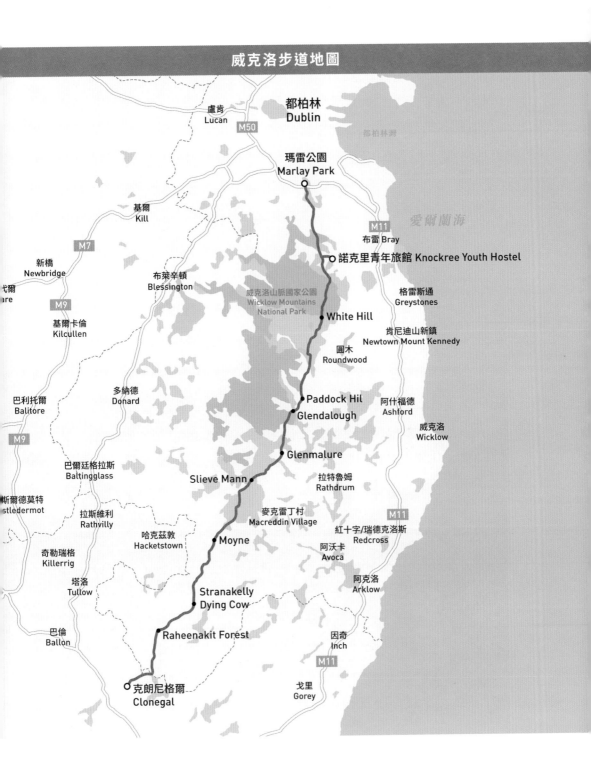

威克洛步道地圖

盧肯
Lucan

都柏林
Dublin

都柏林灣

M50

瑪雷公園
Marlay Park

基爾
Kill

M11
布雷 Bray

愛爾蘭海

諾克里青年旅館 Knockree Youth Hostel

新橋
Newbridge

M7

布萊辛頓
Blessington

格雷斯通
Greystones

威克洛山脈國家公園
Wicklow Mountains
National Park

代爾
are

M9

White Hill

基爾卡倫
Kilcullen

肯尼迪山新鎮
Newtown Mount Kennedy

圓木
Roundwood

多納德
Donard

巴利托爾
Balitore

Paddock Hil
Glendalough

阿什福德
Ashford

威克洛
Wicklow

M9

巴爾廷格拉斯
Baltingglass

Glenmalure

斯爾德莫特
stledermot

Slieve Mann

拉特魯姆
Rathdrum

拉斯維利
Rathvilly

麥克雷丁村
Macreddin Village

M11

奇勒瑞格
Killerrig

哈克茲敦
Hacketstown

Moyne

紅十字/瑞德克洛斯
Redcross

阿沃卡
Avoca

塔洛
Tullow

Stranakelly
Dying Cow

阿克洛
Arklow

巴倫
Ballon

Raheenakit Forest

因奇
Inch

M11

克朗尼格爾
Clonegal

戈里
Gorey

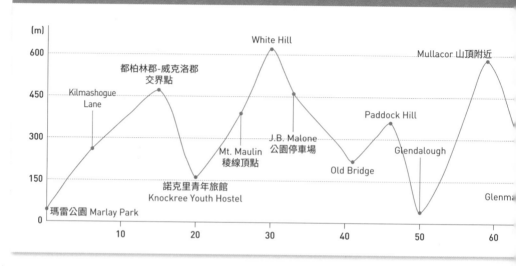

威克洛步道高度表

(m)

White Hill

Mullacor 山頂附近

600

都柏林郡-威克洛郡
交界點

450

Kilmashogue
Lane

Paddock Hill

300

J.B. Malone
公園停車場

Mt. Maulin
稜線頂點

Glendalough

Old Bridge

150

諾克里青年旅館
Knockree Youth Hostel

Glenma

瑪雷公園 Marlay Park

0

10   20   30   40   50   60

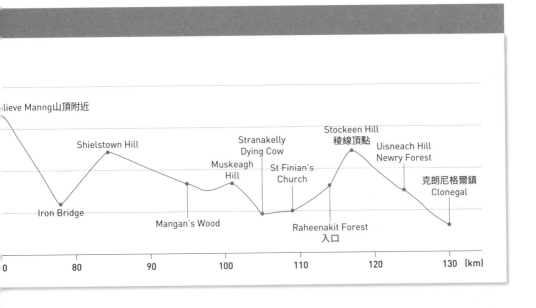

lieve Manng山頂附近

Shielstown Hill

Iron Bridge

Mangan's Wood

Muskeagh
Hill

Stranakelly
Dying Cow

St Finian's
Church

Raheenakit Forest
入口

Stockeen Hill
稜線頂點

Uisneach Hill
Newry Forest

克朗尼格爾鎮
Clonegal

| 80 | 90 | 100 | 110 | 120 | 130 (km) |

威克洛步道

路線指南

瑪雷公園 ●
　　　　　● 諾克里青年旅館
老橋 ●
　　　　　● 格倫達洛
格倫馬魯爾 ●
　　　　　● 莫因三岔路
盧格納基利亞B&B ●

第1天　　瑪雷公園 Marlay Park ‥‥‥▶

諾克里青年旅館 Knockree Youth Hostel

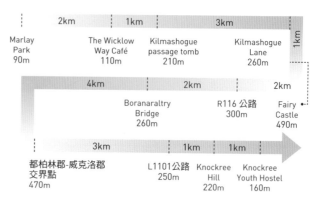

| | 2km | 1km | 3km | |
| Marlay Park 90m | The Wicklow Way Café 110m | Kilmashogue passage tomb 210m | Kilmashogue Lane 260m | 1km |

| | 4km | 2km | 2km |
| | Boranaraltry Bridge 260m | R116 公路 300m | Fairy Castle 490m |

| | 3km | 1km | 1km |
| 都柏林郡-威克洛郡 交界點 470m | L1101公路 250m | Knockree Hill 220m | Knockree Youth Hostel 160m |

距離 **20km** 累積距離 **20km** 進度 **15%** 所需總時間 **7小時**

　　位於都柏林郡南端的瑪雷公園是威克洛步道的起點。早上從都柏林市區乘坐大眾運輸出發，需要一到一個半小時。三四個足球場大的公園草坪閃爍著嫩綠光芒，四周深綠色的樹林與草地的嫩綠形成鮮明對比。越過出發點如低矮城郭般堆疊起的石牆，進入鬱鬱蔥蔥的林間小路，踩過落葉，會看到有湖及長凳。有一棵沒有上半軀幹，只剩下下半部的巨木立著，以「The Fairy Tree」之名吸引來往的人們的視線。樹上有精靈的城堡，並掛著寫有人們願望的紙條在飄蕩。

　　雖然要走出公園只有不到一公里的距離，但卻花了將近一個小時，這個公園就是如此有讓經過的人放慢腳步的魅力。在公園出口方向的威克洛步道咖啡廳（The Wicklow Way Café）稍事休息。剩下的20公里是完全沒有超市或餐廳的山

路，所以要好好填飽肚子才行。走出公園後門，沿著M50高速公路旁與之整齊並排的學院路（College Road）走一段路。經過如幽靜散步路徑般的奇馬秀格小路（Kilmashogue Lane）後，開始正式進入上坡山路。

有一種背頂著都柏林走路的感覺。雖然有點吃力，但作為今天的重點路段，豁然開朗的景緻讓感受變得極為暢快。都柏林市區和東邊的愛爾蘭海像畫一樣展開。連都柏林港中搬運貨櫃用的大型起重機輪廓也映入眼簾，增添了莊嚴感。從奇馬秀格森林下山，沿著仙子城山（Fairy Castle，537m）的稜線下山，就能看到R116公路。通過博拉納拉特里橋越過格蘭庫倫河（Glencullen River）後，行政區域就會改變，從都柏林郡進入威克洛郡。

再次翻越山路，穿過L1011公路後，平緩的上坡開始，登上諾克里丘（Knockree Hill）。沿著山丘稜線走一段舒適的林間小路，再次下到馬路上，第一天的旅程就結束了。「諾克里青年旅館200公尺」的路標映入眼簾，告訴健行者距離此路段終點的唯一住宿還有10分鐘的距離。

第2天　諾克里青年旅館 Knockree Youth Hostel ┈┈▶ 老橋 Old Bridge

2km	1km	3km	0.5km	3.5km	

| Knockree Youth Hostel 160m | Glencree River 110m | Crone Woods 150m | Mt.Maulin 稜線頂點 390m | Dargle River 340m | White Hill 620m |

	3km		2.5km	1.5km	1km

| Old Bridge 220m | Lough Dan 里程碑三岔路 300m | Slievebuck 稜線最高點 450m | R759公路 410m | J.B馬隆公園停車場 460m | J.B.Malone Memorial 510m |

距離 **21km** 累積距離 **41km** 進度 **31%** 所需總時間 **7小時**

諾克里青年旅館正面空間開闊，是個讓人在停留期間覺得心情舒暢的地方。低矮的樹林在腳下廣闊地鋪展開，帶給人安全感。樹林盡頭的緩坡草原和農田後方，有一座非常尖銳的三角山，讓人久久離不開視線，這是老長丘（Old Long Hill）。雖然和濟州島數百個山丘中的一個沒什麼兩樣，但在廣闊的大地上，只有它獨自特別凸起，所以留下了深刻印象。

走出旅館，沿著道路往昨天走來的路向東折返200公尺。在有路標的地方，路線會偏離道路，被指引走向下坡林路，然後進入茂密的蕨草田。沿著旁邊流動的格蘭克里河（Glencree River），在黑暗的樹林中呈現出赤褐色。雖然應該是因為土質才這樣，但就像行走在地下世界一樣，形成奇異的氛圍。離開樹林後偶爾會看到老屋，讓人聯想到中世紀的庭院。每一戶的正門都貼著「小心狗」的牌子，互相比較各家寫的內容也很有意思。「一有狀況我（狗）就會跑過來呦，跑到這裡只要不到5秒喔，這樣你還要亂來嗎？」看門犬的威嚇語句讓人不禁失笑。

從克隆烏茲停車場（Crone Woods）起上坡山路正式開始。雖然很平緩，但是從海拔150公尺到620公尺的白丘（White Hill）為止皆是上坡路。一開始走在茂林山（Mt.Maulin）的稜線往上爬，但右邊海拔570公尺的茂林山山頂被樹林遮擋了看不到。相對地，左邊達格爾河（Dargle River）形成的鮑爾史考特瀑布（Powerscourt Waterfall）遠遠地賣弄著壯大的水流。

　　努力爬上上坡後，再次下到達格爾河，越過木橋後，前往白丘的上坡路正式開始。不久前都還開闊的視野，隨著高度提高，很快就被白茫茫的霧雲擋住了。通往白丘的最後的上坡是在霧中摸索的路程，但感覺像是電影中通往未知世界的幻想之路一樣。雖然看起來有些模糊，但是從山脊草原上數百隻羊吃草的景色中，便不難理解「白丘」這個山丘名字，可能是因為經常被白色霧雲籠罩，也可能是因為總是滿佈白色的羊隻。右側沿著平緩的稜線矗立著喬斯山（Djouce，725m），在霧氣中顯得神祕無比。

　　白丘山頂是沼澤地帶。沼澤中間橫跨著長長的沈重木橋，四周雲霧相伴，顯得更加夢幻。從白丘山頂往下走一半左右，拉克泰伊，泰湖（Lough Tay，愛爾蘭語為 Loch Té）美麗地座落在山下。也許這個位置是整個威克洛步道最有意義的地方也說不定。因為這裡正是開闢這條道路，讓它為世人所知的馬隆的紀念碑所在地。在傾斜的巨石下面只刻著「J.B馬隆紀念碑（J.B.Malone Memorial）」字樣。不知道這裡的話，可能會以為只是普通石頭就這樣路過。下至馬隆公園停車場，登上後山，泰湖就會從視野中消失。

　　經過枯木荒涼地東歪西倒的原野，接著是蓊鬱的樹林。但樹林中數十公尺高的巨樹，有著不知道是不是很久以前被火燒過的痕跡，整棵黑漆漆地死亡。通過森林的二十分鐘，彷彿走在地下世界某個空間的感覺，讓人腳步不得不加快。過了一會兒，走出陰暗潮溼的空間，遠處丹湖（Lough Dan）出現在眼前。沿著林道經過一座大型木材廠。林道之後經過森林，越過石牆、走過田間小路，接著出現平地道路。越過一座刻有「1828年」字樣的老石橋，抵達從橋名成為地名的老橋鎮（Old Bridge）。

2.5km	1.5km	1km	1.5km	2.5km

| Old Bridge 220m | 右側山路 260m | Brusher Gap Hut 360m | Paddock Hill 360m | Old Military Road 200m | Glendalough 40m |

距離 **9km** 累積距離 **50km** 進度 **38%** 所需總時間 **3小時**

　　走過近百年的石雕大橋，越過老橋後，走一小段最後的上坡，就能看到威克洛步道小屋（Wicklow Way Lodge）出現在右邊。從外面看起來，規模與氛圍就像是韓國某財閥會長的田園豪宅般。這裡是最適合作為第二天住宿的位置。如果有訂住宿最好，但如果沒有預約就來了，萬一沒有空床也不用擔心。按下鐵門門門鈴，主人就會出來親切地聽取情況，然後聯絡鄰村其他住處，請他們派車來接送。一開始就預約離威克洛步道稍微有點距離的地方也沒問題。因為抵達附近後，只要打個電話，無論何時都會有人從住處開車過來接人，隔天早上也會開車送人。大部分英國或愛爾蘭健行步道上的B&B都已將這種親切貼心系統化了。

　　威克洛步道小屋就位在路線上，是個方便的住處，但往北邊2公里處也有一處不錯的住宿，那就是丹湖小屋（Lough Dan House）。「Lough」是愛爾蘭語中「湖水」的意思。在美麗雄偉的丹湖旁停留一晚也是一種奢侈。

　　早上較晚時間從威克洛步道小屋正門出發後，會暫時走在看不到房子的安靜的鄉村道路上。經常能看到反方向的健行者迎面走來，因為威克洛步道是雙向的。偶爾詢問對面走來的人「前面的路段路好找還是難找？」得到的回答大部分都是一樣的「當然，路很好找，只要好好跟著黃色人就對了」。就像聖地牙哥朝聖之路一樣，整條步道的路標都做得很完備。每當有些擔心「是這條路對嗎？是不是走錯了？」時，附近的黃色人箭頭標示就會立刻映入眼簾。

　　按照路標的指引，改變前進方向為道路右側的田野路，不久後就是通往山坡林路的上坡路。與前兩天相比，第三天的路途既輕鬆、舒適又短。只要從海拔220公尺的出發地越過海拔360公尺的沛多克丘（Paddock Hill）就可以了。在離山頂越來越近的布洛許蓋小屋（Brusher Gap Hut）暫時放下背包，小屋的四面中只有一面是敞開的，只要有睡袋就可以在這裡避寒住一宿的「Biwak（野宿）」場所。從周圍的篝火痕跡，就知道昨天晚上也有人在這裡過夜。

輕鬆地翻越沛多克丘後，走過平緩的樹林路的木橋，越過格倫馬克納斯河（River Glenmacnass）。過一會兒結束短短十公里路程，兩個半小時後就會到達格倫達洛（Glendalough）鎮。這裡有馬拖曳的馬車，攤販、餐廳和咖啡廳鱗次櫛比，是典型的觀光景點氛圍。

　　格倫達洛之所以以旅遊勝地聞名於世，是因為這是座歷史性聖地的修道院城市。這裡是早期愛爾蘭基督教徒的定居點，現在被用作公園基地。介紹寫著「公元前六世紀，虔誠的基督徒聖凱文騎士為了尋找閒靜且虔誠的地方，獨自來到這裡生活，此後基督徒們來到這裡，形成了一個定居村落」。有許多觀光客和健行者為了參觀大教堂舊址、聖凱文教堂、圓柱形石塔周遭前來此地。

　　就像歐洲的教會庭院經常被用作公墓一樣，這裡寬敞的庭院裡也滿滿地立著許多墓碑。人們靜靜地俯瞰各式各樣的墓碑，他們哀戚的樣子彷彿表現出了亡者及其家人的悲歡離合。這裡雖然也有很多B&B飯店，但如果想找價格便宜的地方，那麼湖畔的格倫達洛青年旅館是最佳選擇。可以想像出曾是修道院的寬敞建築，是典型的歐式Dormitory Hostel（宿舍型多人房住宿）。

| 第4天 | 格倫達洛 Glendalough ……▶ 格倫馬魯爾 Glenmalure |

| | 2km | | 5km | | 2km | | 3km | | 3km | |
| Glendalough 40m | Upper Lake 130m | | | Middle Hill 460m | Mullacor 山頂附近 580m | | Mullacor Hut 340m | | Glenmalure 130m |

距離 **15km** 累積距離 **65km** 進度 **49%** 所需總時間 **5小時**

　　走出格倫達洛Hostel，再次沿著走來的路折返一小段。聖地摩納斯坦城的圓柱塔在晨曦中莊嚴矗立，格外醒目。據說，一千年前統治北海的海盜侵略愛爾蘭時，這座塔除了鐘塔功能外，也作為安全地保管聖經等用途，因此才建造了30公尺高的塔。從觀光巴士上下來的遊客熙熙攘攘地擠滿格倫達洛遊客中心，稍微參觀一下遊客中心後，便按照黃色人的指示進入樹林中。穿過清澈的河水流淌的木橋，走在小徑上，踏上連接著小湖的長長木棧道。

　　巨大的公園停車場中有小賣部。如果沒有準備午餐的話，在這裡購買漢堡和飲料也是不錯的選擇。旁邊的遊客中心也有販售威克洛步道指南。這是一本內含五萬分之一地圖的9歐元簡約指南。盲目地尋找黃色人路標跟著走也無妨，但有地圖的話，更可以更主動地找路走。

　　不久後抵達格倫達洛湖。意指湖水的單字「Lake」在愛爾蘭文中寫作「Lac」，在南美寫作「Lago」，在蘇格蘭則是

「Loch」。在愛爾蘭這裡，光是前一天就經過了兩個湖泊，丹湖和泰湖。第三天下午抵達、第四天早晨離開的城鎮格倫達洛也和湖水有關。Glen Da Lough這個地名直接暗示著湖。

在蘇格蘭和愛爾蘭民族的語言凱爾特語中，「Glen」意指山谷，「Da」意指數字2，「Lough」意指湖泊。格倫達洛指的就是「有兩個湖的山谷」（Valley of the Two Lakes）。正如其名，在格倫達洛有兩座兄弟湖。不久之前沿著木棧道走來的小小湖是弟弟湖「下湖」（Lower Lake），現在面對的是湖面寬廣的哥哥湖「上湖」（Upper Lake）。周圍三面的山、溪谷與晴朗的天空一同投影在湖上，湖面就像一面擦得光亮的鏡子。有人以湖為背景擺姿勢，有人則拿著相機向湖面對焦，還有人就只是站著持續望著湖看。

離開湖泊，到目的地格倫馬魯爾（Glenmalure）有十幾公里，大致上和前一天一樣輕鬆。是登上馬拉科爾山（Mullacor）山頂附近海拔580公尺處再下山的稜線路，雖然有440公尺的高度差，但因為稜線很長，所以感覺非常平緩。在林蔭道上迎著瀑布冷卻一下身上的汗也是不錯的選擇，在寬闊的林道上暫時閉上眼睛走一走也很不錯。漫步在林中，走出樹林後，廣闊的稜線草原在眼前展開。低矮的雜草毫不理會吹來的涼風，始終堅挺地抬著頭。在羊兒吃草的廣闊牧草地上長長地鋪著木棧板，只要沿著木板路走就可以，是一條令人愉快的路。

草原和森林結束後下到公路。這條車道經由拉拉（Laragh）通往格倫達洛，若是開車走這條路，只需要花不到十幾分鐘，但徒步上山、穿越森林和草原，幾乎花了五個小時才抵達這裡。沿著公路往下走200公尺就是十字路口，左側就是又大又漂亮的白色建築，格倫馬魯爾小屋（Glenmalure Lodge）。

	5km		2km		1.5km		1.5km	

Glenmalure
130m

Slieve Mann
山頂附近
500m

Slieve Manng
山頂下坡
500m

Military
Road
410m

Mucklagh Hut
400m

3km

	3km		2km		4km	

Moyne三岔路
220m

公路開始
270m

Shielstown Hill山頂附近
390m

Iron Bridge
170m

距離 **22km** 累積距離 **87km** 進度 **66%** 所需總時間 **7小時**

　　格倫馬魯爾小屋前院是廣闊的露天咖啡館。一樓是餐廳兼咖啡廳，二樓整層作為住宿用，由一個家族所有人一起經營。白天用餐的客人大都會不想坐在一樓室內，而是坐在視野較好的戶外桌子吃飯或喝飲料。室外桌旁五六張長椅的靠背上，各貼了一塊刻著簡單句子的小鐵片：「請和深愛此處的布里吉特一起坐坐吧」、「吉姆·雷諾茲（1942-2014），喜愛行走這些山丘上的人」等，可以感受到思念逝者的家人的愛。在英國和愛爾蘭，向公共或商業場所捐贈有紀念逝者語句的長椅的文化非常普遍。

　　以香腸、培根、煎蛋、水煮番茄為主打菜的愛爾蘭傳統餐點紮實填飽肚子後，離開格倫馬魯爾小屋。會翻越兩次海拔450公尺的山，距離也是將近前天和大前天的兩倍左右。望著羊和牛互相劃分出區域，友好地吃著草的早晨草原，過了阿方貝格河（River Avonbeg），不久山路就開始了。雖說是山路，但其實是車輛能通行的寬闊林道。只要爬到海拔560公尺的斯利夫曼山頂（Slieve Mann）附近，稍微往下走，穿過車道，朝另一座山前進。

　　再次穿越的茂密森林，是沿著凱里克卡塞恩山的稜線走的路。路兩旁的樹林太過茂密且潮濕，不免讓人稍微聯想到那片奇異的原始林。從樹林下來後路口的馬克拉小屋（Mucklagh Hut），下方展開的風景極為美麗，適合坐在桌椅上休息一會兒再走。和第三天見到的布洛許蓋小屋（Brusher Gap Hut）一樣形態的野宿用小屋。

下山到海拔150公尺後，馬上穿過橫跨奧烏河（River Ow）的鐵橋，然後又接著上坡。沿著希爾斯敦丘（Shielstown Hill）稜線往上爬到海拔400公尺後再往下走。沿著狹窄但舒適的鄉村車道繼續走，就會到達像莫因（Moyne）如田園別墅般的Kyle Farmhouse B&B。

像第二天一樣，如果沒有預約就前來這裡而沒有空床位的話，那有可能是更幸運的。主人會幫忙聯絡距離6公里遠的鄰鎮提那赫里（Tinahely）的其他住宿，當然有車過來接。提那赫里雖然在鄉下，但是是個有規模的城鎮。不僅有像Madeline's B&B等住宿，還有幾家咖啡廳或餐廳。特別是到了晚上，還可以體驗到正宗的愛爾蘭酒館（Irish Pub）氛圍。愛爾蘭鄉村酒吧氣氛熱烈，不分男女老幼，都興致蓬勃地享受著現場音樂表演及飛鏢遊戲。

第6天　莫因三岔路 Moyne ⋯⋯▶ 盧格納基利亞 B&B Lughnaquillia B&B

	1km	3km		2km		2km		
Moyne 三岔路 220m	Sandyford Bridge 150m		Ford Road 150m		Ballycumber Hill 270m		Mangan's Wood 250m	3km

	1km	2km		2km		3km		
Lughnaquillia B&B 200m	Stranakelly Dying Cow 140m		Mullinacuff 130m		Muskeagh Hill 250m			R747 公路 130m

距離 19km 累積距離 106km 進度 80% 所需總時間 6小時

如果住在Kyle Farmhouse B&B，那麼可以馬上開始健行，如果住在市鎮提那赫里，那麼住宿處會開車送至前一天結束徒步旅行的地點。這一帶的小山坡被稱為巴利坎伯丘（Ballycumber Hill），從其中海拔397公尺的加里霍丘（Garryhoe）東側的稜線山路越過山頭。受愛爾蘭降雨甘霖滋潤生長的初秋野草，像絨毛一樣蓬鬆柔軟，山下坐落著可愛的草原和鄉村。

從稜線走下來，經過曼根林（Mangan's Wood），走一小段名為庫拉方秀吉（Coolafunshoge Lane）的溫馨小路，就會越過德里河（River Derry）遇到公路。沿著R747公路往下走一段，再次進入山路。從布萊德蘭（Brideland）爬到馬士基（Muskick）丘上再下來，之後沿著車道走。從累積距離102公里處開始。

從寧靜的小村莊穆利納庫夫（Mullinacuff）再走兩公里，在斯特拉納凱利鎮（Stranakelly）十字路口有間知名的酒吧——愛爾蘭鄉村的傳統愛爾蘭酒吧「死去的牛」（The Dying Cow）。對許多走威克洛步道的人來說，如果因為這家店是膾炙人口的酒吧，所以在規模等方面抱有某種期待前往的話，可能會感到失望。這是一間極為樸素且狹窄的酒吧。為什麼店名叫「死去的牛」呢？大概是在一百年前，有三個酒鬼週末在這間店喝了一整晚的酒。但在當時，除了正規遊客以外，一般居民週日晚上在這個地區喝酒到喝到很晚是違法的。據說，喝到早上的酒鬼們被告發後，被扭送官衙接受審問，但喝得爛醉如泥的他們胡言亂語地表示：「因為牛生病了覺得很傷心所以才喝了酒」。之後，人們邊笑邊幫酒吧取了個「Dying Cow」的暱稱，之後變成了酒吧的正式名字。

　　室內小巧玲瓏，擺滿老舊器物，十分有味道。在櫃臺後抱著孫女的奶奶幫客人倒健力士啤酒，在廚房裡的媳婦準備著下酒菜。這是個無比美妙鄉村酒吧，在Dying Cow喝個一兩杯健力士啤酒，腳步會變得輕盈很多。威克洛步道最後一夜的住處盧格納基利亞B&B就位在附近。

第7天　**盧格納基利亞 B&B Lughnaquillia B&B ······▶ 克朗尼格爾鎮 Clonegal**

3km	1km	4km	3km	4km
Lughnaquillia B&B 200m	St Finian's Church 150m	R725 公路 150m	Raheenakit Forest 240m	Stockeen Hill 稜線頂端 360m

4km	2km	2km	3km
Clonegal 50m	Wicklow Bridge 60m	道路開始 130m	Uisneach Hill / Newry Forest 220m	Moylisha Hill 入口 160m

距離 **26km** 累積距離 **132km** 進度 **100%** 所需總時間 **9小時**

　　從斯特拉納凱利鎮的住宿到威克洛步道終點的克朗尼格爾（Clonegal）鎮，還剩下26公里。為了在健行結束後，能安全趕上前往都柏林的巴士時間，在早上七點左右出發比較好。和前一天最後半小時一樣，會持續在鋪了柏油的鄉村路上走一段時間。在無人煙的路旁，聖菲尼安斯教堂（St Finian's Church）格外引人注目。出發後一個半小時左右，沿著路標指示離開柏油

路，進入右邊的田野小路。雷希納基森林（Raheenakit Forest）即將開始。沿著林道走3公里，再向斯托金丘稜線走2公里，然後向下走到車道。

因為是一大清晨，林道上人跡罕至，但絲毫感覺不到不安。愛爾蘭森林的魅力總是如此。3公里的車道結束後，再次進入林間道路即抵達摩以麗莎山丘（Moylisha Hill）。接下來是爾蘭茲山丘（Uisneach Hill）的紐里森林（Newry Forest），這是威克洛步道的最後一段林道，也是最後的山路。從樹林走到車道上後，不久就會看到令人欣喜的路標：離終點克朗尼格爾鎮還有5公里。

雖然會爬上爬下兩次山丘，但都是高度差200公尺的林間小路，所以完全不覺得辛苦。幽靜的路上鄉村房屋隔著一段距離零零星星立著，走著走著，不知不覺間克朗尼格爾鎮就進入了視野。之後不久，就看到「歡迎來到克朗尼格爾」的里程牌。雖然是沿著公路往下走的，但稀稀落落的住宅周圍只有美麗的花朵在風中搖曳，人跡罕至。

威克洛步道的終點是小鎮入口處的小小花園。被圍成花園的厚厚草坪上擺放著木頭桌子與石製長椅，長椅旁還留有古井，讓人感覺無比親切可愛。以結束一週威克洛步道旅程的氛圍來說，這裡再溫馨不過。坐在長椅上整理自己走完步道的感受後，剩下的就是回到都柏林了。移動至離這裡8公里的邦克洛迪（Bunclody）後，乘坐鄉村巴士到附近的塔洛（Tullow）下車，稍等一下換乘直達巴士即可。到都柏林康諾利（Connolly）車站附近的轉運站，車程需要兩個小時。

健行基本資訊

旅遊時間

最好避開包括冬季在內，從十月開始到隔年三月為止的六個月。因為有強風、強雨和暴風雪，所以幾乎沒有人在這段時間裡走。四月到九月間無論何時都不錯，沒有特別的限制。

站（www.wicklowway.com）上介紹了各路線的住處，最好事先預訂後再去。務必要事先確認住處是否位於威克洛步道的動線上或相距多遠。如果是距離很遠的住處，在特定地點打電話的話，會派車輛過來接送。

交通

目前台灣還沒有飛往愛爾蘭都柏林的直飛航班，得在倫敦、法蘭克福等歐洲其他城市轉機。健行的起點是都柏林郡南邊的瑪雷公園。從都柏林市區乘坐大眾交通工具需要一個小時左右。在都柏林市中心的奧康奈爾街（O'Connell Street）乘坐16號巴士，在瑪利格蘭奇（Marley Grange）下車，附近就是瑪雷公園。公園停車場旁的小石牆內標有威克洛步道的出發點。

用餐

與橫越英國的CTC的情況相同，B&B包括一天住宿費，和第二天早上的早餐費。大致上會提供正統的愛爾蘭早餐。因為會吃得很飽再出發，所以午餐用三明治等簡單解決。午餐吃的三明治前一天晚上可以在住處提前預定。晚飯要在住處裡付費用餐。七天中會住宿兩次青年旅館，兩處都有廚房，可以做晚飯和早餐吃。但在這兩處附近都沒有賣食品的商店。所以要事先考慮到這點，在前一天或當天在途中前往某處籌備食材。

住宿

在六七天的旅程中有兩家價格低廉的青年旅館：諾克里青年旅館、格倫達洛青年旅舍，其餘的為B&B。威克洛步道的官方網

預算

青年旅舍的多人房一人為20歐元，獨間雙人房的價格為為50至60歐元左右。愛爾蘭民宿B&B包含早餐在內，費用是上述費用的1.5至2倍。七天中有兩天可以使用路線上的青年旅館。午餐一般是前一天在宿舍提前訂購三明治等，路上解決；晚上得在住處花10至25歐元吃晚餐。除去航空等交通費用，徒步旅行期間每天所需的費用約為台幣2,700元。也就是說，一週徒步旅行需要花台幣18,000元左右。這比聖地牙哥或尼泊爾等其他徒步旅行地區的價格要高。

旅遊小秘訣

愛爾蘭像英國一樣多雨，所以要準備好雨衣和防水服裝。路標做得很完善，是在黑色木板上有背著黃色背包男子圖樣，名為「黃色人」的官方里程牌。不只設置在岔路口，每隔一段間距都有設好路標。

健行後的觀光景點

如果健行結束後還有剩下很多旅行天數，那麼從動線上來看，去南部芒斯特省的科克（Cork）和利默里克（Limerick）、沃特福（Waterford）等較有效率。如果時間充裕，遊覽一下西部康諾特省的高威（Galway）等，然後再回到都柏林市亦佳。當然，徒步旅行前後，前往都柏林郡主要名勝和都柏林市旅遊觀光是必須的。

里程表

天數	NO	途經地點	(m)	距離(km)	累積	進度
第一天	1	瑪雷公園 Marlay Park	90	0	0	0%
	2	威克洛步道咖啡廳 The Wicklow Way Café	110	2	2	2%
	3	奇馬秀格樹林入口 Kilmashogue passage tomb	210	1	3	2%
	4	奇馬秀格小路 Kilmashogue Lane	260	3	6	5%
	5	仙子城 Fairy Castle	490	1	7	5%
	6	R116 公路	300	2	9	7%
	7	博拉納拉特里橋 Boranaraltry Bridge	260	2	11	8%
	8	都柏林郡 - 威克洛郡交界點	470	4	15	11%
	9	L1101 公路	250	3	18	14%
	10	諾克里丘入口 Knockree Hill	220	1	19	14%
	11	諾克里青年旅館 Knockree Youth Hostel	160	1	20	15%
第二天	12	格蘭克里河 Glencree River	110	2	22	17%
	13	克隆烏茲停車場 Crone Woods	150	1	23	17%
	14	茂林山 Mt.Maulin 稜線頂點	390	3	26	20%
	15	達格爾河 Dargle River	340	0.5	27	20%
	16	白丘 White Hill	620	3.5	30	23%
	17	J.B 馬隆紀念碑 J.B.Malone Memorial	510	2	32	24%
	18	J.B 馬隆公園停車場	460	1	33	25%
第三天	19	R759 公路	410	1.5	35	26%
	20	斯利夫巴克 Slievebuck 稜線最高點	450	2.5	37	28%
	21	丹湖 Lough Dan 里程碑三岔路	300	3	40	30%
	22	老橋 Old Bridge	220	1	41	31%
	23	右側山路	260	2.5	44	33%
	24	布洛許蓋小屋 Brusher Gap Hut	360	1.5	45	34%
	25	沛多克丘 Paddock Hil	360	1	46	35%
	26	老軍路 Old Military Road	200	1.5	48	36%
	27	格倫達洛 Glendalough	40	2.5	50	38%
第四天	28	上湖 Upper Lake	130	2	52	39%
	29	米德丘 Middle Hill	460	5	57	43%

MILE POST

	30	馬拉科爾山頂附近 Mullacor	580	2	59	45%
	31	馬拉科爾小屋 Mullacor Hut	340	3	62	47%
	32	格倫馬魯爾 Glenmalure	130	3	65	49%
第五天	33	斯利夫曼 Slieve Mann 山頂附近	500	5	70	53%
	34	斯利夫曼 Slieve Manng 山頂下	500	2	72	55%
	35	軍用道路 Military Road	410	1.5	74	56%
	36	馬克拉小屋 Mucklagh Hut	400	1.5	75	57%
	37	鐵橋 Iron Bridge	170	3	78	59%
	38	希爾斯敦丘 Shielstown Hill 山頂附近	390	4	82	62%
	39	公路開始	270	2	84	64%
	40	莫因三岔路 Moyne	220	3	87	66%
第六天	41	桑迪福德橋 Sandyford Bridge	150	1	88	67%
	42	福特路 Ford Road	150	3	91	69%
	43	巴利坎伯丘 Ballycumber Hill	270	2	93	70%
	44	曼根林 Mangan's Wood	250	2	95	72%
	45	R747 公路	130	3	98	74%
	46	馬士基丘 Muskeagh Hill	250	3	101	77%
	47	穆利納庫夫 Mullinacuff	130	2	103	78%
	48	斯特拉納凱利死去的牛 Stranakelly Dying Cow	140	2	105	80%
	49	盧格納基利亞 B&B Lughnaquillia B&B	200	1	106	80%
第七天	50	聖菲尼安斯教堂 St Finian's Church	150	3	109	83%
	51	R725 公路	150	1	110	83%
	52	雷希納基森林入口 Raheenakit Forest	240	4	114	86%
	53	斯托金丘 Stockeen Hill 稜線頂端	360	3	117	89%
	54	摩以麗莎丘 Moylisha Hill 入口	160	4	121	92%
	55	爾蘭茲丘 Uisneach Hill / 紐里森林 Newry Forest	220	3	124	94%
	56	道路開始	130	2	126	95%
	57	威克洛橋 Wicklow Bridge	60	2	128	97%
	58	克朗尼格爾鎮 Clonegal	50	4	132	100%

10

茶馬古道 虎跳峽

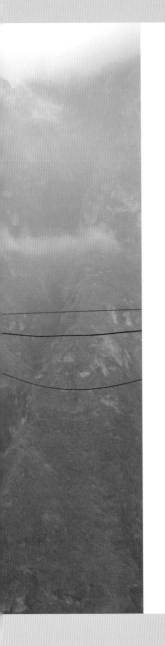

世界屋脊的西藏高原，對於生活在那裡的人們來說，吃的東西是極其有限的。這是海拔超過4,000公尺的貧瘠土地。他們只能牽著家畜尋找水草，過著遊牧的生活。由於畜牧和肉食而蛋白質豐富，但蔬菜不足，缺乏維生素。從東邊的橫斷山脈山另一頭，經過遙遠路途輸入的中國茶，對他們來說就如同迫切需要的生命之水。和西藏相鄰的中國四川和雲南地區的茶，與西藏高原的馬以物易物的古老道路，就是「茶馬古道」，這條路的一側就是虎跳峽。這是與東洋最美絕景一起度過兩天的短距徒步旅行。

充滿商隊汗與淚的茶馬古道，
虎跳峽步道

　　茶馬古道被公認為人類史上歷史最悠久、最險峻的貿易路線。透過這條路，西藏人民不僅可以得到茶，還可以得到鹽及藥材等高原地區不可或缺的生活必需品，相反地，在西藏高原上培育出的優秀戰馬，以低廉的價格普及至中國內陸的中原地區。中國在歷史上分裂成眾多王朝或統一，逐漸發展成為強大的國家，在近代以前，西藏都扮演著供應充分戰馬的重大角色。或可以說，在把中國提升到今日這般世界強國的地位方面，茶馬古道功不可沒。

　　茶馬古道有跨越西藏，連接到尼泊爾和印度等多條道路，但一般以英文字母T字型的兩條路線廣為人知。T字的橫向是從四川成都開始，中間經過西藏芒康，再到拉薩的路線，被稱為「川藏公路」，有北段和南段兩條路（川藏北路、川藏南路）。T字的縱向是從雲南南端的西雙版納開始，一直延伸到川藏公路中間點芒康的「滇藏公路」。會經過許多我們熟悉的城市，如以普洱茶而聞名的普洱、昆明、大理、麗江、香格里拉等。

　　隨著歲月流逝，這條路上也不例外地刮起了開發之風。狹窄險峻的小道被拓寬成安全暢通的路，原本環境惡劣的高山村莊也被徹底修葺一新。茶馬古道的樣貌現在正在蛻變，十幾年前透過電視台的畫面看到並受到感動的那些面貌，已消失許多。但是，自然不會因為人類出手干預幾十年，

而輕易失去其本來樣貌。

在茶馬古道的多條路線中，有一狹窄區域，連接著川緬之間的西藏東南和雲南西北兩區，此地以三江並流之峽谷著稱。該地地勢險峻，展現出風貌獨特、別具一格的美麗姿態，被列入聯合國世界自然文化遺產當中。正如「三江並流」一詞的意思，有三條江並排流過。發源於青藏高原的怒江、瀾滄江、金沙江並排流下，經過這個地區後，分開往各自的方向奔騰。

西邊的怒江越過西南邊境，流入緬甸後稱為薩爾溫江；中間的瀾滄江繼續向南流，縱貫雲南省後進入寮國成為湄公河。東邊的金沙江只是更名為揚子江，橫越中國大陸，往韓半島方向流入西海。

在這個三江並流峽谷的東側邊緣區域，有一座虎跳峽。這是南下的金沙江往中原方向向東急轉彎處。位在哈巴雪山（5,396m）和玉龍雪山（5,596m）之間，像是用尖刀深深切開，再稍微打開一道縫隙般又深又陡的河谷。這就是金沙江水突然轉向並能輕易流入的原因。湧入縫隙中的江水奔流了數千年歲月，河床被挖深侵蝕，形成了高達2公里的巨大峽谷。

長達16公里的河谷雖然如此高且深，但其寬度卻非常狹窄。據說，從前有一隻被獵人追趕的老虎，踩著江心中的一顆石頭，便一口氣躍過江水，因此將此處命名為「虎跳峽」。江與河谷的幅寬不但又窄又深，且上游和下游的落差多達一百多公尺，因此水流湍急兇猛。

這個峽谷有一條24公里的山路，眺望著江對面的玉龍雪山，沿著另一邊哈巴雪山的稜線，與江水並排而行。這是古代商隊「馬幫」把沉重的行李揹在背上或裝在馬車上，為生存而行走的其中一條茶馬古道。飽經馬的排泄物和馬幫汗珠所浸淫的這條路，今日被來自世界各地的健行者足跡踏得紮實。與祕魯的「印加古道」和紐西蘭的「米佛峽灣步道」並稱，為著名的世界三大短距離徒步旅行路線之一。客觀來說也許比不上印加古道和米佛峽灣步道，但今後隨著中國的發展速度，來自全球各地造訪虎跳峽的

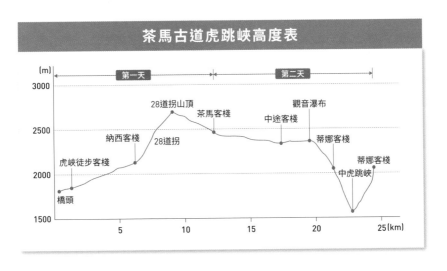

茶馬古道虎跳峽高度表

人們將會越來越多。

　　原本位於太平洋中心的印度板塊往北移動，與歐亞大陸板塊相撞，其數千公里的交界部分向上聳立。數千萬年前發生的地殼大變動，造就了今天的喜馬拉雅山脈。兩個大陸板塊相接的幾千公里邊界東南角為玉龍雪山。十幾座雪山的山峰，看上去像一條美麗的龍躺臥一般，因此得名。以《西遊記》中的孫悟空受玉皇大帝懲罰而被幽禁的山而聞名。虎跳峽徒步旅行會從不同角度看見玉龍雪山和金沙江的秘境美景，走起來如夢似幻。這也是中國少數民族的搖籃，雲南省的旅遊之最。

茶馬古道兩大路線圖（川藏公路&滇藏公路）

川藏公路
← 尼泊爾方向
擺鎮　林芝　波密　八宿　邦達　昌都　理塘　成都
然烏　芒康　康定　雅安
拉薩　鹽井
德欽
香格里拉　虎跳峽
橋頭
麗江
滇藏公路
大理
不丹
印度
緬甸
普洱
西雙版納

茶馬古道 虎跳峽地圖

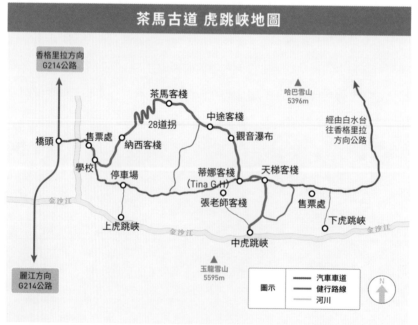

香格里拉方向
G214公路

哈巴雪山
5396m

茶馬客棧
28道拐　中途客棧
售票處　觀音瀑布
橋頭　納西客棧
學校
停車場　蒂娜客棧
（Tina G.H）
天梯客棧
張老師客棧
售票處
上虎跳峽
中虎跳峽
下虎跳峽

金沙江

經由白水台
往香格里拉
方向公路

玉龍雪山
5595m

麗江方向
G214公路

圖示
汽車車道
健行路線
河川

N

茶馬古道虎跳峽

路線指南

- 橋頭
  - 28道拐
- 茶馬客棧
  - 中途客棧
- 中虎跳峽
  - 蒂娜客棧

第1天　　橋頭‥‥‥▶ 茶馬客棧

| 1km | 5km | 2.5km | 3.5km |

橋頭
售票處
1850m

虎峽徒步
客棧前入口
1880m

納西
客棧
2160m

28道拐
終點山頂
2670m

茶馬客棧
2450m

距離 12km 累積距離 12km 進度 50% 所需總時間 6小時

從麗江市到虎跳峽健行出發地需要兩三個小時的車程。按一般的距離標準來看，似乎約一個小時就能抵達，但道路條件惡劣。從麗江市西行20多公里後，沿南北延伸的G214國道向北行駛。這條國道是茶馬古道滇藏公路的北側一部分，是經過香格里拉，從芒康前往西藏拉薩的茶馬古道與川藏公路二合為一的道路。從麗江轉運站有開往虎跳峽入口的小型巴士，也可以搭乘開往香格里拉的巴士，中途在虎跳峽下車。

如果乘坐計程車只說「要到虎跳峽」，誤前往上虎跳峽或中虎跳峽的概率很高。因為這裡不是以步行為目的，而是遊客們經常造訪的觀光景點。要清楚向司機說「請到徒步旅行的起點『橋頭』」，才能正確前往。214國道位於金沙江左岸，沿著這條路走，在大橋上左轉過江，如果沒過大橋往前直行，就會走錯前往上虎跳峽方向。

在橋頭下車後，進入右邊的路走一段後，抵達虎跳峽入口售票處。以一人65元人民幣的價格購買入場券後，開始徒步旅行。緊接著經過左側掛著顯眼紅色招牌的珍的客棧（Jane's Guesthouse）。可以只攜帶兩天一夜所需的物品，剩下的寄放在這裡保管。因為第二天健行目的地不在這附近，所以如果要拿取寄放物品，需忍受刻意再返回一趟的麻煩。

路是一條粗糙多坑洞的柏油路。路過的車輛也很多，經常要回過頭看，塵土也多。正想著希望儘快離開這條車道的時

候，路分成了兩條。這是經過售票處後1公里左右處。按照路標指引進入左側上坡路。「虎跳峽徒步步道口」字眼寫在藍色鐵板上，並重複寫在一塊碩大的岩石上。沿著河畔道路走，隨著高度越來越高，整個村莊的風貌也一覽無餘。有簡陋的民房，還有大大小小的建築林立。路依舊是柏油路，時而有車輛來往通行。

路右側遠方，金沙江蜿蜒的曲線開始莊嚴地顯現。沿著稜線經過只有幾棟房子的村落和村落後，左側的路標指示開始要正式進入上坡山路了。路標將這段路標為「橋頭與中虎跳峽之間的Upper Trekking Route」。

至今為止柏油路的和緩坡度，隨著進入山路後陡然間急劇上升。雖然多少有些吃力，但瞭望視野變得更好，踩在泥土及草上的觸感也更柔和。登上陡峭的山丘上後，有開闊的視野和樸素的小賣店商人在等著。這是豎起整根原木作為柱子，用薄木板做出屋頂和一面牆的簡易臨時建築。桌上擺了水、飲料和幾包零食，一位老人送來微笑。帶著滿滿深褐色泥水的金沙江滾滾流過山谷下，兩岸沿著陡峭的山脊刻劃出數條之字形路徑。

沿著鬆軟的土路反覆向上爬再往下爬，最後到達中間的目的地納西客棧。從售票處開始最快要兩個半小時，慢慢走要三個小時。「納西」是居住在金沙江一帶少數民族的名稱，用來作為客棧名，納西客棧之後是茶馬客棧、中途客棧、蒂娜客棧（Tina's Guest House），這四處都是虎跳峽健行兩天一夜中會經過，提供用餐、飲料及住宿的地方。納西客棧是第一天中午吃午餐的最佳地點。寬敞的院子裝飾著玉米，以美麗討喜的花朵與樹木佈置得十分舒適。在健行出發前入口的售票處，有許多人死拽著自由行遊客的袖子不放，遊說因為施工所以造成道路堵塞或危險，要遊客乘坐自己的車繞道前往納西客棧。到這裡的前面一小時的確施工處較多，而且是柏油路，所以確實不太舒服，但之後的兩小時路段錯過就可惜了。如果是兩天一夜的旅程，當然最好是步行過來。

在納西客棧稍事休息，此後將是險峻的路段。要從海拔2,160公尺的納西客棧，爬到第一天的最高點2,670公尺處。上坡路因之字形彎曲了二十八次，因此被稱為「28道拐」。不僅累，而且極度向右溪谷傾斜，有時還會感到失足的恐懼。經常可以看到牽著一兩匹小馬跟著健行者或在周圍打轉的馬伕們。如果想在虎跳峽健行中體驗一下騎馬，那麼很適合挑選最難的路段28道拐試試。根據議價結果，支付100元至200元人民幣不等即可。

騎馬身體上舒適，但心裡卻很不舒服。背上載著健行者和背包的馬，在往上爬一會兒後，只要坡度一變得陡峭，就再也邁不開腳步。馬伕會在前面邊拉邊輕抽一鞭。面對每十步就會發生一次的這種狀況，騎在馬背上的健行者只會對馬感到抱歉和愧疚。第二個不舒服的點是害怕，向右傾斜的溪谷非常陡峭，在滿是石頭的道路上，只要馬一失蹄寸步或身形一晃就會摔下去了。這種不安感也許會讓人覺得白騎一趟，但經過之後，或許會成為美好的回憶。但此後的下坡非常危險，所以騎馬移動建議只到海拔2,670公尺為止。

山頂上有一個用細樹枝編成的小屋。下雨或颱風時可以在裡面稍事休息。爬上來的時候玉龍雪山偶爾會露面，在這個小屋的位置可以最清楚看到玉龍雪山山頂。不管是哪條下山路都一樣，下山路程較輕鬆。輪番俯瞰金沙江滔滔江水和後面的玉龍雪山，突然間在梯田的後方出現了幾幢雄偉的白牆瓦房，茶馬客棧到了。在納西客棧吃了頓一小時的午餐後出發，三個小時後抵達這裡。

	5km		2km	2km	0.5km	1km	1.5km	
茶馬客棧 2450m			中途客棧 2345m	觀音瀑布 2370m	蒂娜 客棧 2080m	天梯 客棧 2050m	中虎 跳峽 1600m	蒂娜 客棧 2080m

距離 12km 累積距離 24km 進度 100% 所需總時間 7小時
（包含走中虎跳峽選項來回 3小時）

　　茶馬客棧位於海拔高度2,450公尺處。健行出發點的橋頭鎮位於海拔1,850公尺處。第一天到2,160公尺的納西客棧為止,有兩次上坡和下坡,上到28道拐的最高點2,670公尺前是急劇的上坡。山頂之後的路急劇下降,之後越靠近茶馬客棧,道路逐漸變為平地。第二天到終點為止一直都是緩慢的下坡。比起第一天,以虎跳峽為特點的美麗景觀更集中在第二天。與爬上28道拐的艱辛路段相比,第二天的路程更接近平地,景觀也更壯麗。因此,如果不是在虎跳峽待兩天一夜、而是當天來回的人,大部分會從茶馬客棧開始健行。

　　第二天下午的徒步終點是蒂納客棧（Tina's Guest House）。客棧前的站牌有許多通往周邊多個地區的交通方式。健行結束後,如果打算直接前往麗江和香格里拉等地,那麼第一天的住宿最好不要選茶馬客棧,而是之後的中途客棧。因為第一天多走一點,縮短第二天要走的距離會更有效率。反之,如果健行結束,會花三四個小時往下到中虎跳峽去看一看,並預計悠哉地在蒂娜客棧住宿的話,那麼第一天就不須費勁地走到中途客棧了。登上28道拐後,在茶馬客棧投宿會更有餘裕。

　　走出茶馬客棧,會短暫經過納西族小鎮。從中可以看到雲南省少數民族人們生活的身影。有些是有堅固外牆的磚瓦房,有的則是堆疊破舊的石磚,粗略鋪上平板的房子。不知道是糞肥還是松葉的堆積物,被堆成下面是圓圓的、往上越來越尖的三角塔模樣。還能看到背上揹著熟睡嬰兒站著眺望深谷的婦女,以及在梯田上手拿鋤頭翻土的夫婦。在房屋和房屋之間的巷弄裡,兩隻小狗中間夾雜著一隻山羊,悠閒地走來走去。

　　從這裡到中途客棧,相當於24公里徒步旅行距離中的5公里。是虎跳峽最精彩絕倫的重點路段,也是完全沒有高低起伏的完整平地。但路並不寬,偶爾會讓人心驚膽顫。是在懸崖峭壁中段,削切打磨石頭修成的一條小路。走完之後回顧來路,垂直拔起的岩山峭壁上,彷彿畫著一

條細細長長的線似地。線的上面看起來像有成羣結隊的螞蟻不斷在移動。右近垂直延伸的山谷下方，金沙江的黃色泥水蜿蜒地流過。

中途客棧以天下第一廁著稱。廁是「廁間」，也就是漢字中洗手間的意思。上廁所時一坐下，就會看到四方形窗外開闊的雪山美景，這就是天下第一的廁所。中途客棧的整個建築都建在如此景觀優美的位置上。登上陽臺兼屋頂，可以將迷人的景色盡收眼底。玉龍雪山的每座山腰上都摟著薄薄白雲，巍然挺立在眼前。雖說是雪山，但峰頂上的雲朵比白雪還多。

中途客棧位於海拔2,345公尺處。從茶馬客棧開始走來的5公里幾乎與平地無異，但在從這裡開始變為下坡路。因為終點的蒂娜客棧在海拔2,080公尺處。就像之前走的路一樣，有好一陣子會走在相似的懸崖半山腰路上。遠遠領先的健行者們繞過山腰，消失在左側岩石後面的情景讓人特別印象深刻。健行者左上方是無邊無際的懸崖，右下方也是垂直垂下的懸崖。繞過這看似岌岌可危的懸崖半山腰後突然消失的健行者身影，顯得既遙遠又悲壯。越過高高山脊瞬間的模樣，與從山下往上仰望的感覺一樣。

接下來會遇到的觀音瀑布，是虎跳峽的另一個精華處，出現在從中途客棧出發30分鐘處。遠遠地看到瀑布時，先擔心了起來。雖然順著垂直的峭壁往下流淌的瀑布看起來水勢並不強勁，但因溪谷極高，所以瀑布同樣落差很大，顯得雄偉壯觀。路往前延伸直到穿過瀑布的半腰，令人擔心的是否真的能穿過那瀑布深處。如果被水流沖倒，或在溼透的岩石路上滑倒，就會直接墜落到下方河谷了。

但走近之後，恐懼就會消失，而且會變得涼爽起來。瀑布的水量並沒有豐沛到足以讓穿越的人陷入危險。只是因為高度落差太大，所以看起來有威脅性罷了。從觀音瀑布到蒂娜客棧是一條平整舒適的下坡泥土路。

虎跳峽根據位置分為上、中、下，東北邊的下虎跳峽造訪的人並不多。相反地，西南方的上虎跳峽是最多人前往的地方。因為離前往麗江和香格里拉的路口近，下車後不需往下走太多路，即能看一眼俯瞰盡河谷的洶湧的水流與風景。位於中間的中虎跳峽，雖然需要花三四個小時辛苦地流汗爬上爬下陡峭的河谷路，但前來遊玩的人卻很多。

　　蒂娜客棧就位於中虎跳峽上公路旁。左右距離數百公尺的距離雖然還有張老師客棧與天梯客棧兩個住處，但位於徒步旅行終點的蒂娜客棧在位置上更加有利。結束兩天一夜徒步旅行的人們，可以的話會把背包寄放在蒂娜客棧，使出最後的力氣去一趟虎跳峽河谷谷底，這無疑是趟必去之路。蒂娜客棧的海拔為2,080公尺，而中虎跳峽河谷底為1,600公尺。

　　離開蒂娜客棧，往右順著公路經過巨大的橋樑神川大橋，不久後右側出現往下前往中虎跳峽的路標。這段路要下切將近500公尺高度後再次上升，不容小覷。因道路狹窄且來往人數眾多，中間有許多塞車的路段。悠悠流淌而下的金沙江在中虎跳峽區間寬度突然縮減為一半，變成洶湧漩渦的水流。

　　下到河谷谷底後，就會與極度震撼的大自然相遇。下上坡需要經過三四小時的辛苦，但可以看到足以作為補償的風光。上去的時候要爬上走下來的陡坡，可能會相當疲憊。沿著往下虎跳峽方向的平緩路徑往上走，雖然距離更遠，但會省力非常多。走下虎跳峽方向的平緩道路的話，要多繳15元人民幣的通行費。

健行基本資訊

旅遊時間

最好避開雨季的六、七、八月份。因為會有許多因土石流或落石而危險的地區，也可能會有道路被堵死的區間。橫穿山谷峭壁山腰的危險路段多，因此在安全上最好也避開冬季健行。早春的三、四月或晚秋的十、十一月是虎跳峽健行的最佳時期。

交通

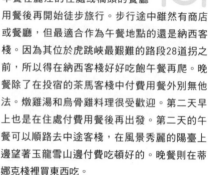

可以搭乘直飛雲南省昆明的航班，也可以乘坐在南京等地轉機的廉價航空。從昆明換乘國內航線到麗江需要一個小時。麗江市內轉運站有開往虎跳峽入口橋頭的小型巴士；乘坐開往香格里拉的巴士，途中在橋頭下車也是一個辦法。車程需要約兩個半小時。如果人數超過兩人，共乘一台計程車前往，既方便又實用。

住宿

路線中途雖然有好幾個住宿點，但納西客棧、茶馬客棧、中途客棧、蒂娜客棧是最為人所知的。第一天通常會睡在茶馬客棧或中途客棧兩處，第二天徒步旅行結束後，如果時間有餘裕的話可以在蒂娜客棧住一宿，或者直接移動前往下一個目的地。住宿最好提前預約，但如果不是特殊情況，通常是有空房的。

用餐

早餐在麗江的住處或橋頭的餐廳用餐後再開始徒步旅行。步行途中雖然有商店或餐廳，但最適合作為午餐地點的還是納西客棧。因為其位於虎跳峽最艱難的路段28道拐之前，所以得在納西客棧好好吃飽午餐再爬。晚餐除了在投宿的茶馬客棧中付費用餐外別無他法。燉雞湯和烏骨雞料理很受歡迎。第二天早上也是在住處付費用餐後再出發。第二天的午餐可以順路去中途客棧，在風景秀麗的陽臺上邊望著玉龍雪山邊付費吃頓好的。晚餐則在蒂娜克棧裡買東西吃。

預算

韓國國內旅行社有很多茶馬古道兩天一夜健行的套裝行程。大多包含搭乘附近玉龍雪山纜車觀光，以及觀賞印象麗江表演在內，五天的旅費約需150萬韓元（台幣約38,000元）左右（台灣旅行社目前較無此套裝行程）。從麗江到虎跳峽來回交通費，如果搭乘計程車或小型麵包車共乘，每人約台幣760元左右，虎跳峽門票約人民幣80元，一夜的住宿費也不到台幣500元。如果覺得走28道拐吃力的話，也可以騎馬，費用大約是台幣760元左右。因此這兩天包含餐飲費在內，實際上虎跳峽兩天一夜徒步旅行所需的金額非常少。到達虎跳峽健行的關口麗江，住一宿並結束健行後，需要加上再次返回麗江住一宿的費用。如果購買套裝行程，在麗江多待一天乘坐纜車往返玉龍雪山，並觀賞印象麗江表演，則需要額外多花費台幣約3,800元。

TREKKING INFO

旅遊小秘訣

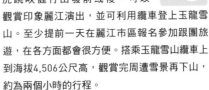

結束徒步旅行後,從蒂娜客棧返回香格里拉或麗江時,可以的話最好在上虎跳峽下車,下到河谷一趟再回來較佳。這裡立著象徵虎跳峽的虎跳石,是知名的觀光名勝。也是非健行者的一般觀光客不會特意造訪之處。

健行後的觀光景點

虎跳峽健行出發前或後,可以觀賞印象麗江演出,並可利用纜車登上玉龍雪山。至少提前一天在麗江市區報名參加跟團旅遊,在各方面都會很方便。搭乘玉龍雪山纜車上到海拔4,506公尺高,觀賞完周遭雪景再下山,約為兩個小時的行程。

里 程 表

天數	NO	途經地點	海拔高度(m)	距離(km)	累積	進度
第一天	1	橋頭售票處	1,850	0	0	0%
	2	虎峽徒步客棧前入口	1,880	1	1	4%
	3	納西客棧	2,160	5	6	25%
	4	28道拐終點最高點	2,670	2.5	8.5	35%
	5	茶馬客棧	2,450	3.5	12	50%
第二天	6	中途客棧	2,345	5	17	71%
	7	觀音瀑布	2,370	2	19	79%
	8	蒂娜客棧 Tina's Guest House	2,080	2	21	88%
	9	天梯客棧	2,050	0.5	21.5	90%
	10	中虎跳峽	1,600	1	22.5	94%
	11	蒂娜客棧 Tina's Guest House	2,080	1.5	24	100%

前進吧！此生必走的世界十大徒步健行步道

超詳解路線指南 × 行前準備攻略 × 曲線高度表 × 里程與進度率表

죽기 전에 꼭 걸어야 할 세계 10 대 트레일

作者 李英哲 LEE YOUNG CHUL
譯者 高毓婷
責任編輯 黃阡卉
封面設計 Aikoberry
內頁設計 郭家振
行銷企劃 魏玟瑜

發行人 何飛鵬
事業群總經理 李淑霞
副社長 林佳育
副主編 葉承享
出版 城邦文化事業股份有限公司 麥浩斯出版
E-mail cs@myhomelife.com.tw
地址 104 台北市中山區民生東路二段 141 號 6 樓
電話 02-2500-7578
發行 英屬蓋曼群島商家庭傳媒股份有限公司城邦分公司
地址 104 台北市中山區民生東路二段 141 號 6 樓
讀者服務專線 0800-020-299（09:30 ～ 12:00；13:30 ～ 17:00）
讀者服務傳真 02-2517-0999
讀者服務信箱 Email: csc@cite.com.tw
劃撥帳號 1983-3516
劃撥戶名 英屬蓋曼群島商家庭傳媒股份有限公司城邦分公司

香港發行 城邦（香港）出版集團有限公司
地址 香港灣仔駱克道 193 號東超商業中心 1 樓
電話 852-2508-6231
傳真 852-2578-9337

馬新發行 城邦（馬新）出版集團 Cite（M）Sdn.Bhd.
地址 41, Jalan Radin Anum, Bandar Baru Sri Petaling, 57000 Kuala Lumpur, Malaysia.
電話 603-90578822
傳真 603-90576622

總經銷 聯合發行股份有限公司
電話 02-29178022
傳真 02-29156275

製版印刷 凱林彩印股份有限公司
定價 新台幣 550 元／港幣 183 元
2020 年 5 月初版一刷 · Printed In Taiwan
ISBN 978-986-408-605-4

國家圖書館出版品預行編目 (CIP) 資料

前進吧!此生必走的世界十大徒步健行步道：
超詳解路線指南X行前準備攻略X曲線高度表
X里程與進度率表 / 李英哲著；高毓婷譯. --
初版. -- 臺北市：麥浩斯出版：家庭傳媒城邦
分公司發行, 2020.05
　　面； 公分
ISBN 978-986-408-605-4[平裝]

1.健行 2.徒步旅行 3.世界地理 4.指南

719　　　　　　　　　　　　　　109006306